천근아의
느린 아이 부모 수업

단순 발달 지연부터
빠른 개입이 필요한 아이까지,
0-12세 '느린 아이' 키우기의 모든 것

천근아의
느린 아이
부모 수업

천근아 지음

웅진 지식하우스

일러두기

- 이 책에 등장하는 다양한 사례들은 실제 진료 사례를 재가공한 것으로 등장인물의 이름은 가명을 사용했습니다.
- 이 책의 모든 표기는 국립국어원 표준국어대사전을 따랐으나 통상적으로 널리 사용되는 일부 외래어의 경우 예외를 적용했습니다. 이밖에 주요 외래어 용어는 원어를 첨자로 병기했습니다.

프롤로그

대한민국에서
느린 아이를 키운다는 것

저는 사실 아이들과 그리 가깝게 지내는 사람은 아니었습니다. 그런데 소아정신과 수련을 거쳐 전문의가 되고 의학적 지식과 임상 경험이 쌓이자, 아이들은 저에게 점점 더 귀엽고 사랑스러운 존재가 되어갔습니다. 결혼을 하고 두 아이의 엄마가 되면서 애틋함은 더욱 깊어졌죠. 그리고 제 작은 노력에도 아이들의 눈빛과 행동이 달라지는 순간을 마주할 때마다 말로 표현할 수 없을 정도로 큰 기쁨을 느꼈습니다. 바로 그 기쁨과 보람이 저로 하여금 30년 가까운 시간 동안 소아정신과 전문의의 길을 걷게 했습니다.

수십 년간 진료 현장에서 수많은 부모와 아이를 만나면서 그들의 말 한마디와 미세한 표정, 눈빛, 작은 몸짓만으로도 기질과 양육 환경, 그리고 증상의 깊이를 어렴풋이 가늠할 수 있게 되었습니다. 때로는 부모님의 마음 상태나 부부 관계까지 짐작되기도 하는데 이런 예감이 들어맞으면 부모님들은 적잖이 놀라곤 합니다. 그 모습을 볼 때마다 이론을 뛰어넘는 임상 경험이 얼마나 소중한지 깨닫게 됩니다. 그런 의미에서 병원을 찾는 모든 분을 '최고의 스승'으로 여기고 있습니다. 아이들을 더 정확히 진단하고 치료하는 역량은 결국 그들과 함께한 임상 경험에서 비롯된다고 믿습니다.

제가 일하는 진료실은 그리 크지 않지만 제게는 우주보다 광활한 공간입니다. 그곳에서 아이들과 부모님들이 펼쳐놓는 이야기와 그로부터 제가 얻는 배움, 그리고 깨달음은 그 어떤 공간도 채울 수 없을 만큼 방대하기 때문입니다. '이제 다 알 것 같다' 싶을 때쯤 완전히 새로운 유형의 아이와 부모가 등장해 숙제를 내밀고, 덕분에 저는 또다시 배우고 깨닫습니다.

30년 가까이 진료하면서 가장 크게 깨달은 사실이 있습니다. '부모가 자녀를 특정 프레임에 가둬버리는 경우가 생각보다 많다'는 것입니다. 부모님들은 흔히 "우리 아이가 이상해졌어요"라며 병원을 찾습니다. 물론 실제로 치료가 필요한 경우도 있지만, 부모가 덧씌운 프레임 때문에 멀쩡히 잘 크는 아이를 '아픈 아이'로 오인하는 일도 종종 생깁니다.

궂은 날씨를 무릅쓰고 저를 찾아온 나영이 어머님도 그런 예에 속했습니다. 처음 나영이 어머님이 병원을 예약한 건 나영이가 32개월 무렵이었고, 만 5세 2개월이 되어 오셨으니 2년 5개월이 지나서야 의사를 만나게 된 것입니다. 우리나라에 소아정신과 전문의가 500명이 채 되지 않다 보니, 제가 있는 병원뿐 아니라 어느 곳이든 진료를 받으려면 보통 몇 개월에서 길게는 몇 년까지 기다려야 하죠. 학회 차원에서 이 문제를 해결하려 애쓰고 있지만, 부모님들이 체감할 정도로 개선하지 못해 늘 송구스러울 뿐입니다.

나영이 어머님이 서둘러 병원을 예약한 것은 또래보다 긴 시간 지속된 '지연 반향어' 때문입니다. 이는 과거에 들은 말이나 문장을 시차를 두고 그대로 따라 하되, 현재 상황과 맞지 않게 사용하는 현상을 말합니다. 모든 영유아는 언어를 습득하는 과정에서 남의 말을 따라 하는 '반향어'를 보일 수 있습니다. 그중 곧바로 따라 하는 것을 '즉각 반향어', 기억 속 말을 다른 맥락에서 떠올려 반복하는 것을 '지연 반향어'라 부릅니다.

반향어 자체는 정상석인 인이 발달 과정에서 흔히 나타나며 언어 능력이 향상되면 점차 줄어듭니다. 하지만 자폐스펙트럼장애에서도 흔히 나타나는 증상이라 부모들은 불안해하곤 하죠. 나영이 어머님 역시 나영이가 반향어를 사용하는 기간이 또래보다 유독 길어지자 급히 병원 예약을 잡았습니다. 다행히 나영이가 만 5세가 넘은 지금은 반향어가 거의 사라졌습니다. 즉, 이는 발달 과정에서 나타난 정상적 반응이었던 것입니다.

저는 어머님께 그 시기에 지연 반향어 외에도 염려할 부분이 있었는지 여쭤보았습니다. 진료를 원활하게 하기 위해, 저는 보통 초진 전 부모님께 기본 설문지를 작성해달라고 부탁합니다. 부모님이 걱정하는 이유, 아이의 병력, 성장 과정에서의 특이사항 등을 미리 파악하기 위함이지요. 그런데 나영이 어머님이 작성한 설문지만으로는 구체적으로 무엇을 우려하고, 무엇을 기대하는지 알기 어려웠습니다. 설문지에는 '지연 반향어를 오래 했다', '과각성으로 수면장애와 잦은 짜증이 나타났다', '산만해서 ADHD가 의심된다', '고집이 세고 말을 잘 안 들어 반항적 도전장애 같기도 하다'라는 내용이 적혀 있었습니다. 하지만 정작 나영이가 실제로 보인 모습을 그대로 담은 내용은 없었습니다. 모두 '어머님 기준의 해석'과 복잡한 용어, 즉 '과각성', '지연 반향어', '도전장애', '집중력 결여', 'ADHD' 등과 같은 표현만 가득했죠.

사실 진단에는 부모의 해석보다 아이가 실제로 어떤 말과 행동을 했는지 가감 없이 전하는 것이 훨씬 도움이 됩니다. 다시 말해 아이가 보인 행동과 주변 반응을 의료진에게 '그림 그리듯' 생생하게 알려주는 것이 정확한 진단으로 가는 지름길입니다. 이런 관점에서 분석해보니 나영이는 다소 예민한 기질을 지니고 있었을 뿐, 정상적으로 잘 발달하고 있는 아이였습니다.

그럼에도 많은 부모님들이 자신만의 기준과 전문용어로 자녀를 재단하곤 합니다. 그리고 어느새 '느린 아이'라는 표현이 마치 의학 용어처럼 쓰이고 있습니다. 정식 의학 용어가 아님에도 온라인뿐 아니라 실제 진료실에서도 부모님들은 '느린 아이'라는 단어를 무척 자주 사용합니다. 진료와 강연을 통해 마주한 부모님들의 사례를 돌아보며 '느린 아이'라는 단어에 담긴 복잡한 심정을 나름대로 헤아려보았습니다. 부모님들의 속마음은 대개 이렇습니다.

'다른 사람들은 괜찮다고 하지만, 내 눈에는 어딘가 달라 보이는데….'
'보통 이 시기에는 이 정도 발달은 해야 하는데, 왜 우리 아이는 아직도 이 단계에 머물러 있지?'
'왜 또래보다 느리게 자라는 걸까? 내가 뭔가 잘못했나?'
'우리 아이는 왜 이렇게 키우기 힘들까?'

그간 수많은 부모님들은 만나 보니, 부모 입장에서는 '병적이다, 아니다'라고 판단하기 전에 자기 기준과 조금 다르거나 발달 속도가 느린 자녀에게 '느린 아이'라는 수식어를 붙이는 것 같습니다. 즉 '느린 아이'라는 말에는 발달이 조금 늦는 것인지, 아니면 실제로 치료가 필요한지, 도대체 무엇이 문제인지 몰라서 느끼는 혼란과 답답함이 담겨 있습니다. 한편으로는 '지금 조금 더디더라도 언젠가는 잘 따라갈 거야'라는 희망 섞인 기대가 담겨 있기도 하죠.

어떤 이유로든 자녀를 '느린 아이'라 부르는 부모의 마음은 당연히 복잡하고 무거울 수밖에 없습니다. 부모의 마음은 '아이가 왜 이런 신호를 보내는 걸까', '내가 과하게 걱정하는 건 아닐까', '괜히 프레임을 씌워 아이를 잘못 바라보는 건 아닐까' 등의 물음으로 가득 차 있습니다. 그에 더해 혹시 전문적인 치료가 필요한 상황인데 잠시 느린 아이라고 잘못 생각하며 시간을 허비하는 건 아닐까 하는 불안도 떠나지 않습니다.

때로는 이런 의문과 불안을 떨치기 위해 온라인에서 정보를 찾아 헤매기도 합니다. 그러나 부모님의 간절한 마음은 이해하지만, 전문가 입장에서 보면 포털, 유튜브, 커뮤니티 등에 떠도는 정보 중에는 검증되지 않은 내용이 많아 안타깝습니다. 물론 도움이 될 만한 팁도 있지만, 전혀 근거 없는 정보가 과학적으로 증명된 지식인 양 받아들여지는 일도 적지 않죠. 진료실과 강연장에서 만난 부모님들 중에는 그런 정보에 의존하다 정작 치료 시기를 놓치거나 더 큰 혼란에 빠진 분들도 있었습니다.

이 책은 그런 부모님들에게 조금이나마 도움이 되었으면 하는 바람에서 시작되었습니다. 아이가 보내는 신호가 정말 '잠깐의 느림'에 불과한지, 아니면 발달장애나 치료가 필요한 병 때문인지, 그렇다면 '무엇을 어떻게 해야 하는지' 상세히 알고 싶어 하는 부모님들이 소아정신과를 찾기 전에 어느 정도 판단하고 적절한 도움을 받을 수 있도록 구성했습니다. 나아가 실제로 병적 증상을 보이는 '느린 아이'의 상태를 조금이라도 개선하는 데 도움을 줄 방법도 함께 다뤘습니다.

제 작은 바람은 다소 느리고 남들과 다르지만 결국 자신의 속도로 잘 성장하고 있는 아이를 둔 부모님들이 이 책을 통해 근심을 조금이나마 덜어내는 것입니다. 반면 심각한 신호인데도 '조금 느릴 뿐이야, 언젠간 따라잡겠지' 하는 막연한 기대를 품고 계신 분들에게는 이 책이 서둘러 적극적으로 개입하는 계기가 되길 바랍니다. 그래야 더 좋은 예후로 이어질 가능성이 커지니까요.

끝으로 지금 이 순간에도 '느린 아이'를 키우며 고민하고 애쓰는 모든 부모님께 진심 어린 응원과 지지를 보냅니다.

2025년 봄을 기다리며

천근아 드림

차례

5   프롤로그 대한민국에서 느린 아이를 키운다는 것

PART 1 우리 아이, 어떤 느린 아이일까요?

19	섣부른 낙인, 오히려 아이에게 독이 됩니다
32	"유난히 또래보다 말이 늦어 걱정이에요"
51	"혼자 노는 걸 좋아해요"
66	"아이가 까치발로 걸어 다녀요"
86	"횡단보도에서 무조건 흰색 부분만 밟으려고 해요"
102	"학교와 유치원에서 한시도 가만히 있질 못해요"
114	•자가 진단표• 느린 아이일까, 치료가 필요한 아이일까?

PART 2 느린 아이의 진단과 치료의 모든 것

- 125 미룬 시간만큼 숙제는 더 크고 무거워집니다
- 132 아이의 연령, 진단과 치료의 숨은 열쇠입니다
- 143 진료 전에 이것부터 준비해주세요
- 152 100명의 느린 아이에게는 100가지 치료법이 있습니다
- 160 느린 아이를 위한 비약물적 치료법
- 170 약물 치료, 이럴 때는 반드시 필요합니다
- 181 치료는 일상으로 스며들어야 합니다

PART 3 부모도 아이도 지치지 않는 느린 아이 훈육법

- 193 '느림'을 받아들이는 것이 훈육의 시작입니다
- 208 느린 아이 훈육의 4가지 원칙
- 218 산만하고 느린 아이에게 효과적인 훈육법
- 229 부모가 절대로 해서는 안 되는 말
- 243 칭찬, 구체적으로 아낌없이 해주세요
- 251 충동적이고 산만한 아이를 위한 맞춤 훈육법

PART 4 조금 다르게 소통하는 느린 아이 사회성 키우기

- 261 느린 아이에게 중요한 것은 '사회성'입니다
- 269 사회적 소통 기술도 기꺼이 배워야 할 때가 있습니다
- 277 비언어적 의사소통 능력을 키우는 훈련법
- 286 말수가 줄어든 ADHD 아이, 어떻게 해야 할까요
- 293 느린 아이의 뇌를 자극하는 '메타 인지 훈련법'과 '소리 내서 생각하기'

PART 5 공부가 즐거워지는 느린 아이 맞춤 학습법

- 305 느린 아이의 학습 목표는 달라야 합니다
- 316 느린 아이의 학교 공부, 정서적 안정감이 좌우합니다
- 323 강점이 약점을 견인할 때 공부도 잘할 수 있습니다
- 330 느린 아이일수록 꼭 필요한 기초 학습
- 337 때로는 한 발짝 물러서야 합니다

PART 6 느린 아이 키우기, 온 가족의 도움이 필요합니다

349   결코 부모님 잘못이 아닙니다

354   스스로를 돌보는 부모가 아이와 함께 성장합니다
         : 느린 아이의 부모를 위한 마음 처방

363   세상에 혼자 자라는 아이는 없습니다
         : 느린 아이의 형제자매를 위한 마음 처방

372   느린 아이에게는 아빠의 도움이 필요합니다

378   자폐스펙트럼장애 자녀를 둔 아빠가 함께 하면 좋은 것들

부록   느린 아이, 이것이 더 알고 싶어요

383   Q. 느린 아이의 훈육은 언제부터 시작하면 좋을까요?

386   Q. 학교 선생님께 느린 아이라는 사실을 밝혀야 할까요?

388   Q. 일반 학교 특수반 vs 특수학교, 어디에 보내야 할까요?

391   Q. 느린 아이가 약물을 복용할 때 어떤 점을 주의해야 할까요?

392   Q. 당사자나 형제자매에게 느린 아이에 대해 어떻게 설명해야 할까요?

394   Q. 고기능 자폐스펙트럼장애 아이, 일반 아이처럼 될 수 있을까요?

395   Q. ADHD 치료를 적극적으로 하고 있는데 왜 지능지수가 떨어질까요?

397   Q. 경계선 지능과 ADHD는 어떻게 구분할 수 있나요?

399   Q. 이른둥이는 느린 아이일 가능성이 더 높나요?

401   Q. 기질적으로 까다로운 아이, 괜찮은 걸까요?

402   •특별 자료•   언어 지연 심각도에 따른 원인과 치료 방향

410   •같이 보면 좋은 자료들•

PART 1

천근아의
느린 아이
부모 수업

우리 아이,
어떤 느린
아이일까요?

섣부른 낙인,
오히려 아이에게 독이 됩니다

부모님들은 대개 의사와 마주 앉아 아이에 대한 질문과 답변을 주고받을 때 비로소 진료가 시작된다고 생각합니다. 그러나 실은 아이가 진료실 문턱을 넘는 순간부터 진료가 시작됩니다. 아이가 진료실에 들어와 자리에 앉기까지, 그리고 진료하는 내내 보이는 말과 몸짓, 표정, 시선, 자세 등은 초진 설문지나 과거 진단 기록보다 훨씬 더 많은 정보를 제공합니다. 그 모든 관찰이 아이 증상을 명료하게 파악하는 데 큰 의미가 있기 때문이죠.

저를 만난 분 중 몇몇이 온라인 커뮤니티에 '진료실에 들어가자마자 진단명이 나왔다'는 후기를 올리셨나 봅니다. 그런 후기를 본 부모님 가운데는 진료실에서 아이가 혹시라도 이상한 행동을 보이지 않을까 걱정하고 긴장하는 분이 많습니다. 만 5세(60개월)가 지난 도윤이 어머님도 그중 한 분이었죠. 진료 당일, 도윤이 어머님께서는 너무 긴장한 나머지 청심환까지 먹었다고 하셨습니다. 그런데 진료실에 들어선 도윤이가 제가 건넨 인사에도 굳은 표정으로 아무런 반응을 보이지 않자, 어머님 얼굴에 금세 어두운 기색이 스쳤습니다.

"도윤아, 오늘 우리 처음 만났잖아. 다시 한번 반갑게 인사해볼까? 도윤아, 안녕."

다시 인사를 건넸는데도 도윤이는 여전히 묵묵부답이었습니다. 그러자 어머님은 아이를 재촉하며 안절부절못했습니다.

"도윤아, 선생님한테 인사해야지. 왜 가만히 있어?"

저는 그런 어머님께 괜찮다고 말씀드리며 재촉을 멈추도록 부탁드렸습니다. 사실 도윤이 어머님처럼 아이가 대답을 하지 않거나 제대로 응답하지 못할 때 답답한 마음에 재촉하는 부모님이 적지 않습니다. 부모님의 마음은 충분히 이해하지만, 진료를 진행할 때는 재촉하는 것이 별다른 도움이 되지 않는 경우가 많습니다. 아이가 자신의 속도를 찾아가도록 잠시 기다려주는 것도 중요하기 때문이죠.

"도윤아, 몇 살이야? 도윤이 보니까 말 잘할 것 같은데…. 우리 도윤이 몇 살이야?"

저는 잔뜩 긴장한 듯한 아이에게 최대한 부드러운 어조로 다시 말을 건넸습니다. 그럼에도 도윤이가 대답하지 않자 어머님은 입을 꾹 다문 채 창밖을 바라보셨습니다. 이래라저래라 재촉하고 싶은 마음은 굴뚝같지만 제가 제지할 게 뻔하니 그 마음을 참고 있는 것 같았어요.

"오늘 병원 올 때 힘들지 않았어? 오늘 병원에 뭐 타고 왔어? 선생님은 도윤이 목소리가 어떤지 너무 궁금한데, 선생님만 계속 이야기하고 있네."

계속된 질문에도 좀처럼 입을 열지 않는 도윤이는 여전히 긴장한 듯 보였습니다. 얼어붙은 표정도 그렇고 자신을 구할 수 있는 마지막 동아줄처럼 진료실에 들어온 순간부터 꼭 쥐고 있던 엄마의 손을 놓지 않았죠. 아이의 긴장을 풀어주기 위해 진료실 한편 다양한 장난감과 인형을 구비한 놀이 공간에서 마음껏 놀게 해주고, 그 사이 어머님과 면담을 했습니다.

사실 영유아기 아이들을 진단할 때 부모님과의 면담은 무엇보다 중요합니다. 아이들은 현재의 문제보다 과거의 문제, 즉 과거의 발달 이력이 중요한데 아직 어린 아이가 과거에 어떤 발달을 보였는지 스스로 이야기힐 수 없기 때문입니다.

"어렸을 때부터 눈 맞춤이랑 호명 반응(아이가 자신의 이름을 불렀을 때 반응하는 것)이 늦어 약간 느린 아이라고 생각했어요. 그러다가 언어 지연이 있어 언어 발달 센터에 다니면서 아이를 계속 지켜봤죠. 뭐랄까, 다른 아이들과 '좀 다르다'는 느낌이 들었어요."

저는 어머님께 이른바 느린 아이라고 의심하게 만든 강한 '시그널'이 무엇이었는지 구체적으로 물었습니다.

"24개월 무렵에 아이가 저한테 무관심했어요. 절 보고 잘 웃지도 않고, 어딜 간다고 해도 빈응이 없고, 어딜 나갔다 들어와도 웃지 않고 반가워하는 표정이 전혀 없었죠."

이외에도 어머님이 도윤이를 느린 아이라고 의심하게 만든 시그널은 다양했습니다. 도윤이는 어릴 적부터 눈 맞춤이 없었던 것뿐 아니라 지금도 상대방을 보지 않고 대화하거나 간단한 대화는 가능하지만 긴 대화나 설명은 어려워했습니다. 또 어느 포인트에 집중해 상황에 맞지 않게 혼자 웃거나 엉뚱한 말을 해서 친구들에게 외면받기도 했습니다.

어머님이 나열하는 도윤이의 증상은 특정 발달장애를 떠올리게 했습니다. 바로 '자폐스펙트럼장애'였습니다. 호명 반응이 없는 것, 언어 지연, 특히 어머님이 도윤이를 느린 아이라고 의심하게 만든 강력한 시그널은 자폐의 주요 특징인 사회성 발달 문제를 연상하게 했습니다.

'느린 아이'로 대표되는
자폐스펙트럼장애

자폐스펙트럼장애Autism Spectrum Disorder, ASD는 'ADHDAttention Deficit Hyperactivity Disorder, 주의력 결핍 과잉행동장애', '경계선 지능Borderline Intellectual Functioning, BIF'과 함께 암묵적으로 '느린 아이'를 의심하게 만드는 대표적인 질환입니다.* 최근 들어 느린 아이를 키우는 부모님들 사이

∗ ADHD는 주의력이 부족하고 산만하며 과잉 행동과 충동성이 지속적으로 나타나는 신경발달장애입니다. 경계선 지능은 표준화된 지능검사에서 지능지수가 70~84에 해당해 여러 어려움을 겪는 상태로, 이러한 아이들은 '느린 학습자slow learner'라는 별칭으로도 불립니다.

에서 가장 많이 입에 오르내리는 질환이라고 해도 과언이 아니죠. 그 이유는 크게 두 가지로 설명할 수 있습니다.

첫째는 '스펙트럼'이라는 말에서도 짐작할 수 있듯 자폐스펙트럼장애에서 나타나는 증상과 중증도가 워낙 다양하고 광범위해서 느린 아이를 둔 부모님들이 볼 때 아이의 증상이 자폐 증상과 헷갈릴 여지가 많다는 것입니다. 자폐 증상은 아이가 정상 발달 과정에서 보이는 모습은 물론 다양한 질환과도 유사하거나 공통된 양상을 보입니다. 그러다 보니 느린 아이가 보내는 시그널을 자폐 증상으로 오인하기 쉽고, 이런 이유로 부모님들이 자녀의 증상을 말하면서 자폐스펙트럼장애를 자주 언급하게 되는 것이죠.

둘째는 자폐스펙트럼장애가 부모님들에게 매우 큰 심리적 부담과 충격으로 다가올 수 있는 장애라는 점입니다. 실제로 병원을 찾는 이이들 중 자폐를 진단받는 경우가 적지 않은데, 그 결과에 감정적으로 동요하지 않는 부모님은 거의 없습니다. 이제 끝이라는 표정으로 탄식하며 자책하는 분, 진단을 부정하며 분노를 터뜨리는 분, 그 상황을 감당할 수 없어 흐느껴 울거나 진료실 밖으로 뛰쳐나가는 분도 있습니다. 이렇게 공포스럽게 여기는 질환이다 보니 느린 아이를 둔 부모님들 입장에서는 아이가 단 하나라도 자폐를 의심할 만한 증상을 보이면 바로 자폐를 떠올리는 것이죠.

이런 까닭에 이 책을 읽다 보면 자폐스펙트럼장애에 대한 정보와 그 병을 잃는 아이들, 부모님들의 이야기와 자주 맞닥뜨릴 것입니다. 더불어 자폐와 함께 부모님들이 느린 아이의 증상을 이야기할 때 자주 언급하는 ADHD, 경계선 지능에 대한 내용도 적지 않게 접할 것입니다. 그리고 이러한 내용은 느린 아이를 둔 부모님들이 아이가 보내는 신호가 정상적인지 비정상적인지 구분하는 판단 능력을 키우는 데 도움을 줄 것으로 기대합니다. 집에서 해보실 수 있는 자가 진단표도 114쪽에 수록하였으니 이를 활용하시는 것도 좋은 방법입니다.

그렇다면 도대체 자폐스펙트럼장애가 어떤 질환이기에 느린 아이를 둔 부모님들이 이토록 혼란스러워하고 두려워하는 것일까요? 자폐스펙트럼장애는 신경발달장애이자 사회성발달장애입니다. 사회적 의사소통과 상호작용 능력이 부족하며 행동 패턴이나 흥미, 활동의 범위가 제한적이고 반복으로 나타나는 것이 주요 특징입니다.

특히 자폐 아이들은 사회성 발달이 심각하게 저하되어 사회성이 질적으로 현저히 떨어지는 모습을 보입니다. 다른 사람과 소통하고 상호작용하고 싶은 욕구와 그에 관련된 능력이 부족하기 때문에 사람 자체에 관심이 없고, 혼자 있는 것을 좋아하며, 다른 사람과 좋은 관계를 맺고 의사소통하는 데 무관심합니다.

또 말을 적절하게 하더라도 다른 사람과 대화를 시작하지 못하고, 언어의 맥락이나 추상적 의미를 이해하는 능력이 부족해 대화를 지속하지 못합니다. 자신의 이익이나 관심사, 흥미에만 국한된 대화를 하려고 하죠. 그뿐만 아니라 상호작용을 위한 눈 맞춤이나 표정, 몸짓, 손짓 등 비언어적 표현을 사용하는 능력이 크게 떨어지고 감정, 흥미, 성취 등을 다른 사람과 자발적으로 공유하려 하지 않습니다.

남의 입장이나 상황을 잘 이해하지 못하기도 하고요.

앞에서도 언급했듯 자폐스펙트럼장애는 다양한 증상과 중증도를 보이기 때문에 다른 질환과 혼동되는 경우가 많은데, 느린 아이를 둔 부모님들이 아이의 증상을 설명할 때 자폐와 함께 자주 거론하는 ADHD, 경계선 지능을 비롯해 반항적 도전장애, 반응성 애착장애, 수용성 언어장애, 표현성 언어장애, 지적장애, 레트증후군 등 다양한 질환이 자폐와 유사한 증상을 보입니다.

자폐스펙트럼장애의 정확한 원인은 아직 밝혀지지 않았습니다. 다만 많은 연구자가 유전적 요인, 환경적 요인(환경호르몬·감염·화학물질 등), 뇌의 기능 이상 등을 자폐를 유발하는 요인으로 주목합니다. 자폐는 선천적 신경발달장애인 만큼 아주 이른 시기에 징후가 나타납니다. 그러나 시그널이 미약해 부모님들이 일찍 눈치채기 어렵고 주로 17~18개월 무렵이 되어서야 비로소 '이 아이가 일반 아이들과 조금 다르구나'라고 느끼는 경우가 많습니다.

자폐는 최대한 빨리 발견해 치료를 시작하면 좋은 예후를 기대할 수 있는 질환이지만 안타깝게도 완치는 불가능합니다. 물론 지능지수와 언어능력이 좋은 고기능 자폐인 경우는 적절하게 개입하고 치료하면 의사소통 능력이나 사회적 상호작용 문제가 많이 완화되기는 하지만 강박적 행동이나 고집스러운 모습 등은 남는 경향이 있습니다.

이러한 자폐스펙트럼장애를 진단하기 위해서는 이 질환의 주요 특징인 '사회적 의사소통과 사회적 상호작용의 결함'과 '행동 패턴과

==흥미, 활동이 제약적이고 반복적임==', 이 두 가지 조건을 모두 충족해야 합니다. 이 중 한 가지라도 해당되지 않으면 자폐로 진단하지 않습니다. (114쪽 자폐스펙트럼장애 자가 진단표 참조)

적절한 개입과 치료로 예후가 좋은 자폐 아이들 중 상당수는 직업을 갖고 독립된 생활을 할 수 있습니다. 그러나 이외에는 가족이나 타인에게 크고 작은 도움을 받아야 생활할 수 있는데, 이 점은 부모님들에게 커다란 부담과 두려움으로 다가옵니다. 여기에 사회적 편견 속에서 많은 어려움을 겪을 아이의 미래에 대한 걱정과 불안이 더해지면 부모님 입장에서는 자녀가 자폐 진단을 받았을 때 담담하게 대처할 수 없는 것이죠.

자폐스펙트럼장애의 유병률은 점점 증가하는 추세입니다. 미국 질병통제예방센터CDC의 자료에 따르면 미국의 경우 1970년대 1만 명당 1명이었던 수치가 기하급수적으로 증가해 2024년에는 36명당 1명이 되었습니다. 우리나라도 유병률이 약 2%에 이릅니다. 이처럼 유병률이 증가한 이유는 우선 부모나 교육기관 교사 등 아이와 가까운 사람들의 자폐에 대한 인식이 높아졌고, 그런 만큼 검사를 받거나 신뢰할 수 있는 전문가를 찾는 비율이 늘어나면서 진단율이 높아졌기 때문입니다. 여기에 전문가의 수와 역량이 높아져 진단의 질 또한 높아졌고, 아직까지 정확하게 밝혀지지 않았지만 식습관, 환경호르몬 등 환경적 요인이 영향을 미쳐 자폐스펙트럼장애의 유병률이 크게 증가한 것으로 추정하고 있습니다.

느린 아이를 구분하는 질문

도윤이 어머님은 도윤이가 자폐스펙트럼장애일 것이라고 의심했지만 저는 그렇게 생각하지 않았습니다. 자폐스펙트럼장애로 의심할 수 있는 부분이 분명 있긴 했지만 비슷하게 보일 뿐 자폐는 아니었죠. 진단 결과에 어머님은 안심하면서도 미심쩍은 부분이 있었는지 미련이 남은 말투로 도윤이의 증상을 다시 언급했습니다. 특히 도윤이가 24개월 무렵 엄마와 분리가 잘되었던 점에 대해 의심의 끈을 놓지 못했습니다.

도윤이 어머님의 생각처럼 부모를 비롯해 다른 사람들과 관계를 맺고 유지하고 싶은 욕구가 떨어지는 자폐 아이들은 만 3세 이전, 즉 엄마와의 분리를 생존에 대한 공포로 받아들여 쉽게 분리되지 않는 시기에도 아무렇지 않게 잘 떨어지는 경향이 강합니다. 그러나 모든 자폐 아이가 그렇지는 않습니다. 어떤 경우 엄마와 떨어지면 큰일이 날 것처럼 울고불고하며 자지러지기도 합니다.

누구와도 관계를 맺고 싶어 하지 않는 자폐 아이들이 왜 부모와 분리될 때 자지러지게 우는 것일까요? 부모와 떨어지는 것 자체가 불안해서가 아니라 나를 돌봐주는 존재가 사라지면서 변화된 환경이 낯설고 불편하기 때문입니다. 여느 아이들과는 이유가 완전히 다른 것이죠. 그 때문에 엄마와 잘 분리되는 모습 하나만 가지고 자폐 여부를 판단하는 것은 바람직하지 않습니다.

사실 도윤이는 저를 만나기 전 다른 병원에서 자폐스펙트럼장애가 아니라는 진단을 받았습니다. 그럼에도 어머님은 그 결과를 받아들이지 못하고 도윤이를 데리고 오신 것이었어요. 아이가 더 이상 '병원 순례'를 다니지 않게 해야 하는 것은 물론, 어머님을 위해서라도 단호한 태도가 필요하다고 판단한 저는 다시 한번 도윤이 어머님에게 자폐가 아니라고 강조했습니다.

제가 도윤이 어머님에게 이렇게 자신 있게 말씀드린 이유는 무엇이었을까요? 제 물음에 답하지 않던 도윤이는 어머님이 면담하는 동안 놀이 공간에서 놀면서 긴장이 풀렸는지 그 후에는 전혀 다른 모습을 보였습니다. 이전과 달리 자기소개는 물론 제가 던지는 질문에 대답도 잘했고, 무엇보다 집에서 가져온 자기가 가장 아끼는 장난감을 기꺼이 보여주었습니다. 사회적 상호작용을 하려는 욕구나 능력이 떨어지는 자폐스펙트럼장애 아이들은 자신이 관심 있고 흥미로워하는 물건을 자발적으로 누군가와 공유하면서 즐거움을 나누려 하지 않습니다. 대부분의 자폐 아이들은 장난감을 보여달라고 부탁하면 상대방이 빼앗기라도 할까 봐 지키려고 하거든요.

어머님과 면담하는 동안 놀이 공간에서 도윤이가 한참 가지고 놀던 소방차 장난감에 대해 물었습니다.

"선생님은 도윤이 장난감이 더 마음에 드는데? 너는 어때?"
(A 또는 B 중 하나를 선택하는 질문)

"둘 다요."

"둘 다 마음에 들어? 선생님은 도윤이 장난감이 더 마음에 드는

데…. 그런데 도윤아, 소방차는 언제 출동해?" ('언제'로 시작하는 질문)

"불났을 때요."

"소방차에 사다리는 왜 있는 거야? 이거 왜 길어지는 거야?"

('왜'로 시작하는 질문)

"짧게 하면 사람들을 못 구하잖아요."

"어디에 있는 사람들을 못 구하지?" ('어디에'로 시작하는 질문)

"위에 있는 사람들이요."

"맞아. 길어져야 높은 곳에 있는 사람들을 구할 수 있겠구나."

제가 왜 도윤이에게 소방차 장난감에 대해 계속 물었을까요? 자폐스펙트럼장애 아이들은 '예/아니요'로 대답할 수 있는 단답형 질문에는 어려움을 크게 느끼지 않지만, 의미와 맥락을 이해하는 데는 어려움이 있기 때문에 난도 높은 질문에는 잘 대답하지 못합니다. 이를테면 '언제', '어디서', '누구와', '무엇을', '어떻게', '왜'로 시작하거나 A와 B 중 하나를 선택해야 하는 질문 말이죠. 특히 자폐 아이들은 '명명하기'처럼 답이 정해진 질문에는 곧잘 대답하지만, '어떻게'와 '왜'로 시작하는 질문을 매우 어려워합니다. 그런데 도윤이는 이러한 질문에 큰 문제없이 대답했습니다. 게다가 말의 억양이나 어조도 자연스러웠습니다.

도윤이 어머님은 "선생님, 도윤이한테 아무 문제가 없다면 왜 이렇게 키우기 힘들죠? 어릴 때부터 다른 아이들보다 뭐든 느리고 달라서 마음 편한 적이 없었어요. 다른 집 아이들은 아무 문제없이 쑥쑥 크는데 도윤이는 왜 그런지 모르겠어요"라며 하소연하셨습니다.

제가 생각하는 이유는 이렇습니다. 우선 도윤이가 기질적으로 수줍음이 많고 무덤덤한 아이이기 때문입니다. 어릴 때 엄마에게 무표정한 모습을 보인 것도, 엄마가 어딜 가도 무심하게 잘 떨어지거나 다른 아이들처럼 살갑게 엄마를 반기지 않았던 것도, 사회성이 부족한 듯 보였던 모습도 모두 그런 기질에서 비롯되었다고 볼 수 있습니다. 물론 어머님이 끝까지 의심했던 분리 부분은 자폐스펙트럼장애를 의심할 만한 여지가 충분합니다. 그러나 자폐인지 아닌지는 이런 증상만 가지고 판단할 수 없습니다. 아이의 연령(또는 월령), 성별, 아이와 부모님의 기질, 양육 환경, 각종 발달 검사 결과 등을 종합적으로 고려해야 진단을 내릴 수 있는 질환입니다.

오히려 저는 어머님이 도윤이를 느린 아이로 느끼는 가장 큰 이유를 어머님의 기질에서 찾았습니다. 대화를 나눠보니 어머님은 불안도가 높고 예민하며 걱정이 많은 분이었습니다. 그러다 보니 도윤이가 연령에 비해 또는 또래 아이들에 비해 조금만 이상한 시그널을 보내도 뭔가 잘못되었다는 생각에 불안하고 조급했던 것이죠. 그 불안함과 조급함이 도윤이에게 느린 아이라는 프레임을 씌우고 자폐스펙트럼장애로 의심하게 만든 겁니다.

세상 모든 부모에게 아이 키우는 일은 풀기 힘든 문제입니다. 저도 다르지 않습니다. 직업이 소아정신과 의사이다 보니 많은 분들이 제가 아이를 아무 걱정 없이 수월하게 키웠을 것이라고 생각하지만, 저에게도 아이 양육은 만만치 않았습니다. 특히 감각, 운동, 지각, 인지, 언어, 정서, 도덕성, 사회성 등 전반적 발달이 급속하게 이루어지는 시기에는 저도 무척 혼란스럽고 불안하며 힘들었던 기억이 납니다. 명색이 전문가라는 사람이 이런데 아이들의 발달에 대한 전반적인 지식을 갖추지 못한 부모님들은 자녀가 뭔가 다른 모습을 보이면 당연히 불안하고 걱정이 될 것이라 생각합니다. 많은 부모님들이 어떤 이유로든 어딘가 다르고 느려서 키우기 힘든 자녀를 느린 아이로 표현하는 마음을 충분히 이해합니다.

그러나 아이가 보이는 몇 가지 모습에만 집중해 자녀에게 '느린 아이'라는 이름을 붙이지 않았으면 합니다. 또 어머님이 보기에 신호가 너무 강해 불안한 마음에 느린 아이라고 표현하고 있다면 그것이 병적인 것이라 지레짐작하지 않았으면 합니다. 모든 일이 그렇듯 일단 의심이 들면 계속 그렇게 보이기 마련이라 어머님의 우려처럼 심각한 경우가 아닐 수 있기 때문입니다. 실제로 자녀를 특정 장애로 인한 느린 아이로 생각하며 병원을 찾는 어머님이 많은데, 진료해보면 그렇지 않은 경우가 의외로 많습니다.

그러니 우리 아이가 혹시 느린 아이일까 고민하는 부모님이라면, 자녀에게 너무 성급하게 꼬리표를 붙이는 것은 아닌지 다시 한번 생각해보길 권합니다. 이미 느린 아이라고 생각하고 있다면 정상적으로 자라는 중인데 발달이 다소 느린 아이인지, 혹은 기질적으로 키우기 힘든 느린 아이인지, 정말 병적인 장애 때문에 느린 아이인지 파악하는 것이 필요합니다. 그래야 그에 맞게 도움을 주어 아이는 행복하고 부모님은 편안한 양육을 할 수 있습니다.

"유난히 또래보다
말이 늦어 걱정이에요"

태훈이 어머님을 처음 만난 것은 지난여름이었습니다. 그날은 비가 많이 오는데도 예약한 분들이 모두 병원을 방문하셔서 진료 대기 시간이 유난히 길었죠. 태훈이와 어머님도 기나긴 기다림 끝에 진료실에 들어왔습니다.

"안녕하세요, 어머님. 너무 오래 기다리셨죠? 오늘은 특히 더 많이 기다리신 것 같아요. 부산에서 오셨는데 대기 시간까지 길어서 고생하셨겠어요."

비 오는 날에 멀리서 오느라 더욱 힘들었을 태훈이와 어머님에게 죄송스러운 마음에 저도 모르게 너스레를 떨었습니다.

"태훈아, 안녕! 반가워. 오늘 멋진 옷 입고 왔네? 옷에 있는 그림은

슈퍼윙스야?"

장소도 낯설고 사람도 낯설어서 다소 눈치를 보던 태훈이는 제 칭찬에 마음이 조금 편해졌는지 쑥스러워하며 배시시 웃었습니다. 그 모습이 어찌나 귀여운지 저도 모르게 입꼬리가 올라가더군요.

이렇게 귀여운 태훈이가 병원에 찾아온 것은 언어 발달이 느리기 때문이었습니다. 언어 문제는 자녀를 느린 아이로 여기는 어머님들이 가장 많이 호소하는 증상이기도 합니다. 이른 나이에 가장 쉽게 포착되는 증상이기도 하고, 인지, 사회성, 정서, 학습 능력, 자조 능력, 자존감 형성 등 아이의 전반적 발달에 지대한 영향을 미치기는 중요한 요소이기 때문입니다. 그렇다면 태훈이의 언어 발달은 어느 정도였을까요?

"얼마 전에 태훈이가 발을 만지면서 '아야, 아야' 하더라고요. 계속 그러니까 정말로 발이 아픈가 싶어서 아프냐고 물었더니 '네'라고 대답하는 거예요. 그런데 애가 말을 잘 못하니까 혹시나 해서 '신발 신고 싶어?' 하고 물었더니 또 '네' 하는 거예요. 두 가지 질문에 모두 똑같이 '네'라고만 대답하니 너무 답답해요."

어머님은 태훈이가 만 2세 8개월(32개월)이 되었음에도 대화가 잘 안 되는 것은 물론 원하는 것이 무엇인지 몰라 답답하다고 호소했습니다. 특히 아이가 어딘가 아프고 힘들어 보일 때 가장 속상하다고 했습니다. 이렇다 보니 어머님은 태훈이의 의도를 파악하느라 '이거야? 저거야?'라는 질문을 입에 달고 산다고 했습니다. 이런 모습은 진료실에서도 엿볼 수 있었습니다.

저는 평소 어머님이 태훈이와 어떻게 놀아주는지 살펴보기 위해 주방 놀이를 할 것을 권했습니다. 놀이를 하기 위해 태훈이와 마주 앉은 어머님은 곧바로 토마토와 당근 장난감을 들어 보이며 태훈이에게 물었습니다.

"태훈아, 토마토 할 거야, 당근 할 거야? 토마토? 당근?"

태훈이가 망설이다 손짓으로 토마토를 고르자 이번에는 수박과 딸기 장난감을 들어 보이며 "태훈아, 수박 할 거야, 딸기 할 거야?"라고 물었습니다. 아이가 손짓으로 선택하자 이번에는 "태훈아, 우리 프라이팬에 요리할까, 냄비에 요리할까?"라고 물었습니다. 놀이는 어머님이 '이거야, 저거야' 질문을 던지면 태훈이가 손짓으로 하나를 선택하는 식으로 이어졌습니다. 저는 태훈이가 말을 어느 정도 구사하는지 더 구체적으로 알고 싶었습니다.

"태훈이가 할 수 있는 말이 몇 개나 되나요?"

"엄마, 아빠, 할미, 하부지, 네, 아니… 얼마 안 돼요."

기질이나 성향에 따라 예외가 있지만 보편적으로 태훈이와 같은 32개월 정도 아이들은 의사소통을 위해 '물 줘, 쉬 마려워, 신발 해 줘, 아니 싫어, 아빠 안아줘, 우유 먹을 거야, 아빠 어디 갔지, 엄마 얼굴 예뻐, 강아지가 멍멍 했지' 같은 2~3개 낱말로 이루어진 문장을 구사할 수 있습니다.

또 "**누가** 먹었어?", "**어디** 갔어?" 같은 의문사는 물론 "**이거** 먹을 거야", "**여기** 갈 거야", "**저거** 주세요" 같은 대명사를 사용할 수 있으며 "**안** 먹어", "**안** 갈 거야" 같은 부정어를 이용해 문장을 말할 수도 있습니다. 그뿐만 아니라 "어제 갔어", "같이 놀았어" 같은 과거형 동사를 사용할 수 있고 "엄마, 천천히 해" 같은 부사를 이용한 문장도 말할 수 있습니다. 이런 기준에 비춰볼 때 태훈이는 분명 언어 발달이 느린 아이였습니다.

그렇다면 태훈이는 호전될 수 없는 언어 지연에 해당될까요? 그렇지 않습니다. 태훈이는 평소 부모님이 함께 신나게 놀아주면서 언어적 상호작용을 충분히 해주고, 더불어 전문가의 도움을 적절히 받는다면 발달할 여지가 있었습니다. 그렇게 판단한 이유는 태훈이는 언어가 발달할 만한 자원이 충분한 아이였기 때문입니다.

주방 놀이를 할 때 엄마 말에 언어로 대답하지 못하지만 수긍하는 의미로 고개를 끄덕인다든지, 손으로만 가리키지만 두 가지 중 하나를 선택한다든지, 마음에 들지 않거나 하기 싫은 것에 대해 "에에에에"라고 의미 없는 소리를 내기는 하지만 얼굴을 찌푸리고 손을 밀치며 거부반응을 보인다든지, 필요한 장난감이 있으면 엄마를 보며 손으로 그 장난감을 가리키는 모습은 시간은 조금 걸리겠지만 옆에서 도와주면 얼마든지 진전을 보일 가능성이 있다는 긍정적 신호였습니다.

대부분의 부모님들은 아이가 '말을 잘한다'거나 '못한다'는 표현을 사용할 때, 이를 주로 언어적 표현에만 국한해서 생각하는 경우가 많습니다. 그러나 '말'을 잘한다고 할 때의 '말'은 언어적인 것뿐 아니라 표정, 눈 맞춤, 손짓, 몸짓, 자세, 음성 등 비언어적 언어까지 포함합니다. 오히려 원활한 의사소통을 하는 데 더 큰 비중을 차지하는 것은 언어적 말이 아니라 비언어적 언어입니다.

미국 캘리포니아대학교 심리학과 명예교수이자 심리학자 앨버트 머레이비언Albert Mehrabian의 커뮤니케이션 이론인 '머레이비언의 법칙'에 의하면 의사소통에서 언어적 말이 차지하는 비중은 7% 정도에 불과하고, 나머지 93%를 비언어적 요소(시각·청각적 요소)가 차지한다고 합니다. 의사소통에서 비언어적 단서가 얼마나 중요한 역할을 하는지 짐작할 수 있는 대목이죠.

가령 프랑스어를 잘 모르는 사람이 프랑스에 여행을 갔다고 생각해보세요. 프랑스어를 잘 못하니 아무것도 할 수 없을 것 같지만 표정, 손짓, 몸짓 등 비언어적 언어를 사용해 얼마든지 여행을 즐길 수 있습니다. 그러니 아이가 말을 잘하느냐 못하느냐 판단할 때 언어적 말로만 판단하지 않았으면 합니다.

태훈이처럼 언어적 표현을 잘 구사하지 못하더라도 타인의 말을 비교적 잘 이해하고 눈 맞춤, 표정, 손짓, 몸짓 등 비언어적 의사소통에 큰 문제가 없다면 부모님의 적극적인 도움과 치료를 통해 얼마든지 다른 아이들을 따라잡을 수 있습니다. 특히 영유아기 아이들에게는 그 어떤 치료보다 부모님과의 활발한 언어적 상호작용이 중요하기 때문에 평소 아이와 많이 놀아주면서 넘치도록 언어적 자극을 주시길 바랍니다.

언어 발달 데드라인은 36개월?

그렇다면 언어 지연을 보이는 모든 아이들이 태훈이처럼 적절한 개입과 치료가 이루어지면 여느 아이들을 따라잡을 수 있을까요? 반드시 그렇지는 않습니다. 꾸준한 지원과 치료에도 언어 지연이 평생 지속되는 경우가 있습니다. 작년에 만난 만 3세 10개월(46개월) 지율이가 그랬죠. 제게 찾아왔을 당시 지율이는 태훈이와 달리 부모님의 적극적인 도움과 더불어 1년 6개월이 넘도록 언어 치료를 받고 있었습니다. 그럼에도 태훈이만큼 구사할 수 있는 단어가 손에 꼽을 정도였기에 지율이 어머님의 걱정이 이만저만이 아니었습니다.

"여기저기에서 36개월까지 말이 트이지 않으면 발달에 문제가 있고, 예후가 좋지 않다고 해서 28개월부터 언어 치료를 시작했어요. 집에서도 열심히 놀아주고 책을 읽어주면서 언어 자극을 해줬고요. 그런데 36개월이 훨씬 지났는데도 여전히 말을 잘 못하니까 너무 두려워요."

자녀의 언어 지연으로 고민하는 많은 어머님들이 지율이 어머님처럼 생후 36개월을 언어 발달의 데드라인이라고 여기며 이 타이밍을 놓칠까 봐 크게 걱정하곤 합니다. 많은 소아과 의사나 육아 전문가가 책 또는 유튜브 등을 통해 언어 발달을 위해 더 이상 치료를 미룰 수 없는 시기를 36개월이라고 못 박으니 부모님들 입장에서는 마음이 불안하고 초조할 수밖에 없는 것이죠.

하지만 아이가 성장하면서 시기마다 성취해야 할 발달 과정을 순차적으로 밟아나가고 있다면 조금 느리더라도 크게 걱정할 필요 없습니다. 모든 발달이 그렇듯 언어 발달도 개인차가 있어 그 무엇이든 절대적인 기준으로 삼으면 안 됩니다. 특히 언어 발달은 개인차가 매우 크기 때문에 36개월이라는 데드라인에 갇혀 성급하게 치료를 시작하는 것은 바람직하지 않습니다. 엄마와의 애착이 제대로 형성되지 않은 생후 36개월 이전 아이를 엄마와 분리된 상태에서 홀로 언어치료를 받게 하면 불안이 증가해 오히려 발달이 지연될 수 있습니다.

중요한 건
언어 지연이 아닙니다

"정말이요? 그럼 제가 지율이를 어린이집에 너무 일찍 보내서 말을 제대로 못하는 걸까요?"

제 설명에 어머님은 자책하는 듯한 목소리로 물었습니다. 이른 나이에 어린이집에 보낸다고 해서 모든 아이가 큰 영향을 받는 것은 아닙니다. 물론 불안이 심하고 예민하며 낯선 환경에 잘 적응하지 못하는 아이는 영향을 많이 받을 수 있죠. 그러나 지율이의 언어 지연은 그 이유 하나만으로 설명하기에는 석연치 않은 부분이 있었습니다.

지율이는 진료를 보는 동안 멍하니 허공을 응시하는가 하면, 앞에 있는 저를 쳐다보기는 하는데 시선은 늘 제 눈이 아니라 턱이나 가슴

언저리에 두었습니다. 또 장난감 자동차를 좌우로 굴리며 바퀴 돌아가는 모습만 바라보았고, 장난감을 하늘 높이 들었다가 그걸 바닥에 두고 벽으로 뛰어갔다가 하는 행동을 2~3분 동안 반복하기도 했습니다.

"지율이가 저런 식의 반복 행동을 자주 하나요?"

제 질문에 어머님은 의아한 눈빛으로 저를 바라보았습니다. 제가 질문하는 것을 보니 뭔가 문제가 있는 것 같은데 이유를 알 수 없다는 표정이었습니다. 아무래도 지율이 어머님은 그 행동을 크게 이상하게 여기지 않았던 것 같습니다.

"그냥 노는 것 아닌가요?"

역시 어머님은 지율이의 반복 행동을 대수롭지 않게 생각했던 것 같습니다. 그러나 그 반복 행동을 비롯해 지율이가 보이는 모든 모습은 특정 발달장애를 암시했습니다. 다름 아닌 자폐스펙트럼장애였죠. 자폐스펙트럼장애는 사회적 의사소통과 상호작용을 하고 싶은 욕구와 관련된 능력이 질적으로 떨어집니다. 또 행동과 흥미, 활동 패턴이 제한적이고 반복적인 행동을 보이죠. 그러다 보니 자폐 아이들은 지율이처럼 사람에게 관심을 보이지 않고, 눈 맞춤이 안 되며, 아무 의미 없는 특정 행동을 반복합니다.

지율이가 자폐라는 진단을 받자 어머님은 주체할 수 없는 감정에 눈물을 흘렸습니다. 안타깝게도 지율이의 경우, 부모님의 언어적 상호작용이나 적절한 언어 치료만으로는 언어 지연이 쉽게 호전되지 않았습니다. 더구나 어머님이 챙겨 온 여러 검사 기록지를 살펴본 결과 지율이는 지능지수나 인지능력이 그리 양호한 편이 아니었기 때문에 태훈이 같은 방식의 개입으로는 더더욱 좋은 예후를 기대하기 어려웠습니다.

그렇다면 지율이가 지능지수나 인지능력이 양호한 고기능 자폐였다면 적절한 개입과 치료가 이루어졌을 때 일반 아이들을 따라잡을 수 있을까요? 기능이 좋은 만큼 언어 발달에 유리하고 상당히 좋은 예후를 보일 수 있지만 그렇다고 하더라도 태훈이처럼 정상 궤도에 도달하기는 어렵습니다. 왜일까요?

발달 지연 vs 발달장애, 무엇이 다를까?

그 이유를 이해하기 위해서는 '발달 지연'과 '발달장애'의 차이를 알아야 합니다. 발달 지연은 일시적이고 추월 가능한 상태라면, 발달장애는 발달의 중요 이정표에 도달하는 데 지속적인 어려움이 있는 상태를 말합니다. 따라서 발달 지연은 적절하게 조기 개입을 하고 치료하면 일반 아이들을 따라잡을 수 있지만 발달장애는 꾸준한 지원과 치료가 이루어져도 평생 지속될 수 있습니다. 또 발달 지연은 다른 영역에서는 정상적인 발달을 보일 수 있지만 발달장애는 여러 영역에 걸쳐 광범위한 영향을 미칩니다.

태훈이와 지율이를 예로 들면 태훈이는 발달 지연에 속합니다. 반

발달 지연 developmental delay	발달장애 developmental disorder
· 일시적이고 추월 가능한 발달 문제 · 적절한 조기 개입과 치료를 통해 정상 발달 궤도에 올라설 수 있음. · 다른 영역에서 정상적인 발달을 보일 수 있음. · 환경적 경험, 자극이 중요함.	· 발달의 중요 이정표 달성에 지속적 어려움이 있는 상태. 평생 지속될 수 있음. · 지적장애, 자폐스펙트럼장애, ADHD 등이 대표적인 질환임. · 여러 영역에 걸쳐 광범위한 영향을 미치며, 지속적인 지원과 치료가 필요함.

면 지율이는 발달장애에 해당한다고 볼 수 있죠. 이런 이유로 비슷한 언어 지연을 보이는데도 제가 예상하는 두 아이의 예후가 달랐던 겁니다. 물론 태훈이도 언어 발달 지연이 경미한 수준이 아니었기 때문에 적절한 지원과 치료가 이루어지지 않는다면 좋은 예후를 기대하기 어려울 것입니다. 그러나 지율이에게 적절한 지원과 치료를 하지 않았을 때와 비교하면 중증도가 훨씬 낮습니다.

발달 지연과 발달장애는 발달에 문제가 있다는 점에서는 유사합니다. 그러나 그 성격과 영향이 지속되는 기간이 다르기 때문에 발달 지연에 해당하는 태훈이와 발달장애에 해당하는 지율이는 비슷한 수준의 언어 지연을 보인다 하더라도 똑같은 치료를 적용해서는 안 됩니다. 이런 점을 고려하지 않으면 고군분투한 부모님의 보람도 없이 아이의 발달 문제가 제자리걸음이 될 수 있습니다.

태훈이는 단지 정상 수준에 비해 언어능력이 뒤처진 상태이기 때문에 일상에서 언어적 자극을 충분히 주고 언어 치료만 병행해도 언어 발달이 촉진될 겁니다. 그러나 자폐스펙트럼장애인 지율이는 언어 발달만 뒤처진 것이 아니라 사회적 상호작용과 의사소통을 하려는 욕구나 능력도 없고 행동, 흥미, 활동 패턴이 비정상적이기 때문에 언어능력을 키우는 데만 초점을 맞춰서는 안 됩니다. 지율이에게 맞는 응용 행동 분석Applied Behavior Analysis, ABA 치료와 의사소통 훈련, 사회 기술 훈련 등이 병행되어야 좋은 예후를 기대할 수 있죠.

많은 부모님들이 자녀의 언어 발달 속도가 느리면 언어능력을 키우는 치료에만 집중합니다. 그러나 언어 지연은 병리학적 원인 없이 시간이 지나면 자연스럽게 해결되는 '체질적 언어 지연constitutional language delay'부터 단어와 문장의 의미는 또래 수준으로 이해하지만 자기 생각을 말로 표현하는 기능이 떨어지는 '표현성 언어장애'로도 나타날 수 있습니다. 또 다른 사람의 말을 이해하기 어려워서 표현하기도 어려워하는 '수용성(혼합형) 언어장애'로도 발생할 수 있죠.

이 밖에 어떤 원인으로든 청력 손실이 심해 청각을 통한 의사소통이 불가능한 '청력장애', 전반적인 지적 능력과 일상적인 사회적 기능 및 수행 기술 등에 심각한 제약이 따르는 '지적장애', 사회성 발달장애인 '자폐스펙트럼장애', 가족 문제, 아동학대, 부모의 정신적 장애 등 '환경적 요인'에 의해서도 언어 지연이 나타날 수 있습니다. 따라서 아이의 언어 발달을 파악하고 개선하려 할 때 언어 지연을 불러온 정확한 원인을 파악하고 그에 맞게 치료해야 언어 발달을 제대로 도

울 수 있습니다. (402쪽에 있는 특별 자료 '언어 지연 심각도에 따른 원인과 치료 방향' 표를 참조)

언어 지연의 원인을 파악하기에 가장 좋은 방법은 언어 지연의 원인을 종합적으로 고려해 진단할 수 있는 소아정신과 전문의에게 진료받는 것입니다. 그러나 현실적으로 빠른 기간 내에 소아정신과 진료를 받는 것이 쉽지 않은 만큼, 여기서는 아이가 어떤 이유로 언어 지연을 보이는지 판별하는 방법을 알려드리고자 합니다.

가장 먼저 살펴봐야 할 비언어적 행동

언어 지연을 보이는 느린 아이가 있다고 가정해볼까요? 이 아이는 말은 잘하지 못해도 눈 맞춤이나 표정, 손짓, 몸짓 등 비언어적 행동에 문제가 없습니다. 그렇다면 다음으로 확인해야 할 것은 청력에 문제가 있는지 여부입니다. 만약 있다면 청력 문제가 언어 지연을 부르는 것입니다.

반대로 아이의 비언어적 행동에 문제가 있을 수 있습니다. 이때는 두 가지를 살펴봐야 하는데, 첫 번째는 기어 다니기·서기·걷기 같은 '운동 능력에 지연이 있는가'이고, 두 번째는 '사회적 상호작용이 잘 되는가'입니다. 먼저 운동 능력부터 살펴보겠습니다.

비언어적 행동에 문제가 있어 운동 능력을 확인했는데 아무 이상이 없다면, 이 경우는 단순하게 '언어 발달에만 문제가 있다(표현성 언어장애·수용성 언어장애)'는 의미입니다. 이때 청력에 문제가 있는지 다시 확인해야 하는데, 언어 발달장애인 표현성 언어장애나 수용성 언어장애의 경우 청력에 문제가 있으면 구분하기 어려운 경우가 많기 때문입니다. 만일 청력에 문제가 없다면 최종적으로 '언어 발달에만 문제가 있다'고 판단하면 됩니다. 이와 반대로 비언어적 행동과 더불어 운동 능력까지 지연된다면 '광범위한 발달 지연(향후 지적장애)'이라고 보면 됩니다.

비언어적 행동에 문제가 있으면서 운동 능력을 평가하는 단계가 끝났다면, 언어적 행동에 문제가 있어 사회적 상호작용이 잘 안 되는지 여부를 살펴보는 단계로 넘어가겠습니다. 이때 비언어적 행동에 문제가 있지만 사회적 상호작용이 잘된다면 다시 운동 능력에 지연이 없는지 확인해야 합니다. 이때 정상이면 '언어 발달에만 문제가 있다'는 의미이고, 그렇지 않으면 '광범위한 발달 지연'으로 판단할 수 있습니다.

만약 사회적 상호작용을 평가했는데 결함이 있다면 아이에게 '상동 행동(특별한 의미가 없는 행동을 반복적으로 되풀이하는 것)', '제한적 관심사와 행동', '감각 자극에 대한 과민성 또는 둔감성'이 있는지 살펴보길 바랍니다. 지금 나열한 내용은 자폐스펙트럼장애 아이들이 보이는 주요 증상으로, 이러한 증상이 나타나지 않는다면 '사회적 의사소통장애'라고 보면 됩니다. 여기서 사회적 의사소통장애는 자폐처럼 사회적 의사소통을 하는 데 어려움을 겪지만 자폐의 주요 증상인 상동 행동, 제한적 관심사와 행동, 감각 자극에 대한 과민성 또는 둔감성을 보이지 않는 신경발달장애입니다.

반대로 아이가 앞에 열거한 자폐의 주요 증상을 보인다면 자폐스펙트럼장애를 의심할 수 있습니다. 다만 이때 반드시 환경적 문제에서 기인한 것은 아닌지 확인해야 합니다. 아동학대, 방임, 가족 문제, 부모의 정신적 장애 등으로 제대로 된 양육을 제공받지 못한 것은 아닌지, 외모가 기형이거나 신체적 질환은 없는지, 수면이나 식이 문

언어 지연 아동의 평가 알고리즘

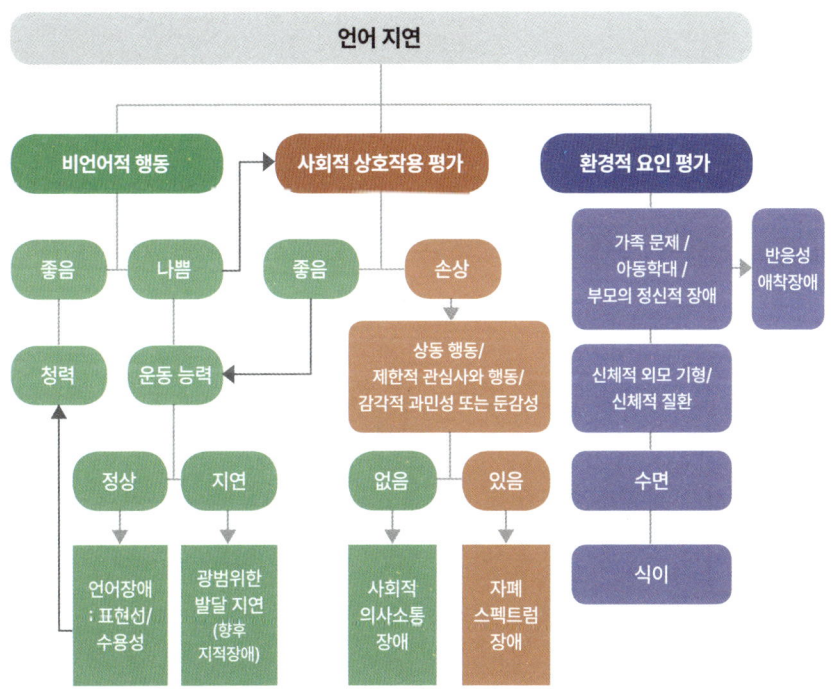

제가 없는지 종합적으로 살펴서 아무 문제가 없다면 최종적으로 자폐스펙트럼장애로 판단할 수 있습니다.

여기서 환경적 요인을 꼭 체크해야 하는 이유는 이러한 문제로 '반응성 애착장애reactive attachment disorder'가 유발될 수 있기 때문입니다. 반응성 애착장애는 부모의 병적인 양육 행동(아동학대·방임·부모의 정신장애 등)으로 자폐와 유사한 모습을 보인다고 해서 과거 '유사 자폐'라고 불리던 시절이 있었습니다. 따라서 자폐 여부를 판단할 때 환경적 요인을 반드시 확인해야 한다고 말씀드리고 싶습니다. 아울러 지금까지 말씀드린 내용을 한눈에 파악할 수 있도록 표(45쪽)로 만들었으니 참고하시기 바랍니다.

말은 잘하는데
소통은 안 되는 아이라면

그렇다면 태훈이나 지율이와 달리 아이가 말을 잘한다면 어떨까요? 자폐스펙트럼장애가 아니라고 안심해도 될까요? 그렇지 않습니다. 자녀가 말을 곧잘 하는데도 저를 찾아오는 부모님이 의외로 많습니다. 만 3세(36개월)인 진우와 어머님이 저를 찾아온 것은 아이가 말이 트였는데도 뭔가 이상하다고 느꼈기 때문입니다.

"우리 친구는 이름이 뭐예요?"
"진우야, 선생님께 대답해야지. 네 이름이 뭐야?"

진료실에 들어온 순간부터 진료실에 비치된 비행기 장난감에서 눈을 떼지 못한 채 제 말에 아랑곳하지 않는 진우에게 답답함을 느낀 어머님은 아이를 못마땅한 눈으로 바라보며 재촉했습니다. 저는 그런 어머님을 제지하고 또다시 진우에게 이름을 물었습니다. 몇 번 물어본 뒤에야 진우에게 답을 들을 수 있었습니다. 마찬가지로 나이를 묻는 질문에도 장난감에 집중하느라 한참 만에 대답했습니다. 처음 만난 저는 안중에도 없었던 거죠. 이런 진우에게 집에서 좋아하는 장난감을 가져왔는지 물었습니다. 정확하게 진단을 내리기 위해 부모님들께 평소 아이가 좋아하는 장난감을 가지고 오십사 부탁드리곤 합니다.

그럼에도 진우는 아무 반응이 없었습니다. 재차 진우에게 집에서 장난감을 가져왔는지, 가져왔다면 그게 무엇인지 보여달라고 부탁했지만 진우는 엉뚱하게도 진료실에 있는 비행기 장난감을 가리켰습니다.

"아니지. 그건 선생님 거지. 진우야, 집에서 장난감 가져왔어? 집에서 가지고 온 장난감은 어떤 거야? 진우가 잘 모르겠으면 엄마한테 물어볼까?"

이번에도 답이 없는 진우에게 저는 이럴 때는 어떻게 말해야 하는지 시범을 보였습니다.

"'엄마, 나 집에서 무슨 장난감 가지고 왔어요?' 하고 물어봐."

그러자 진우는 제가 말한 그대로 "엄마, 나 집에서 무슨 장난감 가지고 왔어요?"라고 했습니다. 사실 진우는 집에서 엄마와 함께 병원에 가져올 장난감을 골랐다고 합니다. 그런데 그것을 아예 기억하지 못하니 어머님이 당황스러울 수밖에 없었죠. 결국 어머님이 집에서 가져온 장난감을 꺼내 저에게 주었고, 저는 진우에게 그 장난감에 대해 이것저것 물었습니다. 그러나 진우는 그 장난감에는 눈길도 주지 않은 채 진료실에 들어온 순간부터 관심을 보였던 비행기 장난감만 쳐다보았습니다.

저는 면담을 이어가며 진우의 주의를 돌리려고 애썼지만 잘 되지 않았고, 결국 비행기 장난감에 대해 설명해줬습니다. 그런데 진우는 자기가 원하는 대답을 들었음에도 그 기억은 까맣게 잊은 듯 비행기 장난감에 대해 또다시 물었습니다. 진우의 질문이 뫼비우스의 띠처럼 끝나지 않는 탓에 서로 말을 주고받는 '핑퐁 대화'를 할 수 없었습니다.

그뿐 아니라 진우는 말을 할 때 제 눈을 전혀 쳐다보지 않았습니다. 말투와 억양도 마치 로봇이나 AI가 말하는 것처럼 딱딱하고 단조로웠으며 질문과 관계없는 대답을 했습니다. 가끔은 상황에 맞지 않는 혼잣말도 중얼거렸죠. 어머님이 진우가 말을 잘하는데도 걱정한 이유를 충분히 이해할 수 있었습니다.

사실 진우는 태훈이나 지율이처럼 언어 발달이 느린 아이였습니다. 그러다 어느 순간 말문이 터졌고 늘 언어 문제로 걱정하던 진우 어머님은 가슴을 쓸어내렸습니다.

"말문이 트였으니 이제 됐다 싶었어요. 사실 어릴 때 진우한테 '우리 꽃 볼까' 하고 손으로 가리키면 쳐다보지 않았고, 원하는 것이 있으면 그걸 손으로 가리키는 것이 아니라 제 손을 끌고 가서 자기가 원하는 것을 하도록 시켰거든요. 그때부터 조금 불안했지만 아이가 말이 트이면 모든 게 해결될 거라고 믿었어요."

많은 어머님들이 진우 어머님처럼 말이 트이면 아이가 보이는 모든 문제 행동이 사라질 것이라고 생각합니다. 문제 행동이 아이가 말을 잘 못하니까 답답해서 나타나는 행동이라고 여깁니다. 그런데 막상 말문이 트이면 이전에 고민했던 문제 행동은 그대로 남고, 오히려 말을 함으로써 나타난 또 다른 문제와 맞닥뜨리는 경우가 적지 않습니다.

진우가 말이 트였음에도 소통이 되지 않았던 것은 자폐스펙트럼 장애 때문입니다. 앞에서도 말했듯 자폐 아이들은 다른 사람과 소통하고 관계를 맺고 싶은 욕구가 거의 없고 대화 주제도 자신의 관심사나 흥미에만 국한되어 있습니다. 한마디로 상대방의 말은 귀담아듣지 않고 자기가 하고 싶은 말만 하는 것입니다. 진우가 저와의 대화에는 관심이 없고 장난감에 대해서만 계속 질문한 것도 이 때문입니다.

게다가 자폐 아이들은 진우처럼 말투나 억양이 독특하고, 타인의 의도나 상황을 이해하지 못해 분위기를 깨는 엉뚱한 소리를 하거나 뜬금없는 질문을 합니다. 어떤 경우는 세상에 존재하지 않는 자기만의 말(신조어)을 만들어 사용하기도 합니다. 이런 상황에서 소통이 원활하게 이루어지기는 상당히 어렵죠. 어른들은 어떻게든 아이에게 맞춰주려고 노력하다 보니 부모나 선생님과는 겉보기에 소통이 되는 듯 느낄 수 있지만, 또래 아이들과의 소통에서는 어려움을 겪을 수밖에 없습니다.

많은 부모님들이 '자폐' 하면 언어 지연을 떠올리는 것은 어쩌면 당연한 일인지도 모릅니다. 그만큼 자폐 아이들에게서 흔히 볼 수 있는 증상이니까요. 그러다 보니 진우처럼 말을 잘하면 아이가 자폐를 떠올리게 하는 시그널을 보내도 쉽게 의심하지 않습니다. 하지만 진우처럼 말을 잘하는 자폐스펙트럼도 적지 않다는 사실을 기억해야 합니다. 특히 아이가 과거에 언어 발달이 느렸다가 갑자기 말문이 트였지만 왠지 소통이 안 되는 느낌이 든다면 주의 깊게 살펴보세요. 이와 함께 같은 행동이나 말, 소리를 아무 목적 없이 반복하고, 관심사나 행동이 한정적이며, 특정한 감각이나 자극에 지나치게 과민하거나 둔감한 모습을 보인다면 소아정신과 전문의를 찾아가보시길 바랍니다.

언어 발달은 단순히 그 문제에서 끝나는 것이 아니라 아이의 전반적인 발달에 영향을 미칩니다. 특히 언어는 아이가 앞으로 세상에 나아가 사회적 관계를 맺고 유지하는 데 반드시 필요한 수단이죠. 그러므로 아이가 언어 발달이 너무 느리거나, 말은 잘하는데 소통이 잘 안 된다면 언어 발달을 적극적으로 도와주어야 합니다. 다만 언어 치료에만 매달릴 것이 아니라 원인을 파악해 개인별 맞춤 치료가 이루어질 수 있도록 해야 합니다. 그래야 느린 아이로 불리는 자녀의 언어 발달에 튼튼한 바퀴를 달아줄 수 있습니다. 이때 어떤 경우든 부모님과의 언어적 상호작용이 중요하다는 사실을 잊으면 안 됩니다.

"혼자 노는 걸 좋아해요"

온라인 커뮤니티에서는 자녀에게 친구를 만들어주고 싶어 하는 부모님이 쓴 '자녀 친구 구하는 글'이 많이 올라오곤 합니다. 100일도 안 된 아이부터 초등학생까지 자녀 연령도 다양합니다. 부모님이 자녀의 친구 만들기에 관심을 갖는 것은 친구의 존재가 아이의 인지발달, 언어 발달, 사회성 발달 등에 도움이 된다고 생각하기 때문입니다. 특히 사회성을 발달시키기 위해 아이에게 친구를 만들어주고 싶어 하는 어머님이 많습니다. 그만큼 사회성이 중요하다고 여기기 때문에 많은 부모님이 자녀가 사회성이 부족하다는 생각이 들 때 크게 걱정하고 불안해합니다.

작년에 저를 찾아온 은아 어머님도 그랬습니다. 생후 36개월 무렵에 진료를 예약했다는 은아 어머님은 은아에 대해 어릴 때부터 뭐든 느리고 달라서 걱정스럽게 했던 아이였다고 표현했습니다.

"은아는 어렸을 때부터 목 가누기, 기기, 앉기, 서기나 걷기 등 모든 부분이 좀 늦었어요. 시선도 좀 이상했는데 특히 또래 아이들보다 호명 반응이 잘 안 됐어요. 그래서 병원 진료를 예약하게 됐습니다."

저를 찾아오는 부모님들에게 병원을 예약할 당시 가장 걱정했던 증상이 무엇이었느냐고 여쭤보면 대체로 두 가지를 꼽습니다. 하나는 '말이 늦는 것'이고, 다른 하나는 '아이가 자신의 이름을 듣고 반응하지 않는 것', 즉 호명 반응이 안 되는 것이라고 합니다. 어머님들이 이처럼 호명 반응을 중요하게 생각하는 이유는 호명 반응이 눈 맞춤과 함께 사회성을 엿볼 수 있는 중요한 시그널이라고 알려져 있기 때문입니다. 만약 돌 전후에 눈 맞춤이 안 되고 18~24개월에 호명 반응이 안 된다면 아이의 사회성 발달을 의심해볼 수 있습니다.

그런데 호명 반응이 된다, 안 된다를 판단할 때 주의해야 할 점이 있습니다. 우선 아이 연령을 고려해야 합니다. 맘 카페에 보면 생후 100일도 안 된 아이를 키우는 어머님들이 호명 반응을 걱정하기도 하는데, 이 시기는 사회적 미소(낯익은 사람을 보고 웃는 것)가 더 중요합니다. 18개월 전후로 아이가 걸음마를 시작해 활동 범위가 넓어지면 아이 이름을 부를 일이 많아지죠. 바로 이때부터 이름을 불렀을 때 엄마를 곧바로 쳐다보는지 여부가 호명 반응의 양과 질 측면에서 중요합니다.

호명 반응이 잘되는지 여부를 판단할 때 주의해야 할 점은 아이가 이름을 불렀을 때 매번 반응해야 호명 반응이 잘된다고 생각하면 안 된다는 것입니다. 실제로 이런 이유로 많은 부모님들이 아이 이름을 여러 번 부르면서 테스트를 하고 그때마다 반응이 없으면 호명 반응이 안 된다고 판단하곤 합니다.

그런데 호명 반응에 문제가 없는 아이들도 이런 경우 처음 몇 번은 반응을 보이다가 이후에는 반응을 보이지 않습니다. 엄마가 자기에게 용건이 있어 부른 줄 알았다가 그게 아니라는 걸 알고 더 이상 반응하지 않는 것이죠. 따라서 어쩌다 두세 번이라도 엄마와 눈 맞춤을 하면서 자신을 왜 불렀느냐는 표정을 짓는다면 호명 반응에 크게 문제가 없다고 보면 됩니다.

또 하나 유의해야 할 점은 아이의 마음을 혹하게 하는 물건을 제시하며 호명 반응을 체크해서는 안 된다는 것입니다. 많은 부모님이 "은아야, 딸기 먹자", "은아야, 밖에 나가자"라고 했을 때 아이가 반응하면 호명 반응이 잘된다고 생각합니다. 그런데 이런 경우는 진정한 호명 반응이라고 볼 수 없습니다. 혹할 만한 조건이나 용건 없이 이름을 불렀을 때 아이가 쳐다보는 것이 제대로 된 호명 반응입니다. 다만 이때 부모님 쪽을 돌아보기는 하는데 몸만 살짝 틀어서 보는 둥 마는 둥 하거나, 몸을 돌려 엄마를 봤지만 눈을 맞추지 않고 엉뚱한 곳을 바라본다면 호명 반응이 된다고 볼 수 없으니 이런 부분을 고려해 꼼꼼히 살펴보길 바랍니다.

저는 은아 어머님에게 호명 반응에 대해 설명하면서 당시 은아가 정말 호명 반응이 안 됐던 것인지 물었습니다. 그러자 어머님은 당황하며 말씀하셨습니다.

"저는 어떤 이유로든 아이를 불렀을 때 저를 쳐다보지 않으면 무조건 호명 반응이 안 되는 것인 줄 알았어요."

어머님은 병원을 예약할 당시 보였던 모습은 이제 보이지 않지만, 또 다른 문제 때문에 고민이라며 현재 걱정되는 점에 대해 하소연했습니다.

"어릴 때 문제처럼 보였던 모습은 다 좋아졌는데, 지금은 사회성이 너무 없는 것 같아요. 상대방 입장을 생각하고 말해야 하는데 그러지 않는 것 같아요. 특히 또래 아이들과 잘 어울리지 않고 혼자 노는 것을 더 편안해해서 걱정이에요. 친구도 못 사귀어서 친한 친구 하나 없고…. 그래서 사회성 짝을 만들어주거나, 그룹 치료를 하고 싶은데 주변에 마땅한 곳이 없어서 걱정이네요."

지금의 은아는 어머님에게 어릴 때보다 더 걱정스럽고 키우기 힘든 느린 아이가 되어 있었습니다. 그래서였을까요? 은아는 언어 치료, 인지 치료, 감각 통합 치료, 놀이 치료 등 온갖 치료를 받고 있었고, 사회 성숙도 검사사회적 적응 능력을 측정하는 검사, 메타-화용 언어 검사, 카스 검사 Korean-Childhood Autism Rating Scale, K-CARS, 한국판 아동기 자폐 평가, 캣CAT, Computerized ADHD Test 등 안 해본 검사가 없었습니다. 부모님께 미리 보내드린 초진 기본 설문지에도 은아에 대한 긍정적 견해는 찾아보기 힘들었습니다.

이러한 점을 볼 때 어머님은 은아를 연령이나 또래 아이들에 비해 발달이 좀 느린 아이가 아니라 병적 장애로 인해 느린 아이라고 확신하는 것 같았죠. 은아를 특수교육이 가능한 유치원으로 옮기기 위해 특수교육 대상자 신청을 고려하고 있었기 때문입니다.

그러나 제가 보기에 은아는 기질적으로 불안이나 긴장도가 높고 수줍음이 많을 뿐이지 사회성에는 큰 문제가 없었습니다. 이런 아이는 일반 교육을 받으며 다양한 특성을 지닌 아이들과 어울려야 그들의 말과 행동을 배울 수 있고 사회적 적응 기술도 늘어납니다.

아이의 사회성 발달은 또래 아이들의 영향을 많이 받습니다. 또래 친구들과 함께 어울리면서 보다 폭넓은 사회적 경험을 하고, 다양한 사회적 상호작용 능력, 사회적 행동에 대한 기술 등을 습득합니다. 즉 아이들은 서로의 사회성 발달에 도움을 줍니다. 따라서 사회성 발달에 매우 중요한 시기인 영유아기에는 되도록 정상 발달을 하는 또래 아이들과 활발하게 관계를 맺고 소통할 기회를 제공해야 합니다.

은아 어머님은 기질 때문에 은아의 사회성이 부족해 보이는 것이라는 제 말에 크게 동의하지 않는 듯했습니다. 사전에 작성한 초진 기본 설문지에 어머님이 작성한 내용을 봐도 자폐의 진단 기준에 맞춘 듯한 교과서적인 증상이 나열되어 있었으니까요. 그러나 제가 보기에 은아는 자폐스펙트럼장애로 진단할 만한 그 어떤 근거도 없는 아이였습니다.

수줍음과 사회성 결여는 다릅니다

제가 은아를 자폐스펙트럼장애가 아니라고 판단한 결정적 근거는 진료실에서 보인 은아의 모습이었습니다. 사실 은아는 진료실에 들어올 때부터 자폐가 아니라는 것을 어느 정도 보여줬습니다. 제가 반갑다며 인사를 건네자 은아는 아주 작은 목소리로 인사를 하는 둥 마는 둥 하며 재빨리 엄마 뒤로 몸을 숨기고 눈치를 봤거든요.

그런 모습 또한 사회성이 부족한 모습이라고 생각했던 은아 어머님은 크게 한숨을 쉬셨지만, 사실 이것은 오히려 아이에게 사회성이 있다는 시그널입니다. 자폐스펙트럼장애 유아들은 낯선 공간과 낯선 사람에 대해 눈치를 살피지 않고 무심하거나, 매우 부적절한 반응을 보이는 경우가 많거든요.

눈치를 보는 행위는 상황이나 분위기를 살펴 상대방과 좋은 관계를 맺고 유지하려는 욕구가 없으면 불가능합니다. 이러한 욕구가 부족한 자폐 아이들은 상대방의 의도나 상황, 분위기를 신경 쓰지 않고 자기가 하고 싶은 말과 행동을 합니다. 실제로 자폐 아이들은 진료실에 들어올 때 그곳에 있는 사람이나 상황을 살피거나 고려하지 않고 흥미를 끄는 대상(대부분 장난감 등 사물입니다) 앞으로 돌진합니다. 이 모습만 봐도 자폐인지 아닌지 어느 정도 짐작할 수 있죠.

"은아야, 우리 다시 인사해볼까? 은아야, 안녕! 반가워!"

은아는 긴장한 듯 대답을 제대로 하지 못했습니다. 다시 한번 인사를 건네자 엄마 뒤에 숨어 있던 은아가 얼굴을 빼꼼히 내밀고 쭈뼛대며 인사를 했습니다.

"아유, 예뻐라. 은아는 인사도 잘하네? 몇 살이야?"

여섯 살이라고 대답하는 은아 얼굴에는 여전히 긴장한 기색이 역력했습니다. 그래서 긴장도 풀어주고 여러 가지 체크도 할 겸 은아가 신고 온 구두를 칭찬했습니다. 눈에 띄는 빨간색 구두였거든요.

"그런데 오늘 은아, 예쁜 빨간색 구두 신고 왔네? 그 구두 누가 사 줬어? 엄마가 사줬어?"

구두 칭찬을 하자 은아는 수줍은 표정을 지으며 기어 들어가는 목소리로 할머니가 사줬다고 대답했습니다.

"할머니가 사줬구나! 그런데 은아는 빨간색 좋아해?"

"아니요, 핑크색이요."

"그럼 빨간색 구두 받아서 좀 속상하지 않았어? 은아가 좋아하는 핑크색 구두였다면 더 좋았을 텐데, 그렇지?"

"아니요, 할머니가 선물로 주셔서…."

"아하, 할머니가 선물로 사주신 거라 핑크색 구두가 아니어도 속상하지 않있구나?"

"네."

사회적 소통 욕구와 능력이 질적으로 떨어지는 자폐 아이들은 말을 주고받는 핑퐁 대화가 어렵고, 다른 사람의 마음이나 생각, 감정 등을 이해하려고 하지 않습니다. 따라서 은아처럼 자기가 좋아하는 핑크색이 아닌 빨간색 구두를 받았어도 선물을 사준 할머니의 마음을 생각해 이를 내색하지 않는 행동을 하기가 어렵습니다.

저는 계속해서 은아에게 어디에 사는지, 유치원에서 무슨 반인지, 유치원에 어떻게 가는지, 지금 있는 곳은 어디인지, 어떻게 병원에 왔는지, 지금 반에서 단짝 친구는 누구인지, 친해지고 싶은 친구는 없는지, 오늘 점심은 먹었는지, 무슨 음식을 좋아하는지, 유치원 선생님이 칭찬을 많이 해주시는지, 귀찮게 하거나 속상하게 하는 친구는 없는지 등을 물었습니다. 부모님들이 보시기에 아이와 그냥 수다를 떠는 것처럼 느껴질지 모르지만 이 모든 과정이 아이의 증상을 진단하는 중요한 과정입니다.

은아는 대화를 나누면서 긴장이 풀렸는지 제 질문에 무리 없이 답했습니다. 특히 유치원에 가는 길을 설명할 때는 너무도 상세하게 묘사해서 마치 은아의 손을 잡고 함께 유치원에 가는 것 같은 기분이 들었죠. 그렇다면 이렇게 말도 유창하고 소통도 잘되는 아이를 어머님은 왜 사회성에 문제가 있다고 여길까요? 어머님이 생각하기에 아이가 얼마큼 사회성을 보여야 문제가 없는 걸까요?

많은 어머님이 자녀가 다른 아이들과 잘 어울리지 못하고, 혼자 놀기를 좋아하고, 친구를 잘 사귀지 못할 때 자폐 같은 특정 발달장애를 의심합니다. 그러나 은아처럼 기질적으로 불안이나 긴장도가 높고 수줍음이 많아도 사회성이 부족한 듯 보일 수 있습니다. 불안하고 수줍음이 많으니 낯선 사람에게 쉽게 다가가지 못하고, 상대가 다가와도 부끄러워서 숨고 피하는 것이죠.

긴장도가 높고 수줍음이 많으냐의 문제는 소아정신과에서 사회성이 있는지 여부를 판단할 때 크게 고려하지 않는 부분입니다. 따라서 평소 아이가 다른 아이들과 잘 어울리지 못하고 혼자 논다고 해서 사회성 발달에 문제가 있다고 판단하지 말고, 기질적으로나 성격적으로 긴장도가 높고 수줍음이 많은 아이여서 그런 게 아닌지 살펴보시길 바랍니다.

사회성 발달을 엿볼 수 있는
'틀린 믿음 과제'

제 설명이 충분하다고 생각했음에도 은아가 자폐일 수 있다는 의심을 쉽게 거두지 못하는 어머님을 보면서, 저는 '틀린 믿음 과제false belief task'를 통해 은아의 사회성 발달이 병리적 수준에 해당하지 않는다는 점을 확인하게 해야겠다고 느꼈습니다. 틀린 믿음 과제는 아이들이 언제부터 타인의 마음을 이해하는 능력인 '마음 이론theory of mind'을 갖추게 되는지 측정하는 테스트로, 영국의 임상심리학자 사이먼 배런코언Simon Baron-Cohen 박사와 동료들이 고안한 '샐리-앤 실험Sally-Anne test'을 적용한 테스트입니다.

인간의 가장 고도로 진화된 심리적 능력인 마음 이론은 타인과 상호작용할 수 있도록 하며 사회성 발달의 열쇠가 됩니다. 타인과 내 생각이 다를 수 있음을 인지해 다른 이의 마음을 알아채고 그에 맞는 반응으로 어떤 행동이 적절한지 스스로 객관화하게 만들죠. 따라서 자기중심적 사고를 하던 아이는 마음 이론이 발달할수록 타인의 마음을 이해하고 그에 알맞은 행동을 하는 사회성을 갖춘 인간으로 성장합니다.

타인의 마음을 이해하는 능력인 마음 이론은 만 3~5세 이후부터 지속적으로 발달합니다. 따라서 마음 이론을 측정하는 틀린 믿음 과제 테스트를 해보면 아이의 사회성 발달 정도를 어느 정도 짐작할 수 있습니다. 테스트 방법은 아주 간단합니다. 아이에게 다음과 같은 질문을 한 뒤 그에 대한 답을 들으면 됩니다. 이때 질문에 등장하는 인물의 이름을 아이에게 친숙한 사람의 이름으로 대체해도 무방하며, 그림을 그리며 질문하면 아이가 더욱 잘 이해할 수 있습니다. 여기서는 등장인물 이름을 콩쥐와 팥쥐로 하겠습니다.

"콩쥐와 팥쥐가 같은 방에 있어. 그 방에는 뚜껑 있는 상자와 바구니가 나란히 놓여 있었지. 콩쥐는 팥쥐가 보는 앞에서 뚜껑 있는 상자에 자기가 좋아하는 인형을 넣었어. 그러고는 밖으로 나갔지. 그 사이 팥쥐는 상자에 있던 인형을 꺼내 바구니에 옮겨 담았어. 이때 밖에 나갔던 콩쥐가 방으로 들어왔어. 콩쥐는 자기 인형을 어디에서 찾을까? 어디에 있다고 생각할까?"

이 질문에 아이가 '상자'라고 대답하면 틀린 믿음 과제에 '성공'한 것이고, '바구니'라고 대답하면 '실패'한 것입니다. 여기서 틀린 믿음 과제에 성공했다는 의미는 무엇이고, 실패했다는 의미는 무엇일까요? 성공했다는 의미는 아이가 자신의 입장이 아닌 콩쥐 입장에서 생각할 수 있다는 것을 의미합니다. 아이는 팥쥐가 인형을 상자에서 바구니로 옮기는 동안 밖에 나가 있던 콩쥐는 그 사실을 모르기 때문에 상자에서 인형을 찾을 것이라고 대답한 것입니다.

반대로 틀린 믿음 과제에 실패했다는 것은 콩쥐도 아이 자신처럼 인형이 상자에서 바구니로 옮겨 간 것을 알고 있다고 생각한다는 의

사회성 발달 정도를 가늠할 수 있는 틀린 믿음 과제

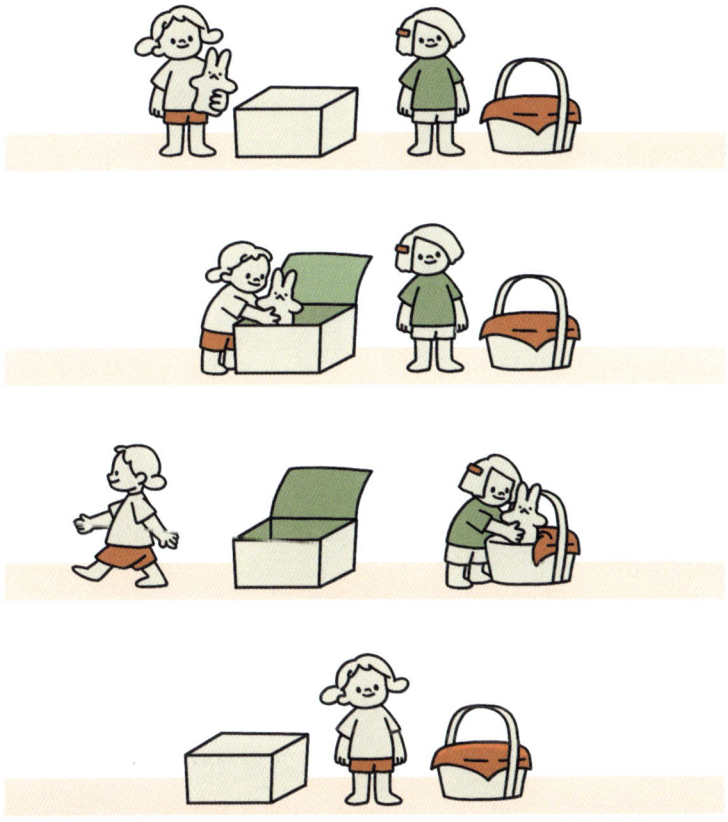

틀린 믿음 과제의 목적은 아이가 다른 사람의 입장에서 생각할 수 있는지 확인하는 것입니다. 인형이 바구니로 옮겨진 사실을 알고 있는 자신의 입장에서만 생각한다면 사회성 발달을 의심해봐야 합니다. 반면 인형이 옮겨진 사실을 모르는 타인의 마음을 이해하고 이를 바탕으로 상황을 판단할 수 있다면 사회성이 정상적으로 발달 중이라고 볼 수 있습니다.

미로, 아이가 콩쥐 입장에서 생각할 수 없다는 것을 의미합니다. 타인의 마음을 이해하는 능력이 떨어진다는 뜻이죠.

이러한 점에서 볼 때 틀린 믿음 과제는 사회성 발달장애인 자폐스펙트럼장애 여부를 가늠하는 지표로 활용할 수 있음을 시사합니다. 샐리-앤 실험을 고안한 배런코언 박사와 동료들은 틀린 믿음 과제를 사회성 발달에 심각한 결함이 있는 자폐스펙트럼장애 아이들에게 적용했습니다. 자폐 아이들과 비교군이 되는 정상 발달 아이들, 그리고 지적장애 아이들에게 틀린 믿음 과제 테스트를 했죠. 그 결과 사회성 발달에 문제가 없는 정상 발달 아이들과 지적장애 아이들 중 테스트에 성공한 비율은 85~86%인 데 비해 사회성 발달에 심각한 질적 저하가 있는 자폐 아이들은 단 20%밖에 성공하지 못했습니다.

다만, 오해가 없길 바랍니다. 틀린 믿음 과제는 자폐스펙트럼장애를 진단하는 검사가 아닙니다. 하지만 다른 아이들에 비해 자폐 아이들이 이 테스트에 성공하는 비율이 확연히 낮다는 점에서 자폐 여부와 사회성 발달을 측정하는 테스트로서 의미를 지닌다고 볼 수 있습니다.

만약 아이의 사회성 발달이 의심된다면 집에서 아이와 함께 간단하게 틀린 믿음 과제를 실시해보세요. 이때 유의해야 할 점이 있습니다. 정상 발달 아이들도 너무 이른 나이에는 이 테스트에 성공하지 못한다는 사실입니다. 적어도 은아처럼 만 5~6세 이상인 아이에게 시행하되 자폐나 사회성 발달을 측정하는 정식 도구가 아니므로 참고만 하는 것이 좋습니다. 다만 초등학교에 입학한 아이를 대상으로 테스트했을 때 반복적으로 실패한다면 사회성 발달이 정상적이지 않을 가능성이 있으니 주의 깊은 관찰이 필요합니다.

아이의 사회성 발달의 열쇠는 부모에게 있습니다

만 8세 훈민이는 은아와 마찬가지로 사회성 발달에 이상을 느낀 어머님의 손에 이끌려 저를 찾아온 아이였습니다. 어머님이 훈민이의 사회성에 문제가 있다고 느낀 것은 아이가 초등학교에 입학하고 나서였습니다. 혼자 키우느라 아이를 신경 써서 돌보지 못했다는 어머님은 학교에 들어간 후 담임선생님이나 반 친구들의 엄마에게 아이가 자폐인 것 같다는 말을 들었다고 했습니다. 평소 훈민이가 다른 아이들과 잘 어울리지 않고 자기만의 세상에 빠져 있는 듯한 느낌이 든다는 것이었죠.

어릴 때부터 말이 느려서 언어 치료를 받고 있지만 자폐를 의심한 적은 없었다는 훈민이 어머님 말씀에 저는 다소 의아했습니다. 어머님들은 공감하겠지만 아이를 키우는 엄마만의 감이라는 게 있거든요. 좀 더 자세히 훈민이의 발달 과정에 대한 대화를 나눠보니 훈민이 어머님 역시 또래 친구들이 옆에 있어도 잘 어울리지 못했던 아이의 모습을 기억해냈습니다.

"36개월이 지나서 어린이집에 보냈는데, 훈민이가 다른 아이들과 잘 어울리지 못하더라고요. 어린이집 선생님이 친구들과 어울리게 도와줘도 혼자 동떨어져 있을 때가 많고, 놀이에 참여해도 흥미가 없어 보인다고 말씀하시기도 했고요."

진료실에서 보이는 훈민이의 모습도 그러했습니다. 주변에 있는 저나 어머님에게는 전혀 관심이 없는 듯 한번도 뒤돌아보지 않고 놀이 공간 한쪽 구석에서 등지고 앉아 혼자 장난감을 가지고 놀았죠. 언어 지연도 심해 면담을 할 때 대화가 거의 이루어지지 않았습니다. 또 훈민이는 손가락을 계속 까딱거리는 모습을 보였습니다. 어머님에게 물으니 훈민이가 어렸을 때부터 이런 반복 행동을 했다고 대답했죠.

"그리고 아이가 어릴 때부터 숫자에 유난히 관심이 많았어요. 책을 읽을 때도 내용은 궁금해하지 않고 페이지를 표시한 숫자만 보고요. 엘리베이터를 타면 숫자 버튼을 모조리 누르는 통에 사람들의 따가운 시선을 받은 적이 한두 번이 아니었어요. 그래서 지금은 애를 데리고 다닐 때는 대부분 계단을 이용해요."

숫자에 집착하는 훈민이의 모습은 진료실에서도 발견할 수 있었습니다. 제가 어디에 사느냐고 묻자 아파트 동·호수를 말하며 손가락으로 숫자 세는 모습을 보였죠. 아무 의미 없는 특정 행동을 반복하는 상동 행동과 특정 대상에 대한 과도한 집착은 자폐스펙트럼장애 아이들이 보이는 전형적인 증상입니다. 물론 이것만 가지고 자폐를 의심할 수는 없지만 훈민이처럼 눈 맞춤과 의사소통, 사회적 상호작용까지 안 되는 경우는 자폐로 판단합니다.

진료실이나 강연장에서 사회성이 부족해 보인다는 이유로 자녀를 느린 아이라고 표현하는 부모님을 많이 만납니다. 상당수의 부모님이 '사회성 부족=자폐'라고 생각합니다. 자폐스펙트럼장애가 사회성 발달장애인 것은 맞지만 단순히 사회성이 부족한 것만으로 자폐와 연결 짓는 것은 바람직하지 않습니다. 사회성이 부족한 이유가 너무도 다양하기에 섣불리 판단하는 것은 금물입니다.

아이의 사회성 발달에 가장 큰 역할을 하는 것은 그 누구도 아닌 부모님입니다. 부모님을 비롯해 누가 봐도 사회성이 부족한 아이라면, 왜 사회성이 부족한 듯 보이는지 세심하게 살펴보고 그에 맞게 적절한 도움을 주면서 사회성 발달을 잘 이끌어주세요. 자녀의 사회성 부족이 병리적이든 아니든, 부모님이 적극적으로 뒷받침할 때 아이의 사회성이 저마다의 속도로 성장해나갈 것입니다.

"아이가 까치발로 걸어 다녀요"

　내 아이가 옆집 아이보다 한 박자 늦게 몸을 뒤집고, 앉고, 기어서 노심초사하던 부모님들도 아이가 일단 걷기에 성공하면 운동 발달에 대해서는 한시름 놓곤 합니다. 전반적으로 운동 능력이 어느 정도 발달해야 가능한 걷기를 할 수 있게 되었으니 안심하는 것이죠. 그런데 아기가 혼자서 잘 걷는데도 그 모습을 보고 발달에 이상이 있는 것은 아닌지 크게 염려하는 부모님이 적지 않습니다. 도대체 어떤 모습 때문에 부모님들이 잘 걷는 아이를 두고 발달 문제를 걱정하는 걸까요?

　가장 흔한 이유 중 하나가 아이가 발뒤꿈치를 들고 발가락 끝으로 걷는, 이른바 '까치발'로 걷는 것입니다. 몇 년 전 저를 찾아온 만 2세

(24개월) 혜나의 부모님도 그런 경우였습니다.

난임으로 고생하다 결혼 8년 만에 어렵게 딸을 낳은 혜나 부모님은 아이에 대한 사랑이 지극했습니다. 양가 모두 아이가 몇 명 없는 데다 딸이 귀한 집안이라 혜나에 대한 가족의 사랑은 각별했죠. 눈에 넣어도 아프지 않은 혜나에게 부모님은 늘 가장 좋은 것, 비싼 것만 먹이고 입혔습니다. 혜나가 조금이라도 아프면 온 가족이 발 벗고 나서서 함께 근심하고 도왔죠. 그러니 혜나가 처음으로 걷기에 성공했을 때 식구들이 어떤 반응을 보였을지 짐작이 갔습니다. 아이가 혼자 한 걸음 한 걸음 내디딜 때마다 너 나 할 것 없이 환호성을 지르며 기뻐했다고 합니다. 그러던 어느 날 어머님은 거실을 이리저리 걸어 다니는 혜나의 모습을 보고 머릿속이 새하얘졌습니다.

"혜나가 걷는 모습이 좀 이상하더라고요. 잘 걷다가도 어느 순간 뒤꿈치를 들고 까치발로 걷는 거예요. 왜 이러지, 싶어 인터넷을 찾아봤는데 뇌성마비나 자폐 증상일 수도 있다고 해서 머리가 멍해지고 덜컥 겁이 나더라고요. 그래서 바로 병원 진료를 예약했죠."

첨족 보행tiptoe walking이라고도 불리는 까치발은 건강한 아이들 중 5~12% 정도에서 발견될 만큼 흔한 발달 과정입니다. 아직은 걷는 데 익숙하지 않아서, 혹은 몸에 비해 머리가 크다 보니 무게중심을 잡는 과정에서 까치발을 하는 경우도 있습니다. 또 하체 근육과 몸의 균형을 맞추는 기능이 덜 발달했거나 단순히 통통거리는 느낌이 재미있어서 까치발을 하기도 합니다.

정상 발달 과정에서 보이는 까치발이라면 아이가 성장하면서 자연스럽게 사라집니다. 일반적으로 걸음마를 시작한 후 6개월 이내, 늦어도 36개월 이전에는 좋아지기 때문에 크게 걱정하지 않아도 됩니다. 그러나 36개월이 지났는데도 계속 까치발을 하는 경우, 혹은 그 전이라도 아이가 까치발만 하거나 자연스럽게 서 있지 못하는 경우에는 발달에 문제가 있을 수 있습니다.

혜나는 처음만큼은 아니지만 34개월이 된 지금도 여전히 가끔 까치발을 한다는 것이었습니다. 좀 더 자세히 알아보기 위해 어머님에게 질문을 했습니다.

"어머님, 혜나가 쪼그려 앉기를 잘하나요?"

"쪼그려 앉기요?"

어머님은 전혀 예상치 못한 질문이라는 듯 의아해하며 되물었습니다.

역할 놀이로 자폐스펙트럼장애를 확인하는 법

혜나가 쪼그려 앉기를 잘하는지 궁금했던 이유는 아이의 아킬레스건에 이상이 있어서 까치발을 하는 것은 아닌지 확인하기 위함이었습니다. 아킬레스건은 발뒤꿈치에 있는 강한 힘줄인데요, 종아리 근육과 발뒤꿈치 뼈를 연결해 발을 딛거나 뛸 수 있게 해주는 기능을 합니다. 따라서 어떤 이유로든 이 부위가 짧거나 경직되어 있으

정상아와 아킬레스건에 이상이 있는 아이의 쪼그려 앉기 비교

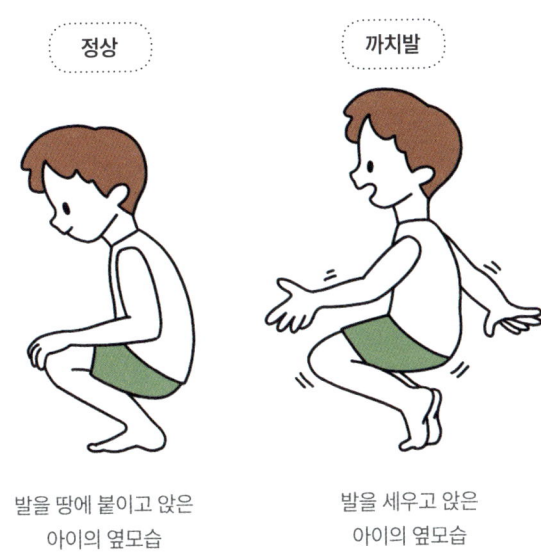

발을 땅에 붙이고 앉은
아이의 옆모습

발을 세우고 앉은
아이의 옆모습

면 자연스럽게 종아리 근육이 수축된 상태를 편하게 느끼고 까치발을 하려고 합니다. 어린아이들이 까치발을 하는 가장 흔한 원인 중 하나죠.

아킬레스건에 이상이 있는지 확인하는 방법은 매우 간단합니다. 아이를 쪼그려 앉게 한 다음 그 모습을 지켜보면 됩니다. 아킬레스건에 문제가 없는 아이들은 발뒤꿈치를 들지 않고도 편하게 앉을 수 있지만 아킬레스건에 문제가 있으면 쪼그려 앉지 못합니다. 더 앉으려고 하면 발뒤꿈치가 바닥에서 떨어지거나 뒤로 넘어질 수도 있습니다.

정상아와 아킬레스건에 이상이 있는 아이의 발목 관절 가동 범위

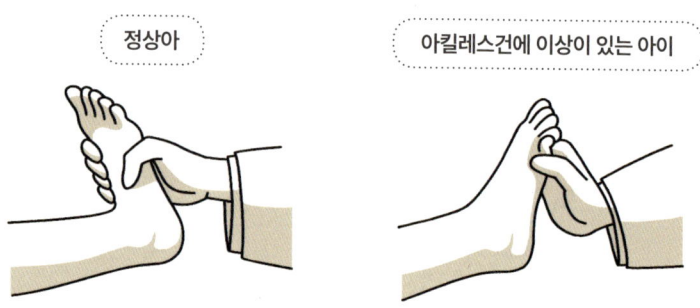

정상아　　　　　아킬레스건에 이상이 있는 아이

또 다른 확인 방법은 편하게 다리를 뻗은 채 앉은 자세에서 부모님이 아이의 발바닥을 손으로 밀어보는 것입니다. 이때 아킬레스건이 정상인 아이들은 발목 관절이 다리 쪽으로 구부러져 밀리는 반면, 아킬레스건에 이상이 있는 아이들은 발목 관절이 다리 쪽으로 구부러지지 않습니다.

다행히 혜나는 쪼그려 앉기를 하는 데 아무런 어려움이 없었습니다. 아킬레스건 이상으로 까치발로 걷는 것이 아니라면 뇌성마비 여부를 확인해볼 필요가 있습니다. 소아 장애의 가장 큰 원인인 뇌성마비도 아이의 까치발을 유발하는 주원인이거든요.

뇌성마비는 출생 전후 뇌가 미성숙한 시기에 뇌의 병변이나 손상으로 발생하는 질환으로, 손상된 부위와 중증도에 따라 다양한 증상이 나타납니다. 주된 증상은 운동 협응 능력과 자세, 동작 등에 이상이 생기거나 지연되는 운동 기능 장애이며, 이와 함께 지적장애, 경련, 언어장애, 시각장애, 청각장애, 근골격의 변형, 구강 운동 및 삼킴

장애, 위장관장애, 학습장애 등이 동반되기도 합니다.

따라서 여느 질환과 마찬가지로 뇌성마비도 되도록 빨리 발견해 치료하는 것이 매우 중요합니다. 원인도 복잡하고 증상도 다양해 치료하기 쉽지 않은 질환이지만, 조기에 발견해 치료하면 좋은 예후를 기대할 수 있기 때문입니다.

다시 혜나 이야기로 돌아와서, 굳이 저와 같은 의사가 살펴보지 않더라도 혜나는 뇌성마비 징후를 발견할 수 없을 만큼 정상이었습니다. 어머님도 저의 의견에 동의하며 재활의학과에서 뇌성마비가 아니라는 진단을 받았다고 했습니다.

"뇌성마비도 아니라고 하니까 자폐일지도 모른다는 생각이 더 강하게 들더라고요. 그래서 다른 병원에서 진료를 받아 자폐도 아니라고 하니까 안심이 되긴 했는데, 아이가 계속 까치발을 해서 마음 한구석이 너무 찝찝하고 불안했어요. 그래서 마지막으로 한번만 더 확인해보자는 심정으로 선생님을 찾아왔어요."

자폐스펙트럼장애에 해당하는 아이들 중 19% 정도가 까치발 걷기를 합니다. 그리 드문 경우가 아니다 보니 혜나 어머님처럼 자녀가 까치발로 걸으면 자폐를 의심하는 부모님이 상당히 많습니다. 그러나 앞에서 여러 번 언급했듯 **자폐는 한두 가지 증상만으로 진단을 내릴 수 있는 질환이 아닙니다.** 단순하게 '까치발=자폐스펙트럼장애'라는 공식을 적용하면 잘 자라고 있는 아이를 자폐아 또는 느린 아이로 오인하고 병원을 헤매는 안타까운 일이 벌어질 수 있습니다. 잘못된 양육 방향은 아이뿐만 아니라 부모님까지 힘들고 고통스럽게 만듭니다. 그러니 아이가 까치발로 걷는다고 무조건 자폐를 의심하지 마세요. 대신 아이가 다른 자폐 증상을 보이지는 않는지 면밀하게 살펴보길 바랍니다.

어머님이 가져온 여러 검사 기록지와 미리 보내드린 초진 기본 설문지, 또 진료실에서 보이는 모습을 살펴본 결과 혜나는 자폐를 의심할 여지가 없는 아이였습니다. 오히려 또래 아이들에 비해 빠른 속도로 잘 자라고 있었죠.

우선 초롱초롱한 눈으로 저와 눈 맞춤도 잘했고, 이름을 불렀을 때 몸을 완전히 돌려서 제 눈을 바라보았습니다. 또 도움이 필요할 때도 분명하게 의사 표현을 했고, 무엇보다 말을 너무 잘해서 태어난 지 34개월 밖에 안 된 아이가 맞나 싶을 정도였습니다. 아마도 온 가족이 혜나와 언어적 상호작용을 넘치도록 해준 결과가 아닐까 싶었습니다. 혜나의 월등한 언어능력은 특히 역할 놀이를 할 때 빛을 발했습니다. 저는 어머님에게 놀이 공간에서 평소 혜나와 어떻게 노는지 보여달라고 부탁했습니다.

"엄마, 여기는 카페야. 알았지?"

"응, 알았어."

"손님, 무엇을 드릴까요?"

카페 놀이 장난감에 관심을 보이던 혜나는 엄마에게 지금 이 공간은 카페라고 말하며 자연스럽게 카페 사장님이 되었습니다.

"커피랑 빵 주세요."

어머님도 혜나의 주도에 따라 자연스럽게 손님 역할을 했습니다.

"어떤 빵을 드릴까요?"

"어떤 빵이 있는데요?"

"여러 빵이 있어요. 손님이 좋아하는 빵을 고르면 돼요."

"그럼 초코빵으로 주세요."

초코빵을 주문한 엄마에게 혜나는 단호하게 안 된다고 말했습니다.

"왜 안 돼요?"

"초코빵은 손님들이 다 먹었어요."

"어떡하지? 초코빵이 너무 먹고 싶은데…."

"그럼 잠깐만 기다리세요."

프라이팬에 빵 모양 장난감을 올려놓고 진지하게 이리저리 뒤집던 혜나는 그것을 접시에 담아 엄마에게 내밀었습니다.

"손님, 초코빵 나왔습니다. 맛있게 드세요."

"와! 초코빵에서 아주 고소하고 달콤한 냄새가 솔솔 나네요. 정말 맛있겠어요. 그런데 사장님, 아직 커피가 안 나왔는데요?"

"네? 아, 깜빡했다. 엄마, 아니… 손님, 기다려주실래요?"

커피가 나오지 않았다는 말에 당황한 표정을 짓던 혜나는 금세 커피 내리는 시늉을 하더니 엄마에게 컵을 내밀었습니다.

"아, 뜨거워. 커피가 너무 뜨거워요."

"그래요? 그럼 얼음을 넣으면 돼요."

얼음 찾는 시늉을 하던 혜나는 얼음이 없다며 다음에 다시 방문해 달라고 부탁했습니다. 그러자 어머님은 언제 오느냐고 물었고, 혜나는 내일 오라고 대답했죠.

"커피랑 빵, 얼마예요?"

"음, 2,000원이요."

"너무 비싸요. 깎아주면 안 돼요?"

"음… 그럼 5,000원입니다."

가격이 비싸다며 깎아달라는 엄마의 말에 오히려 가격을 올리는 혜나의 모습이 너무 귀엽고 사랑스러워 저도 모르게 웃음을 터뜨리고 말았습니다.

혜나가 했던 카페 놀이를 비롯해 소꿉놀이, 병원 놀이, 미용실 놀이, 소풍 놀이 등을 저희는 역할 놀이 또는 가상 놀이, 상징 놀이라고 합니다. 일상에서 아이들이 이 놀이를 너무도 자연스럽게 하다 보니 대수롭지 않게 생각하는 분이 많은데, 아이가 역할 놀이를 할 수 있다는 것에는 생각보다 많은 의미가 담겨 있습니다. 단순한 놀이가 아니라 아이가 사물이나 행동을 다른 사물 혹은 행동으로 상징화할 수 있는 능력을 갖췄다는 것, 쉽게 말해 상징을 이해하고 사용할 수 있는 인지 발달을 이루었다는 의미를 지니고 있습니다. 또 아이가 과거에 경험했던 사실을 떠올려 놀이로 재현할 만큼 기억력과 표현력이 향상되었고, 동시에 사회성 발달과 정서 발달을 이루었다는 의미이기도 합니다.

실제로 사회성 발달에 현저한 결함이 있는 자폐스펙트럼장애 아이들은 역할 놀이를 하는 데 많은 어려움이 따릅니다. 역할 놀이를 하려면 다른 사람을 관찰하고 모방하는 행위가 선행되어야 하는데, 사회적 상호작용을 하고자 하는 욕구가 없는 자폐 아이들은 이러한 시도를 거의 하지 않습니다. 그렇게 되면 모방을 통해 습득 가능한 관습적 제스처를 이해할 수 없습니다. 여기서 관습적 제스처란 행복할 때 웃고, 슬플 때 울고, 인사할 때 손을 흔들고, 하기 싫을 때 고개를 좌우로 젓는 등 사회적으로 이루어지는 행동을 말합니다. 이 행동, 즉 관습적 제스처가 곧 하나의 상징인 것이죠. 그런데 자폐 아이들은 이런 상징을 잘 이해하지 못하기 때문에 고난도의 상징 놀이인 역할 놀이를 할 수 없는 것입니다.

자폐 아이들이 까치발로 걷는 이유

그럼 자폐도 아닌 혜나는 왜 까치발을 할까요? 조금 허탈하게 들릴지 모르겠지만, 제가 보기에 혜나는 단순히 재미로 까치발을 하는 듯했습니다. 만약 혜나가 아킬레스건 이상이나 뇌성마비, 자폐스펙트럼장애로 까치발을 하는 것이라면 일시적이 아니라 지속적으로 나타났을 겁니다. 그런데 혜나는 처음 어머님의 걱정이 시작되었을 때도 까치발만 한 것이 아니라 정상적으로 걷기도 했고, 시간이 지날수록 증상이 호전되어 횟수가 확연히 줄어든 상태였습니다. 예상해보건대 머지않아 혜나는 까치발로 걷지 않을 겁니다.

그렇다면 여기서 의문이 생깁니다. 잘 걷고 신체적으로 아무런 문제가 없는 자폐스펙트럼장애 아이들은 왜 까치발을 할까요? 자폐 아이들은 감각 자극에 과도하게 예민하거나 반대로 둔감하게 반응하기 때문입니다. 인간은 신체 내부나 외부에서 가해지는 자극을 감지하는 능력, 즉 감각을 지니고 있습니다. 이 감각을 통해 세상에 대한 정보를 쌓고 각종 위험으로부터 몸을 보호하죠.

우리 몸이 느끼는 감각에는 크게 일곱 가지가 있습니다. 우리에게 너무 익숙한 오감(시각·청각·촉각·후각·미각) 외에도 '전정 감각', '고유 수용성 감각'이라는 다소 생소한 감각도 있죠. 이 두 감각은 사람들에게 잘 알려져 있지 않지만 인간이 살아가는 데 없어서는 안 될 중요한 감각입니다. 귀 안쪽에 있는 전정기관을 통해 느낄 수 있는 전정 감각은 중력의 방향을 감지해 몸이 수직과 수평에 대해 올바른 자세를 취하도록 돕고, 움직임의 속도와 방향을 정확히 파악할 수 있게 해줍니다. 우리가 몸의 균형을 유지하며 안정적으로 움직이고, 넘어지려 할 때 재빨리 중심을 잡을 수 있는 것은 모두 전정 감각 덕분입니다.

한편 고유 감각이라고도 불리는 고유 수용성 감각은 관절과 근육, 힘줄을 통해 느껴지는 감각으로, 몸의 각 위치와 자세, 움직임 등에 대한 정보를 뇌에 전달해 신체의 움직임과 운동 방향을 알 수 있게 해줍니다. 특히 특정한 동작을 하기 위해서는 관절을 어떻게 구부려야 하는지, 근육을 어느 정도 수축하고 이완해야 하는지 뇌에 전달해 적절한 움직임을 계획하고 조절할 수 있게 해주는 역할을 하고요. 그렇기 때문에 고유 수용성 감각에 이상이 생기면 계단에서 잘 내려올 수도, 컵에 물을 잘 따를 수도 없습니다.

자폐 아이들이 까치발을 하는 것은 일곱 가지 감각 중 특히 전정 감각과 촉각과 관련 있는 것으로 알려졌습니다. 이 두 감각의 기능 이상으로 외부 자극에 지나치게 민감하거나 둔감하게 반응하면서 까치발을 하는 것이죠. 몸의 균형을 잘 유지할 수 있도록 평형감각을 느끼게 해주는 전정 감각을 너무 예민하게 받아들이면 고개를 숙이거나 기울이는 것만으로도 고통을 느낍니다. 어지러움과 구토감을 호소하기도 하죠.

까치발로 걷는 자폐 아이들은 전정 감각의 기능에 이상이 있어 이 자극에 대한 예민도가 비정상적으로 높습니다. 일반적인 아이들은 아무렇지 않게 여기는 작은 자극도 고통이 따를 만큼 강하게 느끼다 보니, 자폐 아이들은 그 자극을 최대한 줄이거나 혹은 아예 피하려고 합니다. 따라서 자폐 아이들의 까치발 걷기는 그 연장선에 있다고 볼 수 있습니다. 전정 감각 자극에 대한 과잉 반응으로 발바닥 전체로 지면을 밟았을 때 느껴지는 힘, 곧 중력이 너무 강한 자극으로 다가오는 것이죠. 그것을 최소화하기 위한 회피 반응으로 까치발을 하는 것입니다.

비슷한 맥락으로 전정 감각 자극에 둔감한 자폐 아이들은 더욱더 강한 움직임이나 자극을 추구하려고 발끝으로 걷게 됩니다. 전정 감각에 이상이 있는 자폐 아이들은 생후 초기에 배밀이를 하다가 엎드려서 기어 다니는 과정 없이 곧바로 앉거나 서서 걷는 경우가 많습니다. 또 균형 감각의 문제로 다음과 같은 다양한 모습을 보이기도 합니다. 78쪽 표의 내용을 참고해 우리 아이의 전정 감각에 이상이

전정 감각에 이상이 있을 때 보이는 아이의 모습

- 일상적인 활동에 대해 지나치게 예민하거나 회피한다.
- 그네, 미끄럼틀, 바닥이 흔들리거나 회전하는 놀이기구를 싫어한다.
- 어떤 활동을 할 때 매우 조심스러우며, 움직임이 느리고 정적인 활동만 하려고 한다.
- 고개를 숙이거나 기울이는 등 머리의 위치가 바뀌는 것을 힘들어한다.
- 계단, 에스컬레이터, 엘리베이터를 매우 무서워한다.
- 자동차를 타면 멀미를 심하게 한다.
- 앉아 있거나 서 있을 때 머리를 계속 어딘가에 기대려고 한다.
- 반대로 빠르게 회전하는 활동을 해도 어지러워하지 않는다.
- 위험해 보이는 높은 곳에서 아무렇지도 않게 뛰어내리거나 반대로 조금 높은 곳에 있는 것도 무서워한다.
- 균형을 잘 잡지 못하고 자주 넘어지거나 부딪힌다.
- 몸을 가만히 두지 않고 계속 흔들거나 돌아다닌다.
- 발이 지면에서 떨어지는 활동을 할 때 불안감을 느낀다.
- 자전거 타기같이 몸 좌우를 모두 사용하는 활동을 어려워한다.

없는지 살펴볼 수 있습니다.

 이번에는 자폐 아이들의 촉각 문제가 어떻게 까치발을 유발하는지 살펴볼까요? 촉각은 피부에 닿아서 느껴지는 감각으로 압각, 통각, 냉각, 온각 등이 있습니다. 촉각을 느낄 수 있기에 우리는 외부 자극에 적절하게 대처할 수 있습니다. 특히 위험으로부터 몸을 보호할 수 있죠. 가령 활활 타오르는 불에 피부가 닿았다고 생각해보세요. 화상을 입었을 때 그 통증을 느끼지 못한다면 불을 피하지 않게 되어 목숨이 위태로울 수 있습니다.

그런데 이렇게 고마운 감각인 촉각이 자폐 아이들에게는 고통이 될 수 있습니다. 자폐 아이들은 감각 자극을 일반적이지 않은 형태로 처리하기 때문에 특정 부위의 촉각이 지나치게 예민한 경우 어디엔가 닿는 것 자체가 통증이 될 수 있습니다. 만약 자폐 아이가 발뒤꿈치 부위의 촉각이 예민하다고 생각해보세요. 아이 입장에서는 발뒤꿈치가 지면에 닿을 때마다 너무 아프니까 아예 걷지 않으려고 하거나 까치발을 할 수밖에 없을 겁니다.

감각의 '민감성', 하나만 보고 판단하는 것은 금물

까치발로 걷고 감각이 예민하다고 모두 자폐스펙트럼장애는 아닙니다. 자폐 아이들이 감각에 예민한 정도는 "애가 참 유별나네"라고 말할 수 있는 정도를 넘은, '병리적 수준'을 말하는 겁니다. 최근 저를 찾아온 만 8세 혜미의 사례로 자폐 아이들의 감각에 대한 예민성 정도를 살펴보겠습니다.

초등학교 2학년인 혜미는 48개월에 처음 자폐스펙트럼장애 진단을 받았습니다. 그러나 진단을 받아들일 수 없었던 어머님은 다시 한 번 확인해보자는 마음으로 2년 후 다른 병원을 찾아갔지만 진단은 다르지 않았죠. 그만큼 혜미는 중증도 높은 자폐 증상을 보였습니다. 자폐스펙트럼장애는 중증도에 따라 크게 세 단계로 분류됩니다. 다

자폐스펙트럼장애 심각도 단계

심각도 단계	지원 정도	사회적 의사소통	제한적이고 반복적인 행동 및 관심사
1단계 (Level 1)	지원 필요	• 지원이 없는 경우에는 사회적 의사소통의 결함이 분명한 손상을 일으킨다. • 사회적 상호작용을 시작하는 데 어려움이 있다. • 사회적 접근에 대한 비전형적 반응이나 성공적이지 않은 반응을 보인다. • 사회적 상호작용에 대한 흥미가 감소된 것처럼 보일 수 있다. 예를 들어 완전한 문장을 말할 수 있고 의사소통에 참여하지만, 다른 사람들과 대화를 주고받는 데는 실패할 수 있다. 또 친구를 만들기 위한 시도가 독특하며, 대개 실패한다.	• 융통성 없는 행동이 한 가지 또는 그 이상의 분야의 기능을 확연히 방해한다. • 활동을 전환하기 어렵다. • 조직력과 계획력의 문제가 독립을 방해한다.

단계	지원 필요 정도	사회적 의사소통	제한적이고 반복적인 행동
2단계 (Level 2)	상당한 지원 필요	• 언어적 및 비언어적 사회적 의사소통 기술에 뚜렷한 결함이 있어 지원을 해도 명백한 사회적 손상이 있다. • 사회적 의사소통의 시각이 제한되어 있다. • 사회적 접근에 대해 감소되었거나 비정상적인 반응을 보인다. 예를 들어 단순한 문장 정도만 말할 수 있고, 상호작용이 편협한 특정 관심사에만 제한되며, 기이한 비언어적 의사소통이 뚜렷이 나타난다.	• 융통성 없는 행동, 변화에 대처하는 데 극심한 어려움을 겪는다. 다른 제한적이고 반복적인 행동이 우연히 관찰한 사람도 알 수 있을 정도로 자주 나타나며, 다양한 분야의 기능을 방해한다. • 집중 또는 행동 변화에 고통과 어려움이 있다.
3단계 (Level 3)	매우 상당한 지원 필요	• 언어적 및 비언어적 사회적 의사소통 기술에 심각한 결함이 있고, 이 때문에 심각한 기능상의 손상이 야기된다. • 사회적 상호작용을 하는 데 극도로 제한적이며, 사회적 접근에 최소한의 반응을 보인다. 예를 들어 이해할 수 있는 말이 극소수 단어뿐이고, 좀처럼 상호작용을 시작하지 않는다. 만일 상호작용을 하더라도 오직 필요를 충족하기 위해 이상한 방식으로 접근하며, 매우 직접적인 사회적 접근에만 반응한다.	• 융통성 없는 행동, 변화에 대처하는 데 극심한 어려움을 겪으며, 다른 제한적이고 반복적인 행동이 모든 분야에서의 기능을 뚜렷이 방해한다. • 집중 또는 행동 변화에 극심한 고통과 어려움이 따른다.

음 표는 DSM-5에서 제시한 것으로, 자폐스펙트럼장애를 심각도에 따라 단계별로 구분한 것입니다.

혜미는 DSM-5 진단 기준으로 2단계 중증도를 보였습니다. 그러다 보니 혜미를 처음 본 사람도 이상을 감지할 정도로 자폐의 특성이 강했습니다. 언어적이든 비언어적이든 다른 사람들과 의사소통과 상호작용을 할 때 어려움이 있었고, 반복적으로 몸을 흔드는 상동 행동을 보였죠. 특히 일상생활을 하기 어려울 정도로 여러 감각이 예민했고요.

"혜미가 후각, 청각이 예민해서 공중화장실 냄새랑 소리를 견디기 힘들어해요. 초등학교에 입학해서는 학교 화장실에 못 가니까 그냥 참다가 바지에 소변을 보는 일이 많았어요. 늘 여분의 바지를 챙겨야 할 정도로 심해서 얼마 전 작은 시골 학교로 전학 갔어요."

학교 근처에 살며 학교 화장실에 가지 못하는 아이를 돌보고 있다는 어머님은 꾸준한 치료와 행동 교정 훈련을 통해 학교 화장실을

자폐스펙트럼장애 아동의 감각 추구 예시

시각	**반짝이는 물건이나 조명을 뚫어지게 바라보기** 반짝이는 장난감, 빛 반사체(거울·CD·유리창 등)를 오랫동안 응시하거나, 지속적으로 움직여 빛이 반사되는 모습을 즐겨 봄.
	회전하는 물체를 계속 바라보기 선풍기 프로펠러나 세탁기가 도는 모습, 팽이가 돌아가는 걸 한참 동안 지켜보며 시각적 자극에 몰입.

청각

특정 소리를 무한 반복해서 들으려고 함
노래 한 곡을 계속 반복 재생하거나, 장난감에서 나는 특정 소리를 끊임없이 누르거나 재생.

일정한 톤·소음을 좋아해 가까이 가려고 함
청소기나 선풍기, 환풍기 소리에 이끌려 가까이에서 오래 듣거나, 헤어드라이어 소리를 좋아해서 일부러 켜두려고 하는 경우.

촉각

부드러운 천이나 실 등을 계속 만지거나 비비기
스타킹, 벨벳, 인형 털 등을 손가락으로 비비며 즐기는 모습, 특정 촉감을 느낄 수 있는 물체(이불 모서리·책 모서리 등)를 반복적으로 만지고 싶어 함.

압박 자극을 스스로 주는 행동
꽉 끌어안거나 스스로 무거운 베개 혹은 담요(가중 담요)에 몸을 파묻어 압박감을 느끼면서 편안함을 느끼는 경우.

미각

비식용 물체를 입으로 물거나 빨기
장난감, 옷소매, 손가락 외에도 연필, 지우개 등을 물거나 빠는 습관이 지속됨(단순 구강기 행동 이상으로 감각 추구일 수 있음).

특정 질감이나 극단적인 맛(매운맛·신맛·단맛 등)을 강하게 선호
일반적인 맛보다 자극적인 맛(예: 아주 매운 음식·진하게 단 음식)을 의도적으로 찾거나, 계속해서 특정 음식만 먹으려 함.

후각

사물·사람·자신의 몸 냄새를 반복적으로 맡기
손등이나 옷소매, 타인의 머리카락, 피부 냄새를 유독 자주 맡고, 그 냄새에 몰입함.

특이한 냄새(화장품·세제·휘발유 등)에 끌려서 자꾸 맡으려 함
주변에서 흔히 불편하게 느끼는 화학제품 냄새나 공업용 냄새를 가까이 가서 계속 맡으려 함.

피하는 아이의 증상이 점점 호전되고 있다고 말했습니다. 그런데 혜미는 후각과 청각뿐 아니라 촉각도 예민했습니다.

"예전보다는 많이 좋아지기는 했는데 입, 얼굴 부위 촉각이 예민해서 지금도 세수, 양치질, 특히 머리 감기기가 정말 힘들어요. 예전에는 아이가 하도 소리를 지르고 저를 할퀴고 밀쳐서 머리를 감기러 화장실에 들어갈 때마다 얼마나 긴장했는지 몰라요. 지금은 아이가 좋아하는 음료수를 주고 물 한 번 묻히는 식으로 머리를 감겨서 좀 수월하기는 한데 그래도 힘든 건 마찬가지예요."

자폐 아이들은 감각이 너무 예민하다 보니 우리가 일상적으로 경험하는 소리나 광경, 피부에 닿는 것 등이 견디기 어려울 정도로 강한 자극이 될 수 있습니다. 반대로 감각이 너무 둔감해서 일반적으로 사람들이 불편하게 느끼는 감각(유리창 긁히는 소리 등)에는 아랑곳하지 않기도 합니다. 또 특정 감각을 탐닉하기도 해서 주변 사물이나 사람의 냄새를 반복적으로 맡으려 한다거나, 특정 소리를 무한 반복해 듣기도 합니다.

그러므로 아이가 까치발로 걷는다고 해서 무조건 불안해하거나 치료가 필요하다고 생각하지 말고 일단 아이의 상태를 면밀하게 관찰하길 바랍니다. 보통은 36개월 이후에 저절로 사라지는 정상적인 발달 과정이니까요. 하지만 36개월이 지났는데도 일시적이 아니라 지속적으로 까치발로 걷는다면 병적인 증상일 수 있으니 전문가의 도움을 받는 것이 좋습니다.

아울러 까치발과는 상관없이 어떤 감각에 지나치게 예민하거나 둔감하게 반응하고, 특정 감각에 계속 집착한다면 이는 병적인 문제를 의심할 만한 시그널일 수 있으니 반드시 전문가와 논의하세요.

"횡단보도에서 무조건 흰색 부분만 밟으려고 해요"

자폐스펙트럼장애를 치료하는 일을 하다 보니 이와 관련된 드라마나 영화를 보면 저도 모르게 눈길이 갑니다. 일부러 시간을 쪼개서 챙겨 보기도 하고요. 아마도 지금까지 나온 자폐 관련 드라마나 영화는 다 보지 않았나 싶습니다. 그 가운데 인상 깊게 본 작품 중 하나가 2022년에 방영된 드라마 〈이상한 변호사 우영우〉입니다. 이 드라마가 방영된 이후 많은 분이 자폐스펙트럼장애에 대해 좀 더 잘 알게 되었고, 자폐인에 대한 편견 어린 시각도 많이 달라졌습니다. 그런 점에서 이 드라마를 만든 분들에게 늘 감사한 마음을 지니고 있습니다.

이 드라마가 화제를 모으면서 전에 없던 자폐 관련 질문을 많이 받았습니다. 그중 빈번하게 받은 질문 중 하나가 주인공 우영우가 보이는 집착적이고 강박적인 모습에 대한 것이었습니다. 많은 분이 이것이 실제 자폐의 특징인지 아니면 재미를 위한 드라마적 설정인지 궁금해하셨죠.

고래에 집착하고, 김밥에서 특정 재료를 거부하고 언제 어디서든 흐트러진 물건을 보면 각을 맞춰 정리해야 안심하고, 손가락으로 숫자를 센 다음에야 엘리베이터를 타거나 다른 공간에 들어가는 우영우의 모습을 보면 그 자체가 흥미로워서 극적 재미를 위한 설정이라는 생각이 들 법도 합니다. 하지만 우영우가 보이는 특정 주제나 대상, 행동에 대한 집착적이고 강박적인 모습은 드라마적 설정이 아닙니다. 실제 자폐인에게서 흔히 발견되는 증상이며 이 문제로 저를 찾아오는 부모님들이 많습니다. 만 2년 9개월(33개월) 현웅이 어머님도 그런 경우였죠.

어머님이 처음에 현웅이가 느린 아이라고 생각하게 된 계기는 느린 언어 발달 때문이었습니다. 같은 어린이집에 다니는 친구들에 비해 말이 너무 늦다 보니 자나깨나 그 걱정뿐이었죠. 그래서 저를 찾아오기 6개월 전부터 언어 치료 센터에 다녔고, 집에서도 틈만 나면 아이에게 단어 카드나 사물을 보여주며 말을 따라 하게 했다고 합니다.

"현웅아! 이게 뭐야? 옥수수지? 옥수수! 따라 해봐. 옥수수! 자, 엄마 입 볼래? 옥! 수! 수!"

이런 시으로 한 음절씩 끊어서 따라 하게 하면 곧잘 따라 하지만 음절을 모두 붙여 말하게 하면 말짱 도루묵이 된다고 했습니다. 이런 어머님에게 새로운 고민거리가 생긴 것은 최근이었습니다. 그 고민은 숫자에 집착하는 현웅이의 모습이었습니다.

"애 아빠가 TV를 보다가 현웅이처럼 숫자에 집착하는 아이를 봤나 봐요. 그런데 그게 자폐 아이들이 보이는 대표적인 증상 중 하나라고 하더라고요. 언어 지연도 그렇고요. 현웅이도 숫자에 집착하고 언어 발달도 느린데, 그럼 우리 현웅이도 자폐인가 싶어 망치로 머리를 세게 얻어맞은 듯한 기분이었어요."

사실 현웅이가 이런 모습을 보인 것은 꽤 오래전이었습니다. 그러나 그동안 느린 언어 발달 문제에 온 신경이 쏠려 숫자에 집착하는 현웅이의 모습을 그리 대수롭지 않게 여겼다고 합니다. 오히려 어머님은 현웅이가 숫자에 관심을 보이는 것이 내심 기뻤다고 합니다.

"숫자를 좋아하니까 머리가 영특할 것 같고, 무엇보다 숫자를 읊조리기는 해도 말을 하는 거니까 그게 너무 기특하고 뿌듯하더라고요."

이런 마음에 어머님은 숫자와 관련된 책이며 장난감, 학습 도구를 될 수 있는 대로 사주고, 현웅이가 좋아하는 숫자 관련 영상도 수없이 보여주었다고 합니다. 어머님 말에 따르면 온 집 안이 숫자 천국이고, 현웅이의 일상은 숫자로 시작해 숫자로 끝났습니다. 그 와중에 남편에게 숫자에 대한 집착이 자폐스펙트럼장애의 증상 중 하나라는 이야기를 들었으니 가슴이 철렁 내려앉을 수밖에 없었죠. 게다가 자폐의 흔한 증상인 언어 지연까지 있으니 충격이 더더욱 컸으리라 짐작합니다.

많은 부모님이 현웅이 어머님처럼 아이가 숫자나 활자, 언어, 과학, 역사 등에 유별난 관심을 보이면 영재성이 있다고 여기고 그에 관련된 장난감, 책, 학습 도구, 영상 등에 적극적으로 노출시키려고 합니다. 그 영재성이 시들지 않고 활짝 꽃피울 수 있도록 물심양면으로 돕겠다는 의지를 가지고 말이죠. 심지어 영재 교육기관까지 보내는 부모님도 있습니다.

하지만 아이가 특정 대상이나 주제에 집착하는 모습을 보인다면 마냥 좋아하고 뿌듯해할 것이 아니라 좀 더 주의를 기울여 관찰해야 합니다. 정말 영재성을 지닌 건강한 아이일 수도 있지만 그렇지 않을 수도 있기 때문입니다. 실제로 아이가 영재인 줄 알았다가 자폐스펙트럼장애 진단을 받고 충격받는 부모님이 적지 않습니다.

현웅이 어머님은 숫자에 대한 집착과 언어 지연이 자폐스펙트럼장애와 관련 있을지 모른다고 염려했지만 제 생각은 달랐습니다. 현웅이는 진료실에 들어선 순간부터 자폐와 무관한 모습을 보였거든요. 예를 들면 현웅이는 진료실에 들어설 때 제가 손을 흔들고 인사를 건네자 쑥스러워하면서도 제 눈을 보며 조심스럽게 손을 흔들었습니다. 또 말은 잘 못해도 어떤 말을 건넸을 때 적절하게 반응했죠. 입고 있는 옷을 칭찬하면 부끄러워하면서도 내심 기분이 좋은 듯 미소를 지었고, 2개의 장난감 중 어떤 것이 좋은지 물으면 손으로 마음에 드는 장난감을 가리켰습니다.

그뿐 아니라 놀이 공간에서 장난감을 가지고 놀다가도 자기 이름이 나오면 뒤돌아보며 관심을 보였고, 뚜껑이 달린 박스에 들어 있는 장난감을 꺼내지 못하자 도와줄 사람을 찾는 듯 두리번거리다 저와 눈이 마주치니 박스 뚜껑을 가리키며 도움을 요청하는 모습을 보이기도 했습니다.

사회적 소통을 하고자 하는 욕구와 능력이 질적으로 떨어지는 자폐 아이들은 언어적이든 비언어적이든 현웅이처럼 반응하지 않습니다. 상대방에게 무심하고 적절한 반응을 해주지 않죠. 그런데 현웅이가 숫자에 집착하는 것이 자폐와 무관하다고 말씀드렸는데도 무슨 이유에서인지 어머님 얼굴에서 그늘이 걷히지 않았습니다.

"현웅이가 숫자에만 집착하는 것이 아니라 장난감 같은 것들을 계속 줄 세워요. 처음에는 어지르는 것보다 정리하는 게 훨씬 좋고, 그 모습이 너무 귀여워서 칭찬을 많이 해줬거든요. 그런데 아이가 자폐일지도 모른다는 의심이 생긴 후 여기저기 찾아보니 줄 세우기도 자폐 증상일 수 있다고 하더라고요. 그래서 눈앞이 더 깜깜했죠."

현웅이 어머님의 말씀처럼 물체를 배열하는 것을 좋아하고 반복하는 것은 자폐 아이들이 흔히 보이는 모습입니다. 그러나 이런 모습만 가지고 자폐를 의심하는 것은 바람직하지 않습니다. 아이들이 일시적으로 단순한 놀이로서 순서와 질서를 만드는 것을 좋아할 가능성도 있기 때문입니다. 다만 사회적 소통에 어려움이 있으면서 다른 것에는 전혀 관심을 기울이지 않고 강박적으로 줄 세우기만 고집한다면 자폐를 의심할 수 있습니다. 강박적 줄 세우기는 사회적 소통의 결함과 함께 자폐스펙트럼장애의 진단 기준인 제한적이고 반복적인 활동에 해당하거든요.

현웅이의 경우 반복적으로 줄 세우기를 하는 경향이 있었지만 사회적 소통이 잘되기 때문에 자폐스펙트럼장애로 보기 어려웠습니다. 무엇보다도 현웅이의 줄 세우기 행동은 자폐 아이들과 질적으로 달랐습니다. 현웅이는 반복해서 줄 세우기를 하고, 부모님이 그 활동을 방해하면 싫어하는 내색을 했지만 다른 놀이로 원활하게 전환되는 편이었습니다. 진료실에서도 장난감을 가지고 줄 세우기를 하는 현웅이에게 상자 안에 있던 새로운 장난감을 보여주자 별다른 저항 없이 그것을 가지고 놀았습니다. 이는 전형적인 자폐스펙트럼장애 아이들에게서는 쉽게 볼 수 없는 모습입니다.

자폐아와 비자폐아의 강박적 행동, 어떻게 다른가요?

그렇다면 자폐 아이들의 강박적이고 반복적 행동은 현웅이 같은 비자폐 아이들의 강박성과 어떻게 다를까요? 2023년 저를 찾아온 만 6세(72개월) 리아를 통해 살펴보겠습니다. 눈망울이 초롱초롱한 리아는 진료실에 들어서는 순간부터 벽에 걸린 그림에 온 정신을 빼앗겼습니다. 제가 인사를 건네자 리아는 "안녕하세요"라고 말하면서 시선은 그림에 두었습니다.

"리아야, 여기 앉을까?"

어머님이 자리에 앉지도 않고 그림을 뚫어지게 보고 있는 리아에게 의자를 가리키며 말하자 리아는 대뜸 "왜요?"라고 물었습니다. 보다 못한 어머님이 리아의 손을 이끌고 의자에 앉혔습니다.

"눈이 참 예쁘네? 리아는 어디에서 살아?"

"나무가 2개예요. 나무가 2개. 누가 그렸어요?"

여전히 그림에 정신이 팔린 리아는 제 질문에는 아랑곳하지 않고 그림에 대해서만 물었습니다.

"우리 리아는 궁금한 게 많네? 리아야, 오늘은 선생님하고 이야기하러 온 거니까 선생님 질문에 대답해주렴. 리아는 어느 유치원에 다녀?"

리아는 제 눈을 바라보지 않은 채 단조로운 억양으로 대답했습니다.

"저는 밝은햇살유치원에 다녀요."

"그래, 밝은햇살유치원에 다니는구나? 리아, 오늘 뭐 타고 왔어?"

"차 타고 왔어요. 엄마 차."

"엄마 차 타고 왔구나? 그런데 오늘 리아 유치원에 못 갔겠네?"

"네."

"왜 못 갔을까?"

리아가 쉽게 답하지 못하길래 제가 "여기 병원 오느라 못 갔지?"라고 말해주었습니다.

"선생님, 여기 그림 누가 그렸어요?"

또다시 그림에 대해 묻는 리아에게 저는 리아보다 나이 많은 언니가 그려줬다고 답했습니다. 그러나 얼마 지나지 않아 리아는 또 같은 질문을 반복했습니다. 이미 답을 알고 있음에도 계속 같은 내용을 묻는 모습을 지켜보던 어머님은 깊게 한숨을 쉬며 이런 일이 자주 일어난다고 했습니다.

"아이가 말이 트이지 않았을 때는 빨리 말이 트였으면 좋겠다고 생각했어요. 그런데 막상 말이 트이니까 아이가 매일 같은 질문을 하고, 답을 알려줘도 같은 질문을 거의 하루 종일 반복하더라고요. 너무 답답해요."

리아의 반복적 행동은 이뿐만이 아니었습니다. 어머님 말씀에 따르면 리아가 평소 즐겨 보는 TV 채널이 있는데, 그 채널로 이동하기 위한 리아만의 루틴이 있었습니다. TV 전원 버튼을 누르고 3개의 특정 채널을 거쳐야 리아가 좋아하는 TV 채널로 이동할 수 있었죠. 만약 그 순서대로 하지 않으면 리아는 TV를 껐다가 다시 켜서 자신이 원하는 순서대로 채널을 돌렸습니다.

또 외출할 때 어머님이 항상 자기 왼손을 잡고 걸어야 했고, 횡단보도를 건널 때는 흰색 부분만 밟았습니다. 그렇지 않으면 되돌아가서 다시 횡단보도를 건너야 했죠.

"버스를 탈 때도 앞에서 세 번째 줄 오른쪽에 있는 의자에만 앉아요. 화장실에 가도 자기가 먼저 볼일을 본 다음에 제가 볼 수 있고 식당도 가던 곳만 가야 해요. 한번은 원래 가던 식당이 휴무라 다른 식당에 갔는데, 아이가 소리를 지르고 테이블을 차며 난리를 치는 바람에 음식을 시켜놓고 먹지도 못하고 나왔어요."

줄 세우기를 하다가도 다른 활동으로 비교적 수월하게 전환할 수 있는 현웅이와 달리, 전환이 잘 안 될 뿐더러 전환을 시도했을 때 격렬하게 저항하는 리아의 모습만 보더라도 자폐 아이와 비자폐 아이가 보이는 강박적 행동의 차이를 짐작할 수 있을 겁니다.

핵심은 문제 행동이 아니라
아이의 반응입니다

유치원에 가는 경로와 루틴을 정해놓은 자폐스펙트럼장애 아이가 있다고 가정해보겠습니다. 그 경로와 루틴은 다음과 같습니다.

1. 집을 나서기 전 열을 세고 신발 신기
2. 집을 나서서 아파트 단지 내 놀이터에서 미끄럼틀 한 번 타기
3. 단지를 빠져나와 횡단보도의 흰색 부분만 밟고 건너기
4. A 은행 앞에서 열 셀 때까지 머물기
5. 편의점에 들어가 젤리 사기
6. 유치원 도착

자폐스펙트럼장애 아이들은 이 경로와 루틴에 약간의 변화를 시도하려 할 때 이를 용납하지 않습니다. 만약 자신이 예상한 대로 되지 않으면 처음으로 되돌아가 그 경로와 루틴을 따르죠. 설령 지각을 하더라도 말입니다. 만약 엄마가 지각할까 걱정되어 경로와 루틴을 무시하고 유치원에 가면 아이는 자지러지게 울고, 엄마를 밀치거나 때리는 것은 물론 자신을 해치는 행동까지 할 수 있습니다. 이것이 자폐 아이들의 강박적 행동입니다. 엄밀히 말하면 강박적 행동이라기보다는 자폐스펙트럼장애의 핵심 특성인 '반복적이고 제한된 행동restrictive and repetitive behaviors'인 것이죠. 실제 강박장애에서 말하는 '강

박적 행동'과 차이가 있습니다. 지금부터 이 둘을 좀 더 쉽게 구분해 보겠습니다.

행동의 동기와 목적

자폐스펙트럼장애 아동은 일상에서 익숙한 패턴이나 루틴을 유지하려는 경향이 뚜렷합니다. 새로운 상황이나 예측하기 어려운 변화가 생기면 크게 불안해하거나, 감각적으로 부담을 느끼기도 합니다. 그래서 매일 같은 순서대로 옷을 입고, 같은 메뉴로 식사하고, 물건 배치를 고집하는 식으로 '예측 가능한 환경'을 만들고자 하죠. 또 특정 관심사(탈것·공룡·특정 게임 등)에 깊이 몰입해 같은 행동을 반복하기도 합니다. 이는 단순히 불안을 없애기 위해서라기보다, 그 행동에서 즐거움을 느끼거나 감각적 만족감을 얻기 때문인 경우가 많습니다.

반면 강박장애에서는 '이 행동을 하지 않으면 큰일이 생길 것 같다'라는 극심한 불안이나 공포가 행동의 출발점이 됩니다. 예를 들어 '손을 씻지 않으면 병에 걸릴 것 같다'라는 두려움을 해소하기 위해 손을 반복해서 씻거나 '문을 잠그지 않으면 사고가 날 것 같다'라는 생각 때문에 문이 잠겼는지 수십 번 확인하는 식입니다. 즉 강박장애에서 '강박적 행동'은 '불안을 줄이기 위한 의무감'에 가깝습니다. 정상적이지 않다는 건 스스로 알면서도 불안을 없애기 위해 어쩔 수 없이 되풀이한다는 점이 특징입니다.

행동 양상의 구체적 차이

자폐스펙트럼장애는 루틴이 바뀌면 낯설어서 불안감이 커지지만 '이 행동을 하지 않으면 무서운 일이 생길 것 같다'는 식의 공포보다 '내게 익숙한 흐름이 깨져 감당이 안 된다'에 가깝습니다. 반면 강박장애는 '이 행동을 안 하면 큰일이 날 것 같다'라는 두려움 때문에 반복 행동을 계속하게 됩니다.

또 자폐스펙트럼장애는 특정 행동을 반복하면서 심리적 안정감이나 감각적 즐거움을 느끼는 경우가 많습니다. 예컨대 손을 휘젓거나 빙글빙글 도는 행동을 통해 스스로를 진정시키거나 재미를 느낄 수 있죠. 강박장애는 강박 행동을 해도 기쁨보다 '안심이 되는 느낌'이 찾아옵니다. 만족감이라기보다 불안을 지워내는 데 목적이 있습니다.

행동 바꾸기를 시도했을 때의 반응

자폐스펙트럼장애는 새로운 방식을 시도하도록 권유받으면 극도로 예민해집니다. '익숙하지 않아서 싫다' 혹은 '이렇게 하면 내 일상이 흐트러져버린다'라는 생각 때문에 거부감을 보이는 것이죠. 강박장애의 경우는 쉽게 행동을 멈추지 못하고, 이를 강제로 중단하면 매우 극심한 불안을 느낍니다.

일상적인 표현으로 보면, 자폐스펙트럼장애에서 나타나는 집착이나 반복 행동을 보고 '강박적'이라고 부르는 경우가 있습니다. 겉

보기에 '이 행동을 왜 이렇게까지 고집하지?'라는 생각이 들도록 하기 때문이죠. 하지만 엄밀히 말해 강박장애의 강박적 행동과는 작동 방식이 다릅니다. 자폐스펙트럼장애에서는 변화에 대한 어려움, 감각적 즐거움, 예측 가능성을 유지하려는 의도가 큽니다. 반면 강박장애에서는 '불안이나 공포를 없애야 한다'는 의무감이 행동의 핵심 원인이 됩니다.

전두엽 기능에 이상이 있는 자폐 아이들

그렇다면 자폐스펙트럼장애 아이들은 왜 이토록 '반복적이고 제한적인 행동 및 관심사'라는 특성을 보일까요? 뇌의 앞쪽, 이마 바로

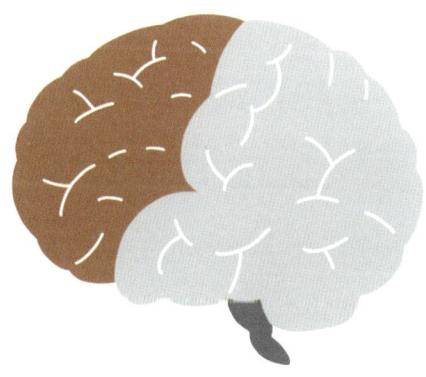

인간의 고차원적 기능을 담당하는 전두엽

뒤에 위치한 '전두엽'과 깊은 관련이 있습니다. 전두엽은 문제 해결, 의사 결정, 추론, 충동 억제, 감정 조절, 인지의 유연성 등 인간의 고차원적 기능을 담당하는 뇌의 핵심 영역입니다. 따라서 이 부위에 문제가 생기면 사고와 감정, 행동을 조절하는 데 많은 문제가 따르죠.

자폐스펙트럼장애 아이들이 여러 문제 행동을 보이는 것은 바로 이 전두엽 기능에 이상이 있기 때문입니다. 특히 전두엽 중 인지의 유연성을 담당하는 부위에 문제가 생기면 융통성이 떨어집니다. 여러 관점을 고려하거나 틀에서 벗어난 사고를 하는 능력, 또 필요에

자폐스펙트럼장애의 인지적 유연성 문제

- 답을 알면서도 동일한 질문을 계속 반복한다.
- 어떤 상황에서든 반드시 지켜야 하는 자신만의 루틴이 있고 이를 어기면 다시 시작한다.
- 다른 사람이 규칙을 어기는 것에 대해 과도하게 힘들어하고 화를 낸다.
- 학교에서 다른 아이들의 사소한 잘못에도 불편해하며 선생님께 계속 고자질한다.
- 외식할 때 한 식당만 고집하고 다른 곳에 가는 것을 극도로 꺼린다.
- 특정 대상이나 주제에 집착하고, 다른 사람에게 그에 관련된 이야기만 하려고 한다.

따라 사고를 전환하는 능력이 현저하게 저하되죠. 쉽게 말해 세상에 예외적인 경우가 있다는 것을 이해하지 못하고 자기 생각이나 행동에 지나치게 집착합니다. 그러다 보니 예외적인 상황이 벌어질 때, 혹은 자기가 고집하는 생각이나 행동을 전환해야 할 때 격렬하게 저항하는 것입니다.

따라서 아이가 반복적인 행동을 할 때 자폐스펙트럼장애 여부를 판단하는 중요한 기준 중 하나는 반복적 행동을 다른 활동, 놀이로 전환하려고 할 때 보이는 '반응'입니다. 현웅이처럼 전환이 비교적 잘된다면 문제가 없지만, 리아처럼 울고 소리를 지르거나 물건을 발로 차는 등 공격적인 모습을 보인다면 자폐스펙트럼장애 가능성을 의심해야 합니다.

그렇다면 현웅이는 왜 숫자에 집착하고 줄 세우기를 고집스럽게 반복했을까요? 부모님과 면담한 결과 환경적 요인 때문에 현웅이가 자폐와 비슷한 증상을 보인 것으로 판단되었습니다. 주 양육자인 현웅이 어머님은 기질적으로 무덤덤한 편이라 평소 아이와 활발하게 상호작용을 하지 않았습니다. 그 상태에서 현웅이는 돌이 지나자마자 어린이집에 가게 됐죠. 어머님이 현웅이를 어린 나이에 어린이집에 보낸 이유는 임신과 출산으로 쉬었던 일을 다시 하고 싶었기 때문이기도 하지만, 어린이집에 빨리 보내면 아이의 발달에 도움이 될 거라고 생각했기 때문입니다.

그러나 주양육자와의 애착 관계가 제대로 형성되지 않은 상태에서 아이가 너무 일찍 어린이집에 가면 불안이 증가해 오히려 아이의 전반적인 발달에 악영향을 미칠 수 있습니다. 일반적으로 주양육자와의 애착이 안정적으로 형성되는 시기, 즉 만 3세(생후 36개월) 무렵이면 엄마와 분리되어도 크게 불안해하지 않고 어린이집에 잘 적응합니다. 그 전까지는 아이가 엄마와의 분리를 슬픔이 아닌 생존에 대한 공포로 받아들이기 때문에 어린이집에 잘 적응하는 듯 보여도 사실은 불안해합니다.

그렇게 되면 불안을 관장하는 뇌 영역이 과도하게 활성화되어 상대적으로 언어, 사회성, 인지 등의 발달에 관여하는 뇌 영역이 활성화되지 못합니다. 특히 예민하고 불안도가 높으면 더욱더 그럴 수 있으므로, 아이가 이런 기질이라면 가급적 어린이집에 늦게 보내는 것이 좋습니다. 현웅이 역시 예민하고 불안도가 높다 보니 불안이나 두려움을 다스리기 위한 수단으로 줄 세우기 혹은 숫자 집착 같은 강박적 행동을 보였던 것이죠. 여기에 엄마가 숫자에 관심을 보이고 줄 세우기를 하는 현웅이를 대견스러워하고 칭찬을 하면서 아이의 반복 행동이 강화되었다고 이해할 수 있습니다.

어른도 낯선 환경이나 상황을 맞닥뜨리면 불안을 느낍니다. 하물며 세상이 온통 낯설고 모르는 것투성이인 아이들은 어떨까요? 불안도가 높을 수밖에 없겠죠. 강박은 불안에서 기인하는 만큼 강박적인 모습도 자주 보일 수밖에 없습니다. 그러나 자폐스펙트럼장애 아이들은 반복적이고 제한적인 행동과 관심사의 특성이 지속적으로 나타나고 전환을 시도했을 때 저항이 매우 큽니다.

그러니 자폐스펙트럼장애 아이에게 문제 행동을 하지 말라고 잔소리를 하거나 야단치는 것은 바람직하지 않습니다. 아무리 혼이 나도 신경생물학적인 문제로 'BAC'를 해야만 하는 아이가 스스로 알아서 'ABC'를 하기는 어렵습니다. 부모님이 다그칠수록 되레 아이의 불안은 커지고 증상만 더 악화될 수 있습니다. 따라서 자폐스펙트럼장애 아이들의 반복적 행동과 루틴에 대한 고집은 아이들의 노력으로 바로잡을 수 있는 문제가 아니라는 사실을 기억해주세요.

"학교와 유치원에서 한시도 가만히 있질 못해요"

ADHD는 소아정신과 전문의들이 가장 많이 접하는 질환입니다. ADHD는 지속적으로 주의력이 부족해 산만하고 과한 행동과 충동성을 보이는 신경발달장애로 아동기 발병률이 약 8~10%에 이를 만큼 흔하고 널리 알려진 질환입니다. 초등학교 한 반이 30명이라면 2~3명 정도가 ADHD인 셈이죠. 그러다 보니 아이를 키우는 부모님 중 ADHD라는 질환명을 모르는 분이 거의 없고, 이 병에 대해 정확하게 알지는 못해도 어떤 증상을 보이는지 정도는 알고 있습니다. 이런 이유로 많은 부모님들이 아이의 행동이 다소 과하고 충동적이거나 집중력이 떨어지고 산만한 듯 보이면 마치 공식처럼 ADHD를 떠올립니다.

그래서일까요? 여러 온라인 커뮤니티에서는 아이가 ADHD가 아닐까 염려하는 부모님들의 글이 넘쳐납니다. 얼마나 고민이 되었으면 이곳에까지 글을 올리셨을까 싶기도 하지만 소아정신과 전문의로서 안타까운 마음이 들 때가 많습니다. 실제 ADHD로 의심되는 경우도 있지만 정상적인 발달 과정을 밟는 아이를 ADHD로 의심하는 사례가 적지 않기 때문입니다. 그러나 다른 신경발달장애와 마찬가지로 ADHD 또한 겉으로 나타나는 일부 증상만 보고 질환 여부를 판단하는 것은 주의해야 합니다. (119쪽 ADHD 자가 진단표 참조)

선택적 산만함은 ADHD가 아닙니다

그렇다면 어떤 경우 ADHD로 판단할 수 있을까요? 1년 전 저를 찾아온 만 6세 3개월(75개월) 동화의 사례를 살펴보겠습니다. 진료실에 들어온 동화는 뭐가 그렇게 궁금한 게 많은지 의자에 앉기가 무섭게 자리에서 일어나 진료실 안을 휘젓고 다녔습니다. 심지어 제 옆으로 와서는 책상 위에 놓여 있는 물건을 슬쩍슬쩍 만지고 "이건 뭐예요?"라며 질문을 퍼부었죠.

동화 어머님은 당황하며 "최동화, 빨리 의자에 앉아. 죄송해요, 선생님. 얘가 이렇게 정신이 없어요."라면서 아이의 행동을 제지하셨습니다.

"애가 너무 산만해서 아침에 등원 준비할 때마다 전쟁이에요. 유치원 버스 오는 시간에 맞춰 나가야 하는데 옷 입히는 데만 한참이 걸려요. 옷 갈아입다 말고 장난치고 도망치고, 겨우 옷 입혀서 나가려고 하면 또 도망치고 장난치고…. 그러다 유치원 버스를 놓친 적이 한두 번이 아니에요. 밥 먹을 때도 중간에 돌아다녀서 끌어다 앉히는 게 일이고요. 잠시도 가만히 있질 못해요."

그동안 누구에게 말도 못하고 혼자 꾹꾹 참아왔는지 어머님은 동화에 대한 고민을 쏟아내듯 털어놓으셨습니다.

"거기다 또 얼마나 호기심이 많고 에너지가 넘치는지 집 밖에 나가면 여기저기 기웃거리고, 만지고, 천천히 걸어도 되는데 늘 뛰어다녀요. 한번은 길에서 달리다가 차에 치일 뻔한 적도 있다니까요. 또 집중력은 얼마나 약한지 장난감을 몽땅 꺼내놓고 이거 했다 저거 했다, 한 가지 놀이에 집중을 못해요. 한 가지 정리하고 다른 거 하라고 백날 말해도 소용이 없어요. TV 볼 때는 집중력이 그렇게 좋은 애가 도대체 왜 그런지 모르겠어요."

진료실을 찾는 많은 부모님이 동화 어머님처럼 다른 일에는 그렇지 않은데 아이가 TV를 보거나 게임을 할 때만큼은 집중력이 좋다고 말씀하십니다. 그러나 자기가 좋아하는 놀이에 몰두하는 것은 집중력이 아닙니다. 설령 화장실에 가는 것까지 참아가며 몰두하더라도 말이죠. 진정한 집중력은 하기 싫고 지루해도 반드시 해야 하는 일에 몰두하는 능력입니다.

따라서 아이가 장시간 꼼짝도 하지 않고 TV를 보거나 게임, 장난감 등을 가지고 노는 모습을 보고 집중력이 좋다고 판단하는 것은 주의해야 합니다. 아이가 당장 하고 싶은 것을 참고 꼭 해야 하는 일, 이를테면 학습이나 수업 듣기 등을 해낼 때 집중력이 있다고 할 수 있습니다.

동화 어머님의 하소연은 계속됐습니다.

"유치원에서도 선생님이 하라는 건 하나도 안 하고 한시도 가만히 있질 못해요. 계속 시끄럽게 떠들고, 다른 아이들한테 말 걸고, 자리에 앉지 않고 교실을 돌아다녀서 수업에 지장을 준다고 해요. 학습이나 놀이에 집중하는 시간도 짧아서 길어야 5분이고, 수업 잘 듣고 있는 친구들 꼬드겨서 같이 딴짓을 하고요. 또 동화가 자주 사라져서 선생님들이 항상 찾아다닌대요. 바깥 놀이 하려고 애들 줄 세우면 동화는 이미 신발을 신고 사라져 있고…. 어느 날은 아무리 찾아도 안 보여서 선생님들이 찾아 헤맸는데 강당에서 혼자 놀고 있더래요."

동화의 산만한 모습은 진료실에서도 볼 수 있습니다. 어머님 말씀처럼 놀이 공간에 있는 장난감을 모두 꺼내 이거 했다 저거 했다 하느라 정신이 없었고, 어머님과 면담하는 동안 조용히 해달라고 부탁했는데도 잠깐 멈출 뿐 이내 소란스럽게 놀았습니다. 한편 면담할 때는 말이 지나치게 많고, 했던 이야기를 또 하거나 제가 말하는 도중에 끼어들었습니다. 또 상황이나 맥락을 파악하지 않고 아무 때나 질문을 던졌죠.

어머님이 사전에 작성한 기본 설문지, 저와 진행한 모든 면담 내용, 진료실에서 보인 모습 등을 종합적으로 고려했을 때 동화는

ADHD로 판단되었습니다. 증상도 전형적인 데다 그 증상이 가정, 유치원, 학원 등에서 동시에 나타났기 때문입니다. ADHD를 진단할 때 아이의 문제 행동이 다양한 곳에서 동시에 나타나는지 여부는 매우 중요한 기준입니다. 최소 두 곳 이상의 환경에서 ADHD를 의심할 만한 증상을 충분히 보여야 ADHD로 진단합니다. 가령 집에서는 행동이 과하고 충동적이고 산만해서 늘 엄마의 골치를 아프게 하는 아이가 학교에서는 모범생처럼 선생님 말씀을 잘 듣고 수업에 집중한다면 ADHD로 보기 어렵습니다.

산만성과
ADHD의 관계

그런데 아이가 ADHD를 의심할 법한 모습을 두 곳 이상의 환경에서 보인다고 해서 모두 ADHD인 것은 아닙니다. 동화처럼 행동이 과하고 충동적이며 산만한 모습이 여러 환경에서 일관되게 나타난다고 해도 ADHD가 아닐 가능성이 있습니다. 우선 부모님이 일관적이지 않은 양육 태도를 취한 경우, 아이가 부부싸움에 빈번하게 노출된 경우, 부모의 이혼 등 환경적 요인에 의해 정서적으로 불안정한 상태라면 아이가 마치 ADHD인 것처럼 행동할 수 있습니다. 그러나 이런 아이들은 ADHD 아이들과 달리 심리적으로 불안하게 만드는 요인이 사라지면 문제 행동이 줄어듭니다.

또 자폐스펙트럼장애 아이들도 ADHD와 유사한 모습을 보일 수 있습니다. 사회성 발달장애인 자폐는 사회성이 부족하면 ADHD와 비슷한 증상, 즉 과잉 행동과 산만한 모습을 보일 수 있습니다. 사회성은 타인과 원만하게 상호작용하는 능력, 타인과 긍정적 관계를 형성하고 유지하는 능력을 말합니다. 따라서 사회성을 갖추었다는 것은 다른 사람을 존중하고 예절을 지킬 줄 알고, 호감이나 비호감을 줄 수 있는 말과 행동이 무엇인지 알아서 이를 적절하게 표현하거나 자제할 줄 안다는 의미입니다. 또 타인의 감정과 입장을 잘 파악하고 이해할 줄 알며, 사회에서 지켜야 할 관습적이고 기본적인 규칙을 이해하고 적용할 줄 안다는 뜻이기도 합니다.

그런데 사회성 발달에 심각한 문제가 있는 자폐스펙트럼장애 아이들은 이러한 능력이 현저히 떨어져, 어디에 있든 다른 사람과 상황 등을 선혀 고려하지 않고 눈치 없는 언행을 하죠. 최근에 저를 찾아온 해담이처럼 말입니다.

만 3세 10개월(46개월)인 해담이는 자폐스펙트럼장애가 의심되어 엄마와 함께 온 아이였습니다. 언어도 느리고 눈 맞춤과 호명 반응이 안 되는 데다, 사촌 형이 중증 자폐스펙트럼장애인 가족력까지 있었습니다. 이 때문에 서둘러 돌 무렵에 병원을 예약했다는 해담이 부모님은 여느 부모님처럼 내심 특별한 문제가 아니기를 바라는 마음이 큰 듯했습니다. 그러나 여러 측면에서 살펴본 결과 해담이는 자폐스펙트럼장애로 판단되었습니다. 아이와 핑퐁 대화가 되지 않았고, 제가 해담이가 가져온 장난감을 가리키며 "우아, 이거 해담이가 가져온 장난감이야?"라고 말해도 고개를 장난감 쪽으로 돌려 제가 흥미를 느끼는 것이 무엇인지 보려고 하지 않았거든요.

이런 모습을 '공동주의joint attention가 결여되었다'라고 표현합니다. 공동주의란 그저 경험을 함께 나누는 것이 즐거워 주변 사람들에게 어떤 물체나 다른 사람을 보라고 권하거나, 반대로 다른 사람이 이렇게 했을 때 관심을 보이고 상대에게 자기도 이를 보았다고 확인해주는 것입니다.

예를 들어 산책을 하다 엄마가 귀여운 강아지를 보고 "해담아, 저 강아지 좀 봐"라고 말했다고 가정해볼까요? 이때 아이가 엄마의 시선을 따라 고개를 돌려 강아지를 보고, 다시 엄마에게 시선을 돌려 그 강아지를 자기도 보았다고 확인해주는 것이 공동주의입니다. 사회성이 떨어지는 자폐스펙트럼 아이들은 공동주의가 결여되어 있기 때문에 엄마가 강아지를 가리켜도 아랑곳하지 않습니다.

이밖에도 해담이는 몸을 좌우로 흔드는 상동 행동을 보였고 촉각이 과도하게 예민했으며, 상황에 맞지 않는 말과 행동을 했습니다. 예를 들면 부모님이 저와 면담하는 동안 해담이는 놀이 공간에 있었습니다. 같은 공간에서 어른들이 이야기를 나누고 있었기 때문에 가급적 조용히 놀아야 하는데도 해담이는 큰 소리로 혼잣말을 하거나 소리 나는 장난감 버튼을 계속 누르고, 장난감을 쏟아붓는 등 부산한 행동을 보였습니다.

부모님들은 이런 행동이 ADHD 때문이라고 생각했지만 제가 보기에는 그렇지 않았습니다. 해담이의 산만성은 동화가 보인 산만성, 즉 ADHD의 산만성과 달랐기 때문입니다. **해담이의 산만성은 사회적 지식(통념)이 결여되어 나타나는 모습이라면, 동화와 같은 ADHD 아이들의 산만성은 반응 억제 능력이 부족해서 자신의 욕구를 자제하지 못해 나타나는 모습**이라고 볼 수 있습니다.

가령 초등학교에서 슬라임에 빠진 ADHD와 자폐스펙트럼장애 아이 둘을 예로 들어보겠습니다. 수업에 집중하지 않고 슬라임을 하는 두 아이에게 선생님이 주의를 주었습니다. 이때 두 아이는 각각 어떤 식으로 반응할까요? ADHD 아이는 슬라임을 후다닥 서랍 안에 넣었다가 눈치를 봐가며 가지고 놉니다. 수업 시간에는 선생님 말씀에 따라야 한다는 것을 잘 알면서도 지금 이 순간 슬라임을 가지고 놀고 싶은 마음이 너무 크다 보니 눈치를 봐가며 노는 것이죠.

반면 자폐스펙트럼장애 아이는 선생님이 바로 옆에서 주의를 줘도 신경 쓰지 않고 계속 슬라임을 가지고 놀죠. 자폐스펙트럼 아이는 '수업 시간에는 하고 싶은 놀이는 참고 선생님 말을 들어야 한다'는 사회적 지식(통념)이 부족하기 때문입니다. 즉 자폐스펙트럼 아이는 수업 시간에 슬라임을 하지 말아야 하는 이유 자체를 제대로 모르고, ADHD 아이는 슬라임을 하지 말아야 하는 이유를 잘 알면서도 그 욕구를 참지 못하는 것이죠.

ADHD의 산만성과 자폐의 산만성, 반드시 구분해야 합니다

"선생님, 그럼 해담이가 집에서나 어린이집에서 어른들이 하지 말라고 말해도 무시하고 해버리는 게 그런 이유 때문인가요?"

"네, 그렇다고 볼 수 있죠."

제 설명을 듣고 깨달은 게 많았던 모양인지 해담이 부모님은 연신 고개를 끄덕였습니다. 사실 해담이 부모님뿐 아니라 진료실을 찾는 많은 부모님이 이런 반응을 보입니다. 그만큼 자폐 아이들의 산만성을 ADHD의 산만성으로 오인하는 분이 많다는 뜻이고, 부모님들이 두 질환의 산만성을 구분하기 어렵다는 의미일 겁니다. 111쪽의 표는 부모님들이 ADHD와 자폐스펙트럼장애의 차이점을 이해할 수 있도록 정리한 것입니다. 이를 참고해 아이가 ADHD의 특징적 행동과 비슷한 모습을 보이더라도 무조건 ADHD라고 단정 짓지 말고, 자폐적 특성까지 보인다면 전문가를 찾아가 면밀하게 살펴보시길 바랍니다.

한편 아이의 연령도 산만성이 ADHD에서 비롯된 것인지, 자폐스펙트럼장애에서 비롯된 것인지, 더 나아가 병적인 것인지 파악하는 잣대가 됩니다. 많은 부모님이 아이의 행동이 과하고 충동적이고 산만한 듯 보이면 ADHD를 의심합니다. 그런데 만 6세 이전 아이들은 ADHD와 같은 증상을 얼마든지 보일 수 있습니다. 행동을 계획하거나 통제하고, 충동을 억제하고, 주의를 집중하게 하는 뇌의 영역인

ADHD와 자폐스펙트럼장애 비교

심각도 단계	ADHD의 과잉 행동 및 산만성	자폐스펙트럼장애의 문제 행동
특성	• 차례로 해야 하는 일의 순서를 헷갈린다. • 기다리지 못하고 끼어든다. • 지나치게 말이 많다. • 가만히 있지 못하고 끊임없이 움직인다. • 여러 환경에서 공통적으로 산만하다(가정·학교·학원 등 모두에서 비슷한 산만성을 보임).	• 특정 행동이나 말을 반복한다(상동 행동). • 상대방의 말을 그대로 따라 한다(반향어 또는 상동 언어). • 사회적 의사소통의 결핍으로 혼자 놀거나 상대방과 대화를 잘하지 못한다. • 비언어적 의사소통의 결핍으로 표정, 눈 맞춤, 제스처가 적절하지 않다. • 익숙한 공간보다 낯선 공간에서 특히 안절부절못하고 산만하다. • 자신만의 익숙한 루틴이 깨지거나 변화될 때 감정을 조절하기 어렵고 더 산만하다. • 만 2~5세에 뚜렷한 자폐스펙트럼장애 증상과 신호를 보인 과거력이 있다.
원인	• 전전두엽의 실행 기능 중 **'반응 억제 능력'** 결핍으로 하고 싶은 욕구를 억제하지 못함(만족 지연 능력이 저하됨).	• 전두엽 기능 중 **인지적 유연성의 결핍**(고지식함)으로 변화를 받아들이지 못한다. • 사회성 뇌 기능의 문제로 사회적 통념과 관습적 행동을 이해하지 못한다.

전두엽이 만 6세 이전에는 미성숙하거든요. 전두엽은 만 6세 전후로 본격적으로 발달하기 때문에 그 전 연령 아이들이 보이는 과잉 행동이나 산만성은 정상 발달 과정에서 충분히 나타날 수 있습니다.

잠정적 ADHD 증상

- 모터가 달린 것처럼 끊임없이 뛰어다닌다.
- 자기가 원하는 것을 요구하고 떼를 쓴다.
- 수업 시간에 돌아다닌다.
- 수업 시간에 앉아 있기, 반 친구들과 함께 율동하기 등 어린이집이나 유치원에서 지켜야 할 규칙을 어기고 자기 마음대로 행동한다.
- 다른 사람이 힘들어할 정도로 장난이 심하다.
- 상황에 아랑곳하지 않고 시끄럽게 떠든다.
- 놀이에 집중하는 시간이 3분 이내로 짧다.
- 학습이나 놀이 활동을 하다 말고 중간에 다른 곳으로 간다.
- 매사에 집중하는 시간이 짧다.
- 가만히 앉아 있지 못한다.
- 공격적이며 형제자매나 또래 친구들과 자주 다툰다.
- 위험한 행동이나 장난을 서슴지 않는다.
- 다른 사람들과 함께 하는 단체 활동을 어려워한다.

대부분의 소아정신과 전문의는 설령 아이가 ADHD를 의심할 수 있는 증상을 보이고 모든 곳에서 문제 행동에 대한 피드백을 받는다 하더라도 영유아기에는 확정적으로 진단을 내리지 않습니다. 물론 만 5~6세 아이가 일반적인 수준을 넘어서는 정도의 부주의성과 충동성을 다양한 환경에서 보이는 경우 '잠정적 ADHD'라고 판단하고 추후 재평가합니다. 즉 만 6세 이후, 학교 입학 전후의 재평가를 통해 확정적 진단을 내립니다.

만 6세 이전에 잠정적 ADHD라고 판단될 경우 부모와 교사가 적극적으로 개입해 아이의 문제 행동을 교정하려 노력하는 것이 필요합니다. 유아기의 잠정적 ADHD는 약물 치료 이전에 행동 수정 요법을 시행하는 것이 좋고, 지속적인 행동 치료로 효과를 보는 사례가 적지 않습니다.

112쪽의 표는 유아기에 잠정적 ADHD를 의심할 수 있는 모습을 정리한 것입니다. 만약 아이가 두 곳 이상의 환경에서 다음과 같은 모습을 보인다면 잠정적 ADHD를 의심하고 훈육과 행동 수정 요법 등을 통해 문제 행동을 적극적으로 교정해주세요. 부모님이 이 시기에 어떻게 개입하느냐에 따라 향후 아이의 ADHD가 예방될 수도 있고, 학령기까지 지속될 수도 있습니다.

자가 진단표

느린 아이일까, 치료가 필요한 아이일까?

부모님들이 자녀를 '느린 아이'라고 표현할 때 가장 대표적으로 의심하는 질환은 ①자폐스펙트럼장애, ②ADHD, ③경계선 지능입니다. 평소 자녀의 모습을 떠올리며 세 가지 질환을 가늠할 수 있는 자가 진단표를 체크해보세요. 단, 질환 유무와 상태에 대한 진단은 소아정신과 전문의의 다각적 관찰과 평가를 통해 이루어지므로 자가 진단표는 참고 자료로만 활용하시길 바랍니다.

① 자폐스펙트럼장애 자가 진단표
(DSM-5 진단기준에 의거함*)

사회적 상호작용과 의사소통의 결함
(반드시 가~다 세 가지 모두에 해당해야 함)

가. 사회적·정서적 상호성의 결함

☐ **정상적인 대화를 주고받기가 어렵다**

같은 반 친구가 "안녕, 주말에 뭐 했어?"라고 물어도 대꾸 없이 고개만 돌리거나 엉뚱한 말을 중얼거려 대화가 이어지지 않음.

☐ **관심/정서/감정 등을 적절히 공유하지 못한다**

다른 아이가 새 장난감을 자랑해도 반응이 거의 없으며, 상대가 즐거운지 슬

---

* 'Diagnostic and Statistical Manual of Mental Disorders, Fifth Edition'의 약자로, 미국정신의학회(American Psychiatric Association, APA)에서 발행하는 「정신 질환 진단 및 통계 편람」의 제5판을 의미합니다.

편지에 관심을 기울이지 않음.

☐ **사회적 상호작용을 시작하거나 유지하지 못한다**

모둠 활동에서 다른 아이들이 "이거 같이 하자"라고 부르는데도 고개를 숙인 채 혼자 벽 쪽에 앉아 움직이지 않음.

☐ **사회적 상호작용에 제대로 반응하지 못한다**

선생님이 "이쪽으로 와볼래?"라고 반복해서 말했을 때도 알아들은 기색은 있으나 일어나지 않고 그대로 자기 자리에서 다른 행동을 함.

☐ **다양한 상황에서 상호성(주고받음)의 결함이 나타난다**

엄마가 "오늘 재밌었어?"라고 물어도 "예", "아니요" 등의 답변 없이 자기 이야기만 이어가거나 아예 반응하지 않고 딴짓을 함.

나. 사회적 상호작용에 사용하는 비언어적 의사소통 행동의 결함

☐ **언어적·비언어적 의사소통을 거의 통합하지 못한다**

말을 하면서 손짓이나 표정에 변화가 전혀 없고, 상대방이 제스처를 하거나 표정을 지어도 거의 알아채지 못함.

☐ **시선 접촉과 신체 언어가 비정상적이다**

옆에서 이름을 불러도 눈을 맞추지 않고, 몸을 옆으로 돌리거나 아래만 바라보는 등 전반적으로 어색한 태도를 보임.

☐ **몸짓을 이해하지 못하고 비언어적 의사소통이 전혀 없다**

친구가 "조용히 해"라며 입에 손가락을 대고 제스처를 보내도 알아듣지 못

하고 큰 소리로 노래를 계속 부름

다. 관계를 발전시키고 유지하며 이해하는 능력의 결함

☐ **다양한 사회적 맥락에서 행동을 적절하게 조절하기 어렵다**

유치원에서 다 함께 책을 읽는 시간에 자리에서 일어나 장난감을 흔들거나 크게 소리 내며 주위와 전혀 조화를 이루지 못함.

☐ **상상 놀이를 함께 하기 어렵다**

친구들이 병원 놀이를 하자고 해도 규칙을 이해하지 못해 혼자 구석에서 다른 장난감을 붙들고 있음.

☐ **친구를 사귀기 어렵다**

말할 때마다 자신이 좋아하는 공룡 이름만 줄줄이 이야기하고, 상대가 흥미를 보이지 않는데도 대화 주제를 바꾸지 못함.

☐ **또래에 대한 관심이 없다**

옆에서 아이들이 신나게 술래잡기를 해도 전혀 관심을 두지 않고 혼자 블록 놀이만 하며 "같이 놀자"는 제안도 받아들이지 않음.

행동 패턴, 흥미, 활동이 제약적이고 반복적임
(가~라 중 최소 두 가지 이상에 해당해야 함)

가. 정형화되거나 반복적인 동작, 물체 사용 혹은 구어의 양상

☐ **정형화된 단순한 움직임을 보인다**

방문을 몇십 분 동안 계속 열었다 닫기를 반복하거나, 손목을 같은 방향으로 돌리는 움직임을 반복함.

☐ **장난감을 일렬로 세우거나, 물건을 뒤집어놓거나, 반향어·특이한 어구를 사용한다**

자동차 장난감을 반드시 일렬로 나열해야 하며, 배치가 흐트러지면 심하게 짜증을 냄. 혹은 TV 대사를 그대로 따라 하며, 질문을 받아도 그 대사만 반복함.

나. 동일한 것을 고집하고 일상에서 변화에 극도로 저항함

☐ **조금만 변화가 있어도 심하게 불쾌해한다**

식탁 의자의 위치가 평소와 달라지면 식사를 거부하거나, 가구가 다른 자리에 놓여 있으면 크게 울음을 터뜨림.

☐ **행동 전환이 어렵고 경직된 사고 패턴이 있다**

놀이터에서 그네를 타고 난 뒤 미끄럼틀을 바로 타야 하고, 순서를 바꾸면 매우 불안해하며 계속 저항함.

☐ **인사가 의례화되어 있다**

누구를 만나든 늘 똑같은 문장("안녕하세요, 만나서 반갑습니다")만 기계적으로 외운 듯 말하고 그 외의 대화를 전혀 하지 않음.

☐ **매일 같은 길을 가고 같은 음식을 먹으려고 한다**

집에서 유치원까지 꼭 같은 경로로만 다니려 하고, 익숙한 메뉴가 아니면 새로운 음식을 전혀 시도하지 않으려 함.

다. 비정상적인 강도와 집중력으로 매우 제한적이고 고착화된 관심

☐ **특이한 물체에 대해 강한 집착이나 애착을 보인다**

스티커를 수집하는 정도가 아니라, 스티커 뒷면 접착제를 몇 시간 동안 만지작거리고 항상 손에 들고 다님.

☐ **흥밋거리가 지나치게 제한적이고 반복적이다**

버스 노선을 전부 외워 아무 때나 줄줄 말하거나, 다른 사람이 이야기를 시작해도 끝까지 버스 노선 이야기만 고집함.

라. 감각 자극에 대해 과도하거나 과소한 반응, 특정 감각 양식에 비정상적인 관심

☐ **고통, 온도에 대해 현저히 무감각하다**

손이 뜨거운 물에 닿아도 울거나 물러서지 않고, 다쳐도 아프지 않은 듯 무표정하게 있음.

☐ **특정 음향이나 재질에 혐오 반응을 보인다**

큰 소리(청소기 소리·변기 물 내리는 소리 등)에 극도로 큰 공포심을 느껴 귀를 막고 울거나 도망감.

☐ **특정 물체를 만지고 냄새 맡는 데 집착한다**

고무장갑 냄새만 맡으려고 하거나, 촉감이 부드러운 천을 하루 종일 손에 쥐고 코나 입에 대려고 함.

☐ **빛과 움직임에 시각적으로 과몰입한다**

선풍기 날개가 도는 모습을 몇십 분 동안 바라보며, 주위에서 말을 걸어도 반응이 없음.

> **진단 결과**
>
> 1. '사회적 상호작용과 의사소통의 결함'에서 3개 항목 모두,
>   '행동 패턴, 흥미, 활동이 제약적이고 반복적임'에서 4개 항목 중 2개 이상,
>   이 두 가지 조건 중 하나만 해당될 때
> ≫ 자폐스펙트럼장애를 의심하기 어려우나 언어발달장애, 지적장애, 사회적 의사소통장애social communication disorder 등 다른 발달장애의 징후일 수 있으므로 되도록 빨리 전문가를 찾아가길 바랍니다.
>
> 2. 이 두 가지 조건에 모두 해당될 때
> ≫ 자폐스펙트럼장애가 의심되므로 신속한 검사와 전문가의 진료가 필요합니다.

② ADHD 자가 진단표

부주의 증상

- ☐ 세부 사항에 주의를 기울이지 못해 실수를 자주 한다.
- ☐ 한 가지 일에 오래 집중하지 못한다.
- ☐ 쉽게 산만해진다.
- ☐ 다른 사람이 이야기할 때 듣는 것 같지 않다.
- ☐ 지시 사항을 따르는 데 어려움이 있고, 할 일을 제시간에 끝내지 못한다.
- ☐ 과제나 활동을 체계적으로 수행하는 데 어려움이 있다.
- ☐ 지속적으로 정신적 노력을 요구하는 학습이나 활동을 피하거나 싫어한다.
- ☐ 학습이나 활동에 필요한 물건을 자주 잃어버린다.
- ☐ 일상에서 해야 할 일을 자주 잊어버린다.

과잉 행동-충동성 증상

☐ 손이나 발을 한시도 가만히 두지 않고 덜덜 떨거나 두드린다.
☐ 앉아 있어야 할 상황에서 가만히 있지 못하고 돌아다닌다.
☐ 부적절한 상황에서 자주 뛰어다닌다.
☐ 차분하게 학습이나 활동하는 것을 어려워한다.
☐ 마치 모터가 달린 것처럼 계속 움직인다.
☐ 말을 지나치게 많이 한다.
☐ 질문이 끝나기도 전에 성급하게 대답한다.
☐ 차례를 기다리는 것을 어려워한다.
☐ 다른 사람의 일에 끼어들거나 방해한다.

진단 결과

1. 만 6세 이전에 시작해 6개월 이상 지속되고 있는 상태에서
   각 유형별 9개 항목 중 6개 이상 해당될 때
   ≫ 특정 요인에 따라 판단이 달라질 수 있으므로 전문가와의 심층 상담을 권합니다.
2. 유형별 9개 항목 중 4~5개 이상이 해당될 때
   ≫ ADHD가 의심되므로 가급적 빨리 검사와 전문가의 진료를 받을 필요가 있습니다.

③ 경계선 지능 자가 진단표

☐ 상황이나 분위기를 잘 파악하지 못하고, 눈치가 없는 편이다.
☐ 다른 사람의 말을 의심 없이 쉽게 믿는 편이다.
☐ 또래에 비해 순수하다는 느낌이 든다.
☐ 행동이 너무 느리거나 급하다.
☐ 어린 시절 좋아하던 물건에 집착하는 경향이 있다.
☐ 융통성이 부족하다.
☐ 다른 사람의 말이나 행동에 숨어 있는 뜻(의도)을 잘 이해하지 못한다.
☐ 구체적으로 반복해 지시하지 않으면 엉뚱한 행동을 한다.
☐ 평소 위축된 모습을 보인다.
☐ 또래보다 새로운 것을 배우는 속도가 느리다.
☐ 쉬운 단어로 이루어진 짧은 책은 곧잘 읽지만 내용을 이해하지 못한다.
☐ 내용이 긴 책 읽기를 힘들어한다.
☐ 복잡한 과제가 주어졌을 때 쉽게 의욕을 잃거나 포기한다.
☐ 방금 알려줬는데 돌아서면 잊어버린다.
☐ 여러 번 반복해서 알려줘도 내용을 잘 이해하거나 기억하지 못한다.
☐ 학습이나 과제를 할 때 집중하는 시간이 짧다.
☐ 비슷한 글자나 숫자를 읽을 때 자주 혼동한다.
☐ 자기 생각이나 느낌을 한두 문장으로 표현하지 못한다.
☐ 어떤 문제를 해결하는 것을 어려워한다.
☐ 공부하거나 수업할 때 멍하게 앉아 있는 모습을 보인다.

진단 결과

20개 항목 중 7개 이상에 해당될 때
》 경계선 지능이 의심되므로 신속한 검사와 전문가의 진료가 필요합니다.

PART 2

천근아의
**느린 아이
부모 수업**

느린 아이의
진단과 치료의
모든 것

미룬 시간만큼 숙제는
더 크고 무거워집니다

지금까지 자녀가 느린 아이로 의심되는 시그널을 보낼 때 그것을 어떻게 해석해야 할지, 그런 시그널이 특정 발달장애와 관계가 있는지 여부에 대해 말씀드렸습니다. 이번 장에서는 느린 아이, 특히 병적 증상을 보이는 느린 아이를 부모님이 어떻게 도와줘야 하는지 알려드리려고 합니다. 1장을 읽으며 자녀가 특정 장애의 신호를 보내는 느린 아이라는 생각이 들었다면 지금부터 말씀드리는 내용을 숙지해 자녀에게 적절한 도움을 주시길 바랍니다.

일단 중요한 것은 '신속한 개입'입니다. 어떤 질환이든 조기 개입의 중요성을 간과할 수 없는 만큼, 어떤 이유로든 치료를 미뤄서는 안 됩니다. 만약 치료가 늦어지면 아이의 발달 문제는 더욱 심각해질

뿐더러 치료 예후도 좋지 않습니다. 만 4세 6개월(54개월)에 저를 찾아온 재은이처럼 말입니다.

재은이를 처음 만난 것은 3년 전 겨울이었습니다. 그날따라 유난히 대기 시간이 길어 지친 상태로 진료실에 들어오는 부모님이 많았죠. 재은이 아버님 역시 진료를 시작하기도 전에 녹초가 되었습니다. 그도 그럴 것이 대기 시간 내내 재은이가 울고불고 소리를 질렀기 때문이죠.

"아버님, 어서 오세요. 많이 힘드셨지요?"

"아, 네… 죄송합니다, 선생님."

진료실에 들어오기 싫어 발버둥 치며 우는 재은이를 품에 안고 들어오느라 혼이 쏙 빠진 아버님은 난처한 표정으로 제게 인사 대신 사과를 건넸습니다. 아이가 소리를 지르고 울어대니 폐를 끼친다 싶어 미안한 마음이 들었던 거죠. 한참 울던 재은이가 진정되는 기미를 보여 아버님과 면담을 시작했습니다.

"몇 달 전 다른 병원에서 자폐 소견을 받았네요."

"네. 그래서 선생님 진료를 받아야 하나 말아야 하나 고민하다가, 어렵게 예약했으니 마지막으로 다시 확인해보자는 마음으로 왔습니다."

아버님이 저희 병원을 예약한 것은 재은이가 36개월 되던 무렵이었습니다. 또래 아이들은 문장까지 써가며 말하는데 재은이는 아무 말도 하지 못하니 너무나 답답해서였습니다. 걱정스러운 마음에 진료 예약을 하긴 했지만 아버님은 한편으로는 '곧 말문이 트이겠지'라고 기대했다고 합니다. 아버님 본인도 다섯 살 때 말이 트인 경험이 있어 믿음을 가지고 계셨던 거죠. 그러나 재은이가 다섯 살이 되도록 '엄마, 아빠'조차 말하지 못하자 더는 기다릴 수 없다고 보고 일단 다른 병원부터 가서 진료를 받은 것입니다.

"사실 재은이가 말만 느린 것은 아니었어요. 기는 것도, 걷거나 이가 나는 것도 다 느렸거든요. 그래서 '다른 애들에 비해 좀 느리구나'라고만 생각했습니다. 그런데 다섯 살이 됐는데도 말을 못하고, 배변도 못 가려서 기저귀를 차고 다니고, 밥도 떠먹여줘야 하니 정말로 자폐일 수 있겠다는 생각이 들었습니다."

저는 재은이 아버님이 챙겨 온 각종 검사 결과지와 전날 보내드린 사전 설문지를 살펴보고, 아버님과의 면담 내용을 바탕으로 진료실에서 재은이가 어떤 모습을 보이는지 꼼꼼히 관찰했습니다. 그 결과 재은이는 중증도가 높은 자폐스펙트럼장애로 판단되었습니다. 재은이는 말을 전혀 하지 못하는 무발화無發話, nonverbal 상태인 데다 눈 맞춤이나 호명 반응도 되지 않았습니다. 새로운 환경이나 사람에 대한 거부반응도 커서 진료실에서도 울면서 밖으로 나가려 했고요. 그래서 아버님이 이를 말리느라 고생이 이만저만이 아니었죠. 또 제자리에서 빙빙 돌고 팔을 흔드는 상동 행동을 보였고, 놀이 공간에서 아버님이 다른 걸 하자고 제안하자 울부짖고 발버둥 치며 강하게 저항했습니다.

행동 패턴이나 흥미, 활동의 범위가 제한적이고 반복적인 자폐 아이들은 변화에 대처하는 데 극심한 어려움과 고통을 느낍니다. 그래서 자기가 하던 것을 멈추고 다른 걸 하자고 했을 때 재은이처럼 큰 스트레스를 받고 격렬한 거부반응을 보입니다. 심한 경우 상대방을 밀치거나 때리고, 자신을 해하기까지 하죠. 저 같은 소아정신과 의사가 아니더라도 처음 재은이를 본 사람이라면 누구라도 일반적인 아이들과 확연히 다르다는 것을 느낄 만큼 재은이의 자폐 정도는 결코 가벼운 수준이 아니었습니다.

"아버님, 이 정도면 재은이가 훨씬 더 어렸을 때부터 자폐를 의심할 만한 몇 가지 신호가 있었을 텐데 왜 이렇게 늦게 병원을 찾아오셨어요?"

안타까워하는 제게 아버님은 크게 한숨을 쉬며 아내에 대한 이야기를 조심스럽게 꺼냈습니다.

개입 시기는
빠르면 빠를수록 좋습니다

아이를 돌보는 아버님 대신 식당을 운영하며 가장 역할을 하는 재은이 어머님은 한마디로 여장부였습니다. 내향적이고 섬세한 남편과 달리 성격이 워낙 외향적이고 대범해 웬만한 일에는 크게 신경 쓰지 않고 무엇이든 낙관적으로 생각했죠. 그래서였는지 재은이가 어릴 때부터 여느 아이들과 다르다는 신호가 분명히 있었음에도 어머님은 그저 조금 느린 아이라 여겼다고 합니다.

물론 어머님이 무턱대고 그렇게 생각한 것은 아닙니다. 우선 남편이 어렸을 때 말이 늦게 트였고, 낯가림을 하지 않아 아빠가 나가거나 들어와도 반응이 없던 재은이가 엄마가 집에 들어오면 먼저 다가오기도 했기 때문입니다. 또 아버님은 믿을 수 없다고 했지만 어머님 말에 따르면 어느 날 같이 잠을 자던 재은이가 잠꼬대를 하며 "어디가?"라고 말하는 걸 들었고, 최근에는 "엄마"라는 말도 했다고 하니 아이에 대한 희망을 버리지 못하는 어머님 눈에는 그저 '발달이 조금 더딘 아이'로 보일 수도 있겠다는 생각이 들었습니다.

"다른 병원과 특수교육 지원 센터에서 자폐일 수 있다는 이야기를 듣고 나서부터 아내가 스트레스를 받기 시작했습니다. 하지만 아이가 특수교육 대상자가 돼서 유치원 특수반에 다니는 지금도 아내는 재은이가 발달장애가 아니라 조금 느린 아이라고 믿고 싶어 해요. 그래서 단단히 마음먹고 오늘 병원에 같이 가서 선생님 말씀을 들어보자고 설득했지만 도저히 안 되더라고요. 아내의 마음을 이해하지 못하는 건 아니지만, 이런 아내를 어떻게 해야 할지 모르겠습니다."

병원이나 강연장에서, 또는 온라인상에서 재은이 어머님처럼 **아이의 병적 시그널을 외면하는 부모님을 종종 만납니다**. 물론 성격이 그 시그널을 일부러 외면하는 것이 아니라 워낙 느긋하고 낙천적이어서 "아이가 좀 느려요"라고 대수롭지 않게 여기는 분도 있습니다. 그러나 대부분의 부모님들은 그 시그널이 심상치 않다는 것을 감지하고 걱정합니다.

부모님들은 왜 자녀의 병적 시그널과 마주하기를 꺼릴까요? 역설적이지만 '부모'이기 때문입니다. 아이의 심상치 않은 시그널을 그 누구보다 민감하게 알아채면서도 고개를 돌립니다. 세상에서 가장 소중한 존재인 내 아이가 비정상적으로 발달하고 있다는 사실을 도저히 받아들일 수 없는 것이죠.

의사이기 전에 두 아이의 엄마인 저 역시 그런 마음을 백번 천번 이해합니다. 그러나 부모로서 자녀의 심각한 증상을 외면하는 것이 과연 정말로 내 아이를 위한 일인지 이성적으로 판단해야 합니다. 단지 발달이 느릴 뿐 언젠가 다른 아이들과 비슷해질 것이라는 막연한 기대는 잠시 위안이 될 수 있겠지만, 결국 그 누구에게도 아무 도움이 되지 못합니다.

특히 재은이가 진단받은 자폐스펙트럼장애는 성장하면서 저절로 사라지거나 정상 발달 궤도에 도달할 수 있는 장애가 아닙니다. 치료의 목표가 완치가 아니라 조기 진단과 조기 치료를 통해 합병증을 최소화하는 완화입니다. 만약 재은이가 36개월 전후에 조기 개입으로 적절한 도움을 받았다면 현재 상태가 어땠을까요? 무발화 상태에서 벗어나 언어가 조금 더 트였을 수도 있고 떼쓰는 문제 행동도 덜 했을 가능성이 있습니다.

'믿는 대로 보인다'라는 말이 있습니다. 부모님들이 아이가 보내는 이상 신호를 단순히 발달이 느려서 그런 것이라고 믿으면 아이의 모습이 정상처럼 보이기 마련입니다. 우리 뇌가 그렇게 프로그래밍되어 있기 때문이죠. 따라서 자녀의 발달 문제는 고통스럽더라도 정면으로 마주해야 합니다. 그래야 어려움을 겪는 아이에게 보다 더 많은 도움을 줄 수 있습니다.

    진료실을 나가기 전 재은이 아버님은 더 일찍 병원을 찾지 않은 것이 후회된다고 하셨습니다. 인사하는 재은이 아버님께 다음에는 어머님과 꼭 함께 오시라고 말씀드렸습니다. 하지만 그 이후로 재은이 아버님도, 어머님도 저를 찾아오지 않았습니다. 부디 재은이가 다른 병원에서라도 지속적으로 치료를 받아 두 분이 감당해야 할 무게가 지금은 다소 가벼워졌기를 바랄 뿐입니다.

아이의 연령,
진단과 치료의 숨은 열쇠입니다

제가 한 아이를 진료할 때 걸리는 시간은 보통 30분 내외입니다. 오랜 기다림 끝에 저를 찾아오신 부모님께는 턱없이 부족한 시간이죠. 한 분 한 분 더 긴 시간 동안 이야기를 듣고 자세히 설명드리고 싶은 마음은 굴뚝같지만, 그렇게 할 수 없는 탓에 늘 안타깝고 죄송한 마음입니다.

진료 시간이 넉넉하지 않다 보니 아이가 진료실 문턱을 넘어선 순간부터 아주 짧은 시간에 진단을 위한 다각적 관찰과 평가가 이루어집니다. 아이의 외모는 물론 말과 행동을 관찰하고, 부모님과의 심층 면담을 통해 아이와 부모님의 기질, 증상의 심각도, 양육 환경, 부부 관계, 부모님의 심리 상태 등을 파악합니다. 또 각종 검사 결과지와 전날 부모님이 작성한 사전 설문지 등도 미리 확인하죠.

그러다 보니 이 사실을 잘 알지 못하는 부모님의 눈에는 진단이 쉽게 이루어지는 것처럼 보이기도 할 겁니다. 하지만 간단하게 진단할 수 있는 질환은 드물고, 그렇게 진단을 내리는 의사도 거의 없습니다. 특히 ADHD나 자폐스펙트럼장애, 경계선 지능 같은 발달의 진단이라면 더더욱 그렇습니다. 정상적인 발달 과정에서 보이는 모습은 물론, 다양한 질환과 비슷하거나 공통된 양상을 보이기 때문에 단순한 접근이나 분석으로는 정확한 진단을 내리기 어렵습니다.

제가 진단을 내릴 때 가장 중요하게 생각하는 것은 '아이의 연령' 입니다. 연령을 기준으로 해당 시기에 성취해야 할 발달 단계, 즉 발달 이정표를 살펴보면 아이의 발달이 빠른지 느린지, 혹은 병적인지 아닌지 어느 정도 짐작할 수 있습니다. 내년에 초등학교에 입학할 예정인 만 6세 아이가 있다고 가정하겠습니다. 이 나이대 아이들이 보편적으로 보여야 할 발달 모습이 있습니다. 언어 발달을 예로 들면 이 나이 아이들은 왼쪽과 오른쪽은 물론 대부분의 시간 개념을 이해합니다. 또 순서대로 숫자를 셀 수 있고 한글 철자를 외우기 시작하며, 대략 6개 낱말로 구성된 문장을 구사할 수 있습니다. 그뿐 아니라 인물, 배경, 사건 등을 포함한 이야기를 구성해 말할 수 있으며 대부분의 문법을 올바로 사용합니다.

그런데 만약 만 6세 아이가 구사할 수 있는 단어가 50개도 되지 않고 상대방이 하는 말의 의미나 의도를 잘 파악하지 못해 의사소통에 어려움을 겪는다면, 전문가가 아니더라도 이 아이의 언어 발달이 현저하게 느리고 그 정도가 병적임을 대략 짐작할 수 있습니다.

자폐스펙트럼장애 진단,
만 3세를 주목하세요

제가 진단을 내릴 때 아이의 연령에 주목하는 이유가 또 있습니다. 아무 때나 진단할 수 있는 것이 아니라 특정 연령에 도달해야 확진할 수 있는 발달장애 질환의 특징 때문입니다. 부모님들이 자녀를 느린 아이라고 표현할 때 자주 거론되는 자폐스펙트럼장애, ADHD, 경계선 지능도 마찬가지입니다.

자폐스펙트럼장애의 경우 많은 부모님이 눈 맞춤이나 호명 반응이 되지 않고 이유를 알 수 없는 반복 행동을 하면 연령에 상관없이 자폐스펙트럼장애라고 생각합니다. 심지어 태어난 지 2~3개월밖에 안 된 아이의 모습을 보고 의심하는 부모님도 있죠. 그러나 자폐스펙트럼장애는 특정 증상 하나만 보고 진단을 내리지 않으며 진단 가능한 시기가 있습니다. 그 시기는 만 3세 전후로, 이때 언어적이든 비언어적이든 사회적 의사소통과 상호작용이 잘 이루어지지 않고 행동이나 관심사, 활동 패턴이 제한적이고 반복적인 양상을 보이면 자폐스펙트럼장애로 확진합니다.

만 3세 전후에 정식으로 자폐 진단을 내리는 이유는 그 시점에 자폐 증상이 가장 뚜렷하게 드러나기 때문입니다. 자폐스펙트럼장애는 어느 시점에 갑자기 발병하는 것이 아니라 선천적으로 사회성을 관장하는 뇌 회로에 문제가 있어 생기는 신경발달장애입니다. 태어날 때부터 사회성 문제를 지니고 있다가 보통 18개월 전후에 시그널이 나타나죠. 보통 이 시점부터 사회성이 요구되기 때문입니다.

대개 생후 12~18개월이면 걸을 수 있습니다. 이는 아이 입장에서 보면 그야말로 획기적인 변화입니다. 머리를 들어 올리거나 앉거나 기어다닐 때와 완전히 다른 세상이 펼쳐지죠. 이전과 비교할 수 없을 정도로 세상이 넓어지고 다채로워지면서 호기심을 자극하는 것이 넘쳐납니다. 이 시기 아이들은 세상을 탐구하고자 하는 욕구가 폭발하기 때문에 특정한 물건이나 행동이 위험한지 아닌지도 모른 채 무작정 만지려고 합니다. 그러다 보니 이 시기에는 부모님이 아이에게서 한시도 눈을 뗄 수 없고, 아이 이름을 부르면서 위험을 경고하느라 하루 종일 바쁩니다.

"유진아, 안 돼. 만지면 아이 뜨거워!"
"유진아, 안 돼. 그렇게 하면 위험해."

이렇게 부모가 위험을 경고하며 행동을 제지할 때 아이들은 세상에 태어나 처음으로 하면 안 되는 행동이 있다는 것을 배웁니다. 이를 '1차 사회화'라고 하며 사회성 발달 과정 중 하나입니다.

또 18개월 무렵 아이들은 엄마가 얼굴을 찡그리거나 심각한 표정을 지으면 '내가 지금 이걸 하면 안 되는구나'라고 깨달아 행동을 멈춥니다. 이를 '사회적 참조social referencing'라고 하는데, 새로운 상황이나 낯선 환경을 마주한 아이가 어떻게 행동해야 할지 결정하기 위해 양육자의 표정이나 말투, 행동을 관찰하고 이를 기준으로 자신의 행동을 조절하는 심리적 과정이죠.

사회적 참조는 아이의 사회성 발달을 체크하는 데 중요한 역할을 하는 지표입니다. 아이가 사회적 참조를 잘한다면 사회성 발달에 큰 문제가 없다는 뜻이지만, 반대의 경우는 사회성 발달에 문제가 있는 것으로 해석됩니다. 실제로 사회성 발달에 큰 결함이 있는 자폐스펙

시각적 절벽 실험 visual cliff experiment

아이가 깊이를 인식하고 양육자의 얼굴 표정(사회적 참조)을 통해 행동을 결정하는지 알아보는 실험입니다. 아이가 자신의 감각과 양육자의 사회적 단서(얼굴 표정)를 활용해 낯선 상황을 잘 판단하는지 파악할 수 있습니다. 한쪽은 바닥이 고정되어 있고, 다른 쪽은 유리로 이루어져 '절벽'처럼 보이게 만든 상자 위에 아이를 올려놓고 아이가 깊이를 인식하는지, 양육자의 표정이나 제스처(긍정적/부정적)를 보고 행동을 바꾸는지 등을 확인합니다. 일반적인 경우 양육자가 웃으며 안심시키면 아이가 유리 쪽으로 기어가고, 양육자가 걱정하거나 경고하면 아이가 움직임을 멈춥니다.

트럼장애 아이들은 사회적 참조를 아예 하지 않거나 하는 횟수가 매우 적습니다. 부모가 자신의 이름을 부르면서 위험한 행동을 제지해도 잘 쳐다보지 않고 무심하게 그 행동을 하죠.

이런 이유에서 사회적 참조가 두드러지게 나타나는, 즉 아이의 사회성이 요구되는 생후 18개월 전후가 되면 이전에는 나타나지 않았던 자폐 아이들의 시그널이 눈에 보이면서 부모님들의 걱정이 시작되는 것입니다. 자폐 시그널은 생후 18개월 전후에 드러나기 시작해 만 3세 전후에 가장 강해집니다. 이 시기에 자폐 증상이 가장 뚜렷하게 드러나기 때문에 이때 확정적으로 자폐 진단을 내리는 것입니다.

ADHD, 만 6세는 되어야 제대로 진단할 수 있습니다

한편 ADHD의 경우 자폐스펙트럼장애보다 늦은 만 6세 전후에 진단 가능합니다. 그 이유는 대뇌 앞쪽에 자리한 전두엽과 깊은 관련이 있습니다. 전두엽은 인간의 고차원적 기능을 담당하는 뇌의 핵심 영역입니다. 자신을 인식하고 행동을 계획하며 충동을 억제합니다. 또 문제를 해결하기 위한 전략을 세우고, 예측하고, 우선순위를 정하고, 주의 집중을 하고, 의사 결정을 하고, 감정을 조절하는 등 인간의 사고·감정·행동을 조절하는 부위입니다. 한마디로 다른 동물과 차별화되는, 인간을 인간답게 만드는 뇌의 영역이라고 할 수 있죠.

고차원적 정신 작용을 관장하는 부위인 만큼 전두엽은 가장 마지막에 발달합니다. 만 6세 전후부터 급격히 발달해 25세까지 성장이 이루어지죠. 따라서 전두엽이 본격적으로 발달하기 전인 만 6세 이전 아이들은 온갖 행동을 할 수 있습니다. 사고, 감정, 행동을 조절하는 뇌 영역이 미성숙하기 때문에 ADHD를 비롯해 다른 발달장애와 흡사한 행동도 할 수 있습니다.

그러나 전두엽이 발달하기 시작하는 나이가 되면 이야기가 달라집니다. 이 시기에 접어들었음에도 행동이 과하거나 충동적이고, 집중력이 현저히 떨어져 심하게 산만하다면 ADHD를 의심해야 합니다. 이런 이유로 ADHD 진단 기준에 '만 6~12세'라는 연령 기준이 포함되어 있습니다. 따라서 만 6세 이전, 특히 영유아기에 산만하다고 해서 ADHD 진단을 먼저 고려하는 것은 성급한 판단입니다.

만 6세 이후에 판단하는
경계선 지능

표준화된 지능검사에서 지능지수 70~84점으로, 지적장애인보다 인지 기능이나 사회 적응 능력 등이 높지만 일반적인 사람들보다는 떨어져 여러 어려움을 겪는 경계선 지능도 마찬가지입니다. 요즘은 부모님이 아이의 발달 문제에 워낙 관심이 많고 그와 관련된 검사에 대해 너무도 잘 알고 있어 진료를 볼 때 이런저런 검사 결과지를 잔뚝 챙겨 오는 경우가 많습니다.

　이때 부모님들이 가장 많이 가져오는 것이 지능검사 결과지입니다. 지능지수는 발달 관련 질환을 진단하고 예후를 가늠하는 데 중요한 지표가 되는 만큼 병원 진료를 볼 때 미리 준비하면 많은 도움이 됩니다. 다만 저는 너무 이른 나이에 실시한 지능검사 결과에 크게 의미를 부여하지 않습니다. 만 6세 이전에 한 지능검사의 결과는 얼마든 달라질 수 있기 때문이죠. 그래서 만 6세 이전에 실시한 지능검사는 진단을 위한 지표로 참고하되, 유동적일 수 있음을 감안합니다.

　그런데 진료 현장에서 만나는 부모님들의 생각은 다른 듯합니다. 많은 분들이 만 6세 이전에 한 지능검사 수치가 평생 변하지 않는 것처럼 과도하게 걱정하고, 아이를 느린 아이 또는 경계선 지능이라고 낙인찍거든요. 그러나 이 시기에 실시한 지능검사의 결과는 차후에 얼마든지 변할 수 있고 정확도도 떨어지기 때문에 지나치게 낙담하거나 성급하게 느린 아이, 혹은 경계선 지능이라는 꼬리표를 붙이는 것은 금물입니다.

　한편 지적 기능이 좋은 아이들도 너무 어린 나이에 지능검사를 하면 종종 어떤 원인에 의해 검사를 제대로 수행하지 못해 지능지수가 낮게 나오는 경우가 있습니다. 따라서 최소 만 6세 이후, 초등학교 입학 전후에 검사해야 아이의 여러 기능, 미래, 진로 등을 예측할 수 있는 지표로서 지능지수를 정확하게 확인할 수 있습니다. 만약 이때 검사 결과가 70~84로 나왔다면 경계선 지능을 염두에 두고 전문가를 찾아가 심층적인 진료를 받아보시길 바랍니다.

진단명별 정확한 진단 가능 시기

진단명	정확한 진단 가능 시기
자폐스펙트럼장애	만 3세 전후
ADHD	만 6세 전후
경계선 지능	만 6세 전후

연령에 주목하면
양육과 치료의 방향이 보입니다

인터넷에서 아이의 발달 문제를 걱정하는 부모님들의 글을 보면 한결같이 증상에만 주목합니다. 그러다 보니 이런 글도 올라옵니다.

우리 아기가 ADHD일까 걱정이에요.
분유 먹을 때 찔끔찔끔 끊어서 먹고, 먹는 시간도 불규칙해요. 떼를 쓸 때는 허리를 꺾어 뒤로 넘어가는 자세를 하고, 잠잘 때 누워서 엄청 많이 뒤척거리고 울어서 결국 안아서 재워야 해요. 거의 1시간을 안아줘야 잠을 자는 것 같아요. 엄마가 시야에서 사라져도 울고, 혼자서 가만히 잘 있다가도 갑자기 막 울어요. 호기심도 많아서 여기저기 다 쳐다보고 한시도 가만히 안 있어요. 우연히 영유아 ADHD에 관한 글을 봤는데 해당되는 게 많아 걱정돼요. 아무래도 주의가 산만하고 부산스러운 증상이 ADHD인 것 같은데, 진짜면 어떡하죠?
엄마가 되니까 모든 게 걱정이네요.

이 글에서는 아이의 정확한 나이를 언급하지 않고 오직 아이가 보이는 모습만 나열하고 있죠. 연령을 언급하지 않았더라도 분유를 먹는다는 것을 보면 돌이 안 된 어린 아기인 듯합니다. 이런 아기에게서 어떤 이상한 시그널을 감지할 수 있을까요? 개인마다 조금씩 차이는 있지만 원래 이 시기 아이들은 다 이렇습니다. 말을 하지 못하니 조금만 불편하고 필요한 것이 있으면 울음을 통해 표현하고, 양육자가 보이지 않으면 불안하니 울음을 터뜨리는 것입니다.

또 분유를 한 번에 충분히 먹는 아이도 있지만 그렇지 않은 아이도 있고, 잠을 재우기가 수월하고 잘 자는 아이도 있지만 그렇지 않은 아이도 있습니다. 따라서 키우기에 조금 까다롭거나 힘든 아이라고 해서 ADHD라고 의심하는 것은 섣부른 행동입니다.

물론 그 무엇과도 비교할 수 없을 만큼 소중한 내 아이가 아무리 봐도 비정상적인 시그널을 보인다고 생각하면, 순식간에 마음속에 거대한 불안의 해일이 일고 당장 아이가 어떻게 될 것 같은 위기감에 휩싸일 수 있습니다. 그러나 소중한 아이이기 때문에 더욱더 시그널 앞에서 생각이나 감정에 치우치지 않고 침착한 태도를 유지해야 합니다. 거듭 말씀드리지만 느린 아이로 표현되는 발달장애는 아이가 보이는 모습 하나만 가지고 확정적인 진단을 내리지 않습니다. 여러 검사 결과와 설문지, 진료 내용 등 다각적 접근을 통해 진단을 내리죠.

이때 아이의 연령은 진단에서 중요한 기준이 됩니다. 어떤 종류의 발달 문제든 제가 가장 먼저 확인하는 것은 아이의 연령입니다. 여기서 연령은 만 나이이며 월령을 의미합니다. 연령은 정확한 진단을 내리기 위해 무엇보다 중요한 기준입니다. 이를 고려하지 않으면 진단 결과와 치료 방향이 확연히 달라지기 때문에 저뿐 아니라 모든 소아정신과 전문의가 빼놓지 않고 확인하는 기준이라고 보면 됩니다.

그러므로 부모님이 보기에 자녀가 여느 아이들과 다른 시그널을 보낸다면 자녀의 연령을 반드시 체크하세요. 그런 다음 해당 연령의 발달 이정표와 부모님이 의심하는 질환의 진단 가능 시기를 확인하세요. 이 과정을 거치는 것만으로도 자녀가 보내는 시그널이 병적인지 아닌지 좀 더 객관적으로 판단할 수 있을 겁니다. 나아가 양육과 치료 방향을 설정하는 데도 많은 도움이 될 테고요. 다만 아이의 발달이 해당 연령의 발달 이정표에 과도하게 못 미치거나 특정 장애의 진단 가능 시기에 이르지 않았더라도 아이가 여러 신호를 장기간 지속적으로 보낸다면 전문가를 찾아가는 것이 좋습니다.

진료 전에
이것부터 준비해주세요

앞에서도 밝혔듯 현재 우리나라 소아정신과 전문의는 500여 명 뿐입니다. 그러다 보니 아이가 발달 문제를 겪어 소아정신과 진료를 받으려면 예약한 후 수년간 기다려야 합니다. 오죽하면 부모님들 사이에서는 '아이가 태어날 때 예약해야 서너 살 때 진료받을 수 있다'는 말이 있을 정도입니다.

이처럼 날이 갈수록 소아정신과 진료를 받기 어려워지다 보니 오랜 기다림 끝에 저를 만나러 오는 부모님들은 만반의 준비를 합니다. 짧은 진료 시간에 지금까지 묵혀둔 궁금증을 최대한 해결하리라 마음먹고 오시는 거죠. 2년 전 자폐스펙트럼장애로 의심되어 저를 찾아온 만 4세 2개월(50개월) 소은이 어머님도 그랬습니다.

소은이 어머님은 자리에 앉자마자 가방에서 서류 뭉치를 꺼내서 내밀었습니다. 지금까지 방문한 의료 기관에서 받은 진료 기록지와 의뢰서, 소견서, 치료받은 내용, 검사 결과지 등을 비롯해 아이에 대한 걱정이 시작된 순간부터 기록한 일지가 포함되어 있었죠. 30여 년 가까이 진료를 하면서 이렇게 많은 양의 자료를 챙겨 온 부모님이 계셨던가 생각할 정도였습니다.

"자폐로 유명하다는 개인 병원, 치료 센터, 한의원 등 어디든 가리지 않고 다 가봤어요. 할 수 있는 검사도 다 했고요. 매일 일지를 쓰면서 아이 모습을 꼼꼼하게 관찰했고, 이것저것 공부도 많이 했어요."

어머님이 소은이의 상태를 걱정하기 시작한 것은 아이가 18개월 되던 무렵이었습니다. 그때부터 여러 치료 기관을 다니며 온갖 검사를 했고, 일지도 2년 6개월 넘는 시간 동안 빠짐없이 기록했습니다. 어머님이 이렇게 많은 양의 자료를 들고 저를 찾아온 이유는 지금까지 받은 진단이 확실한 것인지 확인받기 위해서였습니다.

그런데 어머님이 작성한 사전 설문지를 보고 조금 놀랐습니다. 전문용어로 가득한 설문지는 특정 단어를 사용해 아이를 묘사하고 있었기 때문입니다. 설문지에 기록된 용어 중 일부를 나열해보겠습니다.

'호명 반응, 상동 행동, 구음장애, 조음장애, 표현성 언어장애, 수용성 언어장애, 사회적 의사소통장애, 반응성 애착장애, 수면장애, 감각 추구, 과각성, 산만성, ADHD, 자폐스펙트럼장애, 자기중심적 사고, 편협한 생각…'

진료 전 준비하면
좋은 것들

요즘은 한 가정에 자녀가 보통 1명, 많아야 2명 정도다 보니 부모님이 아이에게 쏟는 관심과 지원이 과거와 비교할 수 없을 만큼 집중되어 있습니다. 아이가 태어나기 전부터 관련 서적을 읽거나 각종 정보를 찾아보는 것은 기본이고, 전문가 강연도 적극적으로 듣습니다. 특히 자녀를 느린 아이라고 표현하는 부모님들의 학문과 지식 수준이 상당해서 30년 동안 이 일을 해온 제가 혀를 내두를 정도입니다. 제가 언급하는 용어를 이해하는 것은 물론, 관련 용어를 섭렵해서 저와 대화를 나눌 때도 자연스럽게 전문용어를 활용하고요.

'반(半)전문가'라고 해도 과언이 아닐 정도로 지식수준이 높은 부모님 중에는 소은이 어머님처럼 특정 용어나 전문용어를 사용해 아이의 증상을 설명하고, 부모님 기준으로 아이의 모습을 해석해 마치 특정 질환을 앓는 것처럼 말씀하시는 분들이 있습니다. 그런데 이런 경우 실제로 아이를 살펴보면 부모님이 묘사한 내용이나 심각도와 일치하지 않는 경우가 많습니다.

그렇기 때문에 저는 진료를 볼 때 항상 부모님들에게 아이의 증상을 특정 용어나 전문용어의 틀에 가두어 묘사하지 말고, 부모님 기준으로 해석하거나 재단하지도 말라고 당부하곤 합니다. 이런 방식으로 아이를 설명하면 정확한 진단을 내리기 어렵기 때문입니다. 아이가 어떤 말과 행동을 했는지, 아이에게 어떤 일이 있었는지, 선생님을 비롯한 주변 사람들이 아이에 대해 어떻게 생각하는지 등을 부모님의 해석 없이 '있는 그대로' 전달해야 아이가 보이는 신호와 증상의 정체를 보다 정확하게 판단할 수 있습니다. 소은이 어머님이 아이의 상동 행동에 대해 말씀하신 내용을 예로 들어 설명해보겠습니다.

"어릴 때부터 특정 부분에만 집착하고 특정 감각만 추구했어요. 다른 아이들처럼 노는 것이 아니라 특정 부분에만 집착해 그걸 하는 것이 좋은지 상동 행동을 지속적으로 보였어요. 다른 아이들과 노는 방식이 너무 다르니까 소은이가 여느 아이들과 뭔가 다르다고 느꼈죠."

이번에는 소은이가 평소 보이는 모습을 있는 그대로 묘사해보겠습니다.

"소은이가 비행기 장난감을 유독 좋아했어요. 특히 헬리콥터 장난감을 좋아했는데 헬리콥터를 손에 들고 공중에 띄워서 노는 게 아니라 프로펠러만 손으로 돌리더라고요. 아이가 다른 방식으로 논다고만 생각했고 취향인 줄 알았습니다. 그 모습이 마냥 귀여워서 장난감이 망가지면 다시 사줬고요. 그런데 어느 날은 가만히 두니까 2시간도 넘게 프로펠러만 돌리고 노는 거예요. 그때 여느 아이들과 어딘가 다르다고 생각했어요."

이렇게 아이의 모습을 있는 그대로, 상세하게 알려주어야 정확하게 진단할 수 있습니다. 따라서 어느 병원에 가든 사전 설문지가 있다면, 부모님의 해석을 섞지 말고 아이의 모습을 가감 없이 적어주세요. 진료실에 들어와 면담할 때도 전문용어로 아이를 설명하지 말고 구체적으로 알려주시는 것이 좋습니다. 그러기 위해서는 진료를 보러 가기 전에 이에 대한 내용을 미리 생각하고 정리해두시길 권합니다. 그래야 짧은 진료 시간을 조금이라도 더 잘 활용할 수 있고, 평소 부모님이 가지고 있던 궁금증을 해결할 수 있을 겁니다. 질문하고 싶은 것을 적어 가는 것도 도움이 됩니다.

다음은 <u>자녀가 자폐스펙트럼장애, ADHD 등이 의심되어 진료를 보러 오는 부모님들에게 제가 자주 하는 질문입니다.</u> 이 내용을 참고해 진료 전에 미리 답변 내용을 정리해보세요.

느린 아이를 의심하는 부모님께 자주 드리는 질문

- 언제부터 아이가 이상 신호를 보냈고, 당시 구체적으로 어떤 증상을 보였는가?

- 아이가 정상적으로 태어났는가?
  (예: 만삭 출산 여부·주산기 합병증 여부·미숙아·초미숙아 등)

- 아이의 기질은 어떠한가? (예: 순한 기질·까다로운 기질·보통)

- 다른 신체적 질환은 없는가? (예: 선천성 심장병·안과적 문제·당뇨·열성경련·
  뇌전증)
- 어떤 방식으로 아이를 양육했는가?
- 부모는 어떤 사람들인가?
- 부부 관계는 어떠한가?
- 형제자매가 있다면 언제 태어났는가?
- (시기별로) 아이를 키운 주 양육자는 누구인가? 조부모님이 키웠다면 어떤
  방식으로 양육했는가?
- 가족 포함 사촌 이내 친인척 중 정신과적 문제 또는 발달 관련 문제를 겪은
  사람은 없는가? (예: 삼촌이 ADHD·사촌 형이 자폐스펙트럼장애·남동생이
  틱 증상·엄마가 우울증으로 치료 중)
- 부모의 심리 상태는 어떠한가?
- 아이를 언제 어린이집에 보냈는가?
- 어린 나이에 장기간 아이와 부모가 분리된 적은 없는가?
- 현재 받고 있는 치료가 있는가?

이와 함께 인지, 정서, 행동 등에 관련된 검사도 되도록 미리 받으면 좋습니다. 상급 대학병원 소아정신과 전문의를 만나 검사받기까지 시간이 많이 걸리므로 소아정신과 의원(1차 의료 기관)에서 검사를 미리 받는 것을 추천합니다. 다만 과도하게 많은 검사를 자주 하는 것은 권하지 않습니다. 어떤 부모님들은 '풀 배터리 검사 full battery

~~test~~'를 1년, 짧게는 6개월에 한 번씩 하는데 이런 분들을 만나면 저는 늘 왜 이렇게 자주 검사를 하느냐고 묻습니다. '종합 심리검사'라고도 불리는 풀 배터리 검사는 인지, 정서, 성격, 행동, 기질 등을 평가해 아이의 종합적 심리 및 인지 상태를 알아보는 검사입니다. 요즘 부모님들이 아이의 전반적인 발달과 특성을 파악하고자 많이 하는 검사 중 하나죠.

그런데 이 검사를 제대로 받으려면 이를 수행할 수 있는 능력이 필요합니다. 3시간 이상 다양한 질문에 답하고 지시 사항을 따라야 하거든요. 아이가 너무 어리거나 언어 표현력이 부족하고 정서적으로 미숙한 경우, 또는 특정 정신과적 질환이 있는 경우는 이 검사를 수행하기 어렵습니다.

따라서 **풀 배터리 검사는 아이가 수행할 수 있는 능력을 갖췄을 때 하는 것이 바람직합니다.** 일반적으로 아이의 증상과 신호가 병적이라고 의심되는 경우 초등학교 입학 무렵에 하는 편이 좋고, 그렇지 않다면 더 늦게 해도 무방합니다. 즉 아이가 초등학교에 입학한 후 학교생활을 하는 데 상당한 어려움을 겪을 때 해도 늦지 않고, 아무 문제가 없다면 굳이 검사할 필요 없습니다. 설령 문제가 있더라도 너무 자주 하는 것은 바람직하지 않고요.

아이의 발달이나 특성을 파악할 수 있는 검사를 한 번쯤 받아보고 싶어 하는 부모님의 마음은 충분히 이해하지만 아이가 보이는 발달 과정이나 행동이 심상치 않아서 꼭 필요하다고 판단될 때, 특히 전문가가 권유할 때 하는 것이 좋습니다. 이때 전문가가 필요하다고 해서, 혹은 부모님이 너무 걱정되어 검사를 했다면 결과지는 가급적 최근에 시행한 것으로 준비 진료를 받는 것이 좋습니다. 너무 어린 나이에 시행한 검사 결과는 유동적이고 정확도가 떨어질 수 있어 연령이 가장 높을 때 실시한 검사가 정확한 진단을 내리는 데 좀 더 도움이 됩니다.

가장 중요한 것은
아이의 '마음'입니다

무엇보다 중요한 것은 진료 전 아이의 마음을 편안하게 해주는 것입니다. 아이에게 미리 병원에 간다고 알려주는 부모님도 많지만 그렇지 않은 부모님도 상당히 많습니다. 병원은 어른도 가기 싫어하는 장소인데, 영문도 모른 채 엄마 손에 끌려온다면 아이가 얼마나 당황스럽고 힘들까요? 특히 낯선 환경이나 상황, 변화를 극도로 싫어하고 자극에 매우 예민한 자폐스펙트럼장애 아이는 낯선 자극으로 가득한 병원에 가는 것 자체가 불안이고 공포입니다. 그러다 보니 저와 인사조차 나누지 못하고 진료 시간 내내 자지러지게 우는 아이도 있습니다.

이런 경우 아이와는 물론, 우는 아이를 달래고 어르느라 정신없는 부모님과도 제대로 면담하기 어렵습니다. 그러니 아이가 말을 알아듣는다면 미리 병원을 방문한다는 사실을 차근차근 설명해주세요.

이때 아이가 병원에 가는 것을 덜 고통스럽게 느낄 수 있도록 도움을 주는 것이 좋습니다. 예를 들어 병원에 가는 것을 긍정적으로 묘사한 책이나 동영상 등을 보여준다거나 아이와 병원 놀이를 하며 병원이라는 공간을 친숙하게 느끼도록 할 수 있습니다. 또 병원에서 어떤 일이 벌어지는지 되도록 구체적으로 설명하는 것도 좋은 방법입니다. 이렇게 하면 아이가 병원에 갔을 때 벌어질 상황을 예측하게 되어 덜 힘들어합니다.

물론 자폐스펙트럼장애 때문에 느린 아이들은 그 특수성으로 부모님의 모든 노력에도 진료를 받는 것이 쉽지 않습니다. 이 경우 진료실에서 낭비하는 시간을 최대한 줄이는 것이 핵심인데, 앞서 말씀드린 사항을 미리 정리하고 준비해 가면 진료 시간을 효율적으로 사용하는 데 도움이 됩니다. 좀 더 편안한 분위기에서 진료받을 수 있도록 평소 아이가 좋아하는 장난감이나 물건을 챙기는 것이 가장 좋습니다.

100명의 느린 아이에게는
100가지 치료법이 있습니다

"어머나, 일란성쌍둥인가 봐요. 똑같이 생겼네? 일란성쌍둥이는 정말 오랜만에 보네요."

얼굴 생김부터 머리 모양, 입은 옷과 신발까지 똑같은 모습을 하고 진료실로 걸어 들어오는 만 4세 10개월(58개월) 수민이와 하민이를 보자 저도 모르게 탄성이 흘러나왔습니다. 그 모습이 얼마나 귀여운지 마치 살아 있는 인형 같았습니다.

"수민이랑 하민이, 선생님께 인사드릴까?"

제가 한껏 반겨주자 어머님이 긴장이 풀리셨는지 미소를 지으며 두 아이에게 인사를 시켰습니다.

"누가 하민이야? 하민이 손 들어봐. 네가 하민이로구나? 우리 하민이부터 자기소개해볼까?"

자기소개를 잘 못하는 하민이에 비해 형 수민이는 자기소개를 곧잘 했습니다.

"어머님, 보니까 동생 하민이만 예약을 하셨네요. 수민이는 크게 걱정되는 게 없는 건가요?"

어머님은 고개를 저으며 두 아이에 대한 걱정을 털어놓았습니다.

"실은 두 아이 모두 말이 느려서 언어 치료를 계속 받아오다가 최근에 웩슬러 지능검사를 했어요. 거기서 수민이는 지능지수가 경계선 지능이 나왔고, 하민이는 지적장애 수준으로 나왔어요."

웩슬러 지능검사Wechsler scale of intelligence는 세계에서 가장 많이 사용되는 대표적인 지능검사로 언어 이해, 지각 추론, 작업 기억, 처리 속도 등 4개 혹은 5개 영역의 지능을 측정하고 합산해 지능지수를 산출합니다. 이때 웩슬러 지능검사에서 추정한 지능지수는 절대값이 아니라 상대값입니다. 각 연령대에서 중간에 해당하는 점수를 100으로 보고, 지능지수가 85 이상이면 정상 범주, 70~84점은 경계선 지능, 70점 미만은 지적장애로 진단합니다. 이 검사에서 형 수민이는 경계선 지능 수준의 점수, 동생 하민이는 지적장애 수준의 지능지수가 나온 것이죠.

쌍둥이가 언어만 느리다고 생각했던 어머님은 이 검사 결과에 큰 충격을 받았다고 합니다. 그와 동시에 왜 아이들이 언어 치료를 꾸준히 받으면서도 기대만큼 늘지 않았는지 이해되었다고 했습니다.

"어머님, 소아정신과 진료는 오늘 처음 보신 거예요?"

"네. 둘 다 언어랑 이런저런 발달이 느린 것 같아서 선생님 진료를 받고 싶었는데, 대기 기간이 너무 길어서 예약하고 3년 만에 왔어요."

어머님은 이제야 진료를 받게 된 이유를 담담하게 말씀하셨습니다. 하루라도 빨리 정확한 진단을 받고 싶었지만 그럴 수 없는 현실 때문에 그동안 얼마나 애를 태우셨을지 안쓰러웠습니다. 다시 어머님과 이야기를 이어가려는데 놀이 공간에 있는 두 아이가 내는 소리 때문에 어머님도 저도 집중할 수 없었습니다. 얼마나 떠들썩하게 노는지 면담 진행이 어려웠던 터라 저는 동생 하민이의 이름을 불렀습니다. 하민이가 유독 요란스럽게 놀았거든요. 그러나 하민이는 다시 이름을 불러도 아무런 반응이 없었습니다. 형 수민이를 부르자 수민이는 하민이와 달리 즉각 고개를 돌려 저를 쳐다보며 반응했죠.

"수민아! 지금 여기서 장난감을 가지고 시끄럽게 소리를 내면서 놀면, 될까?"

"안 돼요."

"그렇지. 선생님이 엄마랑 아빠랑 이야기하고 있을 때는 어떻게 있어야 될까?"

"조용히 있어야 돼요."

제 물음에 바로 대답하는 수민이와 달리 하민이는 여전히 묵묵부답이었습니다. 제 이야기를 듣지도 않았고, 저를 쳐다보지도 않았죠.

"하민이도 대답해야지. 대답해봐. 어떻게 있어야 돼?"

"…"

역시 아무 말도 하지 않는 하민이를 보며 어머님에게 물어보았습니다.

"언어, 지능 말고 또 걱정하시는 문제가 있을까요?"

"저렇게 산만하고 시끄러운 모습이요. 특히 하민이는 집에서 소리를 지르면서 방방 뛰고 식탁 위에 올라가곤 해요. 리모컨으로 채널을 계속 돌리고, 장난감을 다 꺼내서 어지르기도 하고요. 무엇보다 소리 나는 장난감 버튼을 계속 누르고 그 소리를 되풀이해 들어서 하루 종일 정신이 없습니다."

진료실에 함께 들어온 이후 어머님 곁에서 침묵을 지키던 아버님이 입을 뗐습니다. 아버님은 그 부분이 적지 않게 신경이 쓰였던 것 같습니다.

"저도 저런 모습이 걱정이에요. 처음에는 '저 나이대 남자아이들이 다 그렇지'라고 생각했는데 하민이는 정도가 너무 심해서 걱정이 돼요. ADHD가 아닌가 싶어요."

조용히 놀겠다고 약속했던 수민이마저 금세 요란하게 노는 모습을 보니, 부모님이 왜 그런 걱정을 하시는지 알 수 있었습니다.

사실 시끄럽게 놀고 산만하다고 해서 모두 ADHD는 아닙니다. 특히 수민이와 하민이처럼 만 다섯 살도 안 된 아이들은 행동을 계획하고, 충동을 억제하고, 집중력을 발휘하게 만드는 전두엽이 미성숙하기 때문에 정상 발달 중이더라도 ADHD를 의심할 만한 행동을 할 수 있습니다. 오히려 영유아기에 과잉 행동, 충동성, 산만성을 보인다면 ADHD 이전에 다른 문제를 의심할 필요가 있습니다.

여전히 시끄럽게 노는 아이들에게 다시 한번 주의를 주지 않을 수 없었고, 이번에도 역시 수민이만 제 말에 반응했습니다.

"아버님, 수민이 데리고 잠깐 밖에 나가 계시겠어요? 수민아, 아빠랑 먼저 나가 있을까? 그 자동차 가지고 밖에서 놀자."

두 아이를 분리한 이유는 수민이가 하민이 때문에 덩달아 산만해졌기 때문입니다. 주의를 줄 때마다 수민이는 제 눈치를 보며 조용히 하려는 모습을 보였습니다. 그러나 옆에 있는 하민이가 계속 부산스러우니 수민이도 어느새 동화되었죠. 두 아이가 함께 있으면 정확한 진단을 하기 어렵다는 판단에 수민이를 진료실 밖으로 내보낸 것이었습니다.

수민이가 나간 뒤 하민이에 대한 면밀한 면담과 관찰을 시작했고, 그 결과 하민이는 자폐스펙트럼장애로 판단되었습니다. 여기에 ADHD 성향과 지적장애도 함께 보였습니다. 진단명을 들은 부모님은 적잖이 놀란 듯했습니다. 지금까지 하민이가 보인 모습을 ADHD 증상이라고 생각해왔는데 갑자기 자폐를 언급하니 당황할 만도 했죠. 그러나 하민이가 수민이와 달리 이름을 불러도 반응이 없는 모습, 제가 여러 번 주의를 주는데도 전혀 아랑곳하지 않고 시끄럽게 노는 모습, 단답형 질문에는 곧잘 답하면서도 자신의 생각이나 의견을 묻는 질문에는 엉뚱한 대답을 하는 모습 등 자폐가 의심되는 신호와 증상을 하나하나 자세히 설명하자 이내 수긍하셨습니다.

같은 자폐라도
치료법이 달라야 하는 이유

하민이에게는 언어 치료와 함께 문제 행동 개선에 효과가 있는 ABA 치료, 과잉 행동과 주의력 결핍 완화, 충동 조절에 도움을 주는 약을 처방했습니다. 평소 하민이는 행동이 과하고 충동적인 데다 산만해서 위험에 노출되는 경우가 많았거든요. 어머님 말씀에 따르면 어떤 것에 집중하면 주변을 살피지 않고 몸부터 나가 응급실에 가는 일이 적지 않다고 했습니다. 심지어 어린이집에서 계단을 위험하게 뛰어 내려가다 친구를 다치게 한 적도 있다고 했죠.

그에 반해 수민이에게는 언어 치료와 행동 수정 치료만 권했습니다. ADHD 성향이 약하게 있기는 하지만 약물 치료가 필요한 정도는 아니었고 행동 수정 요법만으로도 문제 행동이 개선될 가능성이 높았습니다. 그러자 부모님은 수민이도 약물 치료가 필요하지 않은지 의아해했습니다. 정도의 차이만 있을 뿐 두 아이 모두 부산하고 산만한 것은 똑같다고 생각했으니까요.

그러나 느린 아이로 표현되는 자폐스펙트럼장애, ADHD, 경계선 지능 같은 발달장애는 수민이와 하민이처럼 서로 비슷한 증상을 보인다고 하더라도 동일한 방법으로 치료할 수 없습니다. 설령 유전자가 거의 일치하는 일란성쌍둥이라 하더라도 말이죠. **연령, 성별, 사는 지역, 양육 환경, 증상의 심각도, 동반 질환, 동반 문제 등을 종합적으로 살펴 아이에게 적합한 맞춤 치료가 이루어져야 합니다.** 특히

ADHD나 자폐스펙트럼장애의 경우 동반 질환이나 다른 문제가 존재할 가능성이 높기 때문에 틀에 박힌 처방으로 치료할 수 없습니다.

가령 ADHD로 진단되었다면 순수하게 ADHD만 있는 경우는 20~33%에 불과합니다. 67~80%는 다른 정신과 질환이 하나 이상 동반되죠. ADHD에 동반되는 질환으로는 적대적 반항장애, 품행장애, 불안장애, 우울장애, 틱장애, 학습장애, 언어장애, 지적장애, 자폐스펙트럼장애, 수면장애 등이 있습니다. 여기에 동반 질환의 수가 늘어날수록 여러 문제가 나타나죠.

자폐스펙트럼장애도 마찬가지입니다. 과잉 행동, 공격적 행동, 자해, 강박 행동 등 다양한 동반 질환이 나타납니다. 이렇게 다양한 동반 질환과 동반 문제가 뒤따르는 질환을 병명이 같다는 이유로, 또 유사한 증상을 보인다는 이유로 동일한 치료법을 적용하는 것이 적절할까요? 그렇게 했을 때 치료 효과가 얼마나 있을까요?

SNS나 온라인 커뮤니티에서는 '○○ 치료를 해서 우리 아이가 좋아졌다', '□□ 증상에는 이 치료가 효과적이다'라는 식의 글을 심심치 않게 볼 수 있습니다. 자녀가 그 사례 속 아이와 비슷한 증상을 보일 경우 부모님 입장에서는 눈이 번쩍 뜨일 수밖에 없겠죠. '저 아이가 그 치료를 받고 좋아졌으니 우리 아이도 그 치료를 받으면 좋아질 거야'라는 일종의 희망 회로가 작동합니다.

그러나 신경발달장애를 포함한 소아정신과적 문제는 뼈가 부러지면 수술하고 피부가 찢어지면 봉합하는 방식으로 치료할 수 있는 질환이 아닙니다. 지금 아이가 보이는 증상에만 주목하는 것이 아니라, 그 병적 문제가 발생하는 데 영향을 미칠 수 있는 모든 원인과 요인을 고려하고 평가해서 그에 적합한 치료를 해야 증상이 호전되는 질환입니다.

따라서 자녀가 특정 사례 속 아이와 유사한 모습을 보인다고 해서 그 아이에게 통했던 치료 방법이 동일하게 통할 것이라고 생각하지 않길 바랍니다. 자폐스펙트럼장애 환자 100명이 있다면 모두 각각 다른 양상을 보입니다. 또 그 문제에 영향을 미치는 요인이 저마다 다르기 때문에 질환명이 같고 비슷한 증상을 보인다고 하더라도 치료되는 지점과 방식도 조금씩 다르죠. 따라서 무턱대고 다른 아이에게 적용한 치료법을 따라 하다가는 오히려 증상이 악화될 수 있습니다. 아이와 관련된 모든 것을 다각적으로 관찰하고 평가해서 적합한 치료를 할 때 좋은 예후를 기대할 수 있습니다.

느린 아이를 위한
비약물적 치료법

사람은 누구나 자기와 관련된 일이 아니거나 그 일에 관심이 있는 게 아니라면 특정 분야에 대해 전혀 모른 채 살아갑니다. 병적이든 아니든 느린 아이를 둔 부모님도 마찬가지입니다. 느린 아이를 만나기 전까지 이와 관련해 자주 언급되는 자폐스펙트럼장애, ADHD, 경계선 지능에 대해 알고 있던 분은 많지 않을 겁니다. 자폐나 ADHD는 미디어에서 종종 거론되니 명칭 정도는 들어 알고 있지만, 경계선 지능 같은 경우는 질환명조차 낯설어하는 분이 많습니다.

이런 상황에서 느린 아이, 특히 병적 시그널이 강한 느린 자녀를 둔 부모님이라면 어디에서 어떤 치료를 어떻게 받아야 할지 막막할 수밖에 없습니다. 요즘은 온라인에서 손쉽게 정보를 찾아볼 수는 있지만, 부모님들이 가장 궁금해하는 치료에 대한 불확실한 정보가 너무 많아 오히려 혼란을 가중하는 면이 있습니다. 실제로 저를 찾아오시는 많은 부모님의 말을 들어보면 발달 문제가 있는 아이를 위한 치료법이 너무 많아서 놀랐다고 합니다. 어디서부터 어떻게 시작해야 할지 몰라 난감했다는 말씀도 하시고요.

오랜 시간 이러한 모습을 지켜본 소아정신과 전문의로서 늘 안타까움을 느껴왔습니다. 부모님들에게 치료법에 대해 더 정확한 정보를 알려드릴 수 있다면 이런 혼란과 막막함을 크게 줄일 수 있을 것이라고 생각했기 때문입니다. 여기서는 부모님들에게 조금이나마 도움이 되었으면 하는 마음에 느린 아이를 위한 치료법을 정리해보고자 합니다.

가장 과학적인 비약물적 치료법, ABA

당장 전문 병원을 찾아가 정확한 진단을 받을 수 없는 부모님들 입장에서 가장 도움이 되는 치료법은 비약물적 치료법이 아닐까 생각합니다. 아이의 질환을 정확하게 알지도 못하면서 약물을 사용하는 것은 매우 위험한 일이니까요. 질환에 맞지 않는 약물을 복용하면 많은 부작용이 따르기 때문에 약은 신뢰할 수 있는 전문가에게 정확한 진단을 받은 후 복용하는 것이 바람직합니다.

특히 느린 아이로 자주 표현되는 자폐스펙트럼장애, ADHD, 경계선 지능 같은 발달장애는 약물 치료에 더욱 신중해야 합니다. 이런 발달장애는 혈액검사나 X-레이, CT, MRI 같은 검사로 간단하게 진단을 내릴 수 있는 질환이 아니라, 아이를 다각적으로 관찰하고 평가해서 진단하는 질환이기 때문입니다. 또 명칭이 같은 질환이라 하더라도 아이마다 다른 치료를 해야 하기 때문에 조급한 마음에 전문 병원이 아닌 곳을 찾아가 진단을 받거나 약물 치료를 하는 것은 그리 현명한 선택이 아닙니다. 시간과 돈을 들여 열심히 치료했는데도 결과가 신통치 않거나 부작용으로 안 하느니만 못한 결과를 불러올 수도 있으니까요.

느린 아이를 위한 비약물적 치료법은 다양합니다. 그중 느린 아이를 둔 부모님들 사이에서 가장 널리 알려진 치료법이 'ABA'입니다. ABA는 제가 가장 많이 알려드리는 치료법이기도 합니다. 발달이 느리고 문제 행동이 있는 아이들에게 폭넓게 적용 할 수 있으면서 효과도 뛰어난 치료법이라고 할 수 있죠. 실제로 ABA는 자폐스펙트럼 장애를 포함한 많은 신경발달장애에 적용하는 비약물적 치료법 중 가장 많은 과학적 근거를 확보한 치료법으로 문제 행동 개선, 의사소통 능력 향상, 사회적 기술 학습 등에 효과가 있는 것으로 알려져 있습니다.

==ABA는 아이가 좋아하는 것을 이용해 살아가는 데 유용하고 바람직한 행동은 늘리고, 그렇지 않은 문제 행동은 줄이는 것이 핵심입니다.== 아이가 좋아하는 것을 주지 않음으로써 '내가 문제 행동을 하면 원하는 것을 얻지 못한다'는 것을 학습할 수 있게 하고요.

ABA를 이해하려면 우선 '행동의 ABC'를 이해해야 합니다. ABC에서 A는 '전제 자극Antecedent', B는 '행동Behavior', C는 '후속 결과Consequence'를 의미하는데 이 세 가지는 서로 밀접하게 연관되어 있습니다. 전제 자극은 어떠한 행동 직전에 주어지는 선제적 자극입니다. 예를 들어 엄마가 아이에게 책을 가져오라고 요청했다면 이것이 바로 전제 자극이 됩니다.

다음으로 행동은 전제 자극으로 발생하는 행동을 가리킵니다. 엄마가 책을 가져오라고 요청했을 때 아이가 그 지시에 따르면 전제 자극에 대해 적절한 행동을 한 것이고, 그렇지 않으면 적절하지 않은 행동을 한 것입니다.

마지막으로 후속 결과는 행동을 한 후 일어나는 일을 말합니다. 아이가 전제 자극에 대해 적절한 행동을 한 후, 즉 엄마의 요청에 따라 책을 가져간 후 엄마가 아이를 칭찬했다면 이것이 바로 후속 결과입니다.

아이가 행동한 후 어떤 일이 일어나는지 후속 결과에 따라 같은 행동이 나타날 수도, 그 행동이 사라질 수도 있습니다. 아이가 책을

행동의 ABC 공식

전제 자극 (Antecedent)

▼

행동 (Behavior)

▼

후속 결과 (Consequence)

가져왔을 때 엄마가 칭찬하고 스티커를 주는 등 긍정적 강화를 하면 다음에 똑같은 요청을 했을 때 아이가 책을 가져올 가능성이 큽니다. 따라서 행동의 후속 결과로서 아이가 좋아하는 것을 제공해 같은 행동을 계속하게 만드는 것, 그리하여 좋은 행동은 늘리고 문제 행동은 줄이는 것이 바로 ABA입니다.

또 행동의 후속 결과로서 아이가 싫어하는 것을 제거함으로써 긍정적 행동은 늘리고 문제 행동은 줄이는 것도 ABA입니다. 즉 ABA는 아이의 행동을 직접 교정하는 것이 아니라 행동 전후의 환경을 변화시킴으로써 그에 영향을 받는 행동이 자연스럽게 변화되도록 하는 치료법이라고 할 수 있습니다. 이 기본 원리는 많은 부모님과 교사가 가정과 학교에서 아이의 행동과 습관을 지도할 때 사용하는 것이므로 절대 새로운 것이 아닙니다.

ABA는 종류가 다양합니다. 그중 가장 널리 사용되는 ABA 치료법 중 하나가 'DTT Discrete Trial Teaching, 개별 시도 훈련'입니다. 쉽게 말하면 아이가 부모님이 요구하는 바람직한 행동을 잘해낼 때 칭찬해주거나 선물 등 보상을 주는 것입니다. 그러면 이후에 아이는 또다시 부모님이 원하는 행동을 하려고 할 겁니다. 그렇게 아이가 스스로 바람직한 행동을 늘릴 수 있도록 만드는 것이 바로 DTT입니다.

좀 더 구체적으로 알아볼까요? 평소 양치질을 잘 하지 않는 아이가 있다고 가정해보죠. 엄마는 이 행동을 고치고 싶습니다. 그래서 아이에게 밥을 먹고 나서 바로 양치질을 해야 한다고 설명하고 시범도 보였죠. 얼마 후 식사 시간이 되어 아이가 밥을 먹었습니다. 이것이 전제 자극입니다. 아이는 엄마 말대로 밥을 먹고 바로 양치질을 했습니다. 이것이 행동입니다. 그 모습을 보고 엄마가 대견해하며 아이 볼에 뽀뽀도 해주고 키즈 카페에도 데려갔습니다. 이것이 후속 결과입니다.

만약 아이가 양치질을 안 했을 경우 DTT 치료에서는 그 행동을 그냥 두지 않습니다. 엄마가 양치질하는 모습을 보여주거나 아이에게 칫솔을 주어 양치질을 하게 만들죠. 이처럼 아이가 올바른 행동을 할 수 있도록 유도하는 것을 '촉구prompting'라고 합니다. 촉구를 통해 행동을 유도하는 것은 ABA의 목적은 긍정적인 행동을 학습시키고 그 횟수를 늘리는 것이기 때문입니다. 계속해서 잘못된 행동을 하도록 두는 것보다 촉구를 통해 올바른 행동을 유도하고 강화하는 것이 ABA의 목적을 이루는 데 도움이 되기 때문에 DTT 치료에서는 촉구를 사용합니다. 다음은 촉구를 도식화한 것입니다.

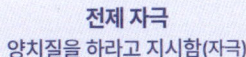

촉구가 일어나는 과정

전제 자극
양치질을 하라고 지시함(자극)

▼

행동
지시를 받은 아이가 양치질을 하지 않음(잘못된 반응)

▼

후속 결과
아이의 손에 칫솔을 쥐여줌(촉구)

DTT는 효과가 좋은 ABA 치료법이지만 분명한 지시나 요청 등이 없으면 아이 스스로 시작하기 어렵다는 단점이 있습니다. 그러다 보니 학습된 행동이 일상 속 다양한 상황에서 나타나기까지 긴 시간이 필요하죠. 이러한 단점을 보완하는 ABA 치료법 중 하나가 'PRT Pivotal Response Training, 중심축 반응 훈련'입니다.

PRT는 아이가 가장 자연스럽게 느끼는 환경과 상황에서 아이와 상호작용하며, 치료자나 부모가 활발하게 반응함으로써 아이가 자발적으로 반응하고 올바른 행동을 할 수 있도록 촉진합니다. DTT와 마찬가지로 PRT 또한 어렵지 않습니다. 아이가 장난감 피자를 가지고 놀고 있다고 가정해보겠습니다. 만 3세 10개월(46개월)인 유라는 자폐스펙트럼장애 아이입니다. 엄마가 아이에게 묻습니다.

"유라야, 그 피자 어떻게 할 거야? 자를 거야? 안 자를 거야?"

그러자 유라는 피자를 자를 거라고 대답합니다. 피자를 자르는 유라에게 엄마가 또 묻습니다.

"유라야, 자른 피자로 뭘 하고 싶어?"

"노래하고 싶어."

"아니지. 피자는 먹는 거지?"

"네."

"그럼 먹는 거니까 그 피자, 어떻게 하고 싶어? 네가 먹을 거야? 아니면 엄마한테 줄 거야?"

"내가 먹을 거야."

"엄마도 배고픈데…."

"유라 배고파."

"엄마도 배고파. 그러면 그 피자를 어떻게 하면 좋을까?"

"잘라서 엄마 줘."

유라가 엄마에게 피자를 줍니다.

"그냥 주면 어떡해? 접시에 담아서 '엄마 맛있게 드세요' 하고 줘야지."

"엄마 맛있게 드세요."

이때 엄마는 자신을 보지 않고 접시를 내미는 유라에게 말합니다.

"엄마 쳐다보고 줘야지. 다시 해볼까?"

이 모든 과정이 PRT입니다. 사회성이 떨어지는 자폐 아이에게 자연스럽게 상호작용을 시도하고 활발하게 반응해줍니다. 그러면서 유용하고 바람직한 행동, 즉 상대방과 사회적 소통을 하도록 유도해 의사소통 능력과 사회성이 발달하게끔 훈련하는 것이죠.

다양한 비약물적 치료법

ABA와 함께 느린 아이에게 많이 시행하는 비약물적 치료법 중 하나가 '언어 치료'입니다. 발달이 느린 아이에게서 흔히 나타나는 문제가 '말이 늦다'는 것입니다. 따라서 언어 치료를 통해 언어적이든 비언어적이든 의사소통 능력을 향상시키면 느린 아이에게 큰 도움이 됩니다.

언어 치료의 방법과 범위는 아이의 언어 발달 상태에 따라 달라지며, 일대일로 시행할 수도 있고, 그룹 형태로 시행할 수도 있습니다. **가장 좋은 언어 치료는 평소 부모님이 아이와 함께 신나게 놀아주면서 언어적으로든 비언어적으로든 상호작용을 충분히 하는 것입니다.**

자폐스펙트럼장애 아이들은 사회적 상호작용을 하는 능력도 떨어지기 때문에 사회적 기술을 가르치는 '사회 기술 훈련'도 병행해야 합니다. 이를 통해 다른 사람에게 감정을 표현하는 법, 자기주장하는 법, 사회적 상호작용을 시작하는 법, 다른 사람이 접근할 때 반응하는 법, 양보하고 협상하는 법, 갈등 상황을 해결하는 법 등 다양한 사회적 기술을 훈련합니다.

이외에도 운동 협응 능력, 미세 운동 발달 등의 영역에 지연이 있는 아이를 위한 작업 치료, 감각적으로 예민하거나 둔감한 아이를 위한 감각 통합 치료 등 다양한 비약물적 치료법이 있습니다. 여기서 기억해야 할 것은 다양한 치료법들 중에서 우리 아이의 상황과 증상에 맞는 것을 선택해 개별 맞춤 치료를 해야 예후가 좋다는 사실입니다. 따라서 차분하고 신중하게 아이에게 맞는 치료 방법을 선택해야 합니다.

참고로 ABA 치료는 가능한 한 조기에 시작하는 것이 좋지만, 본격적인 집중 치료는 만 3세 이후에 하는 것이 바람직합니다. 만 3세 전에는 부모가 가정에서 개별 훈련하는 것을 권장합니다. 이 시기는 언어·인지·행동 발달보다 양육자와의 일대일 교류를 통한 정서 안정과 발달이 훨씬 더 중요한 시기입니다. 그러므로 전문 센터에서의 행동 치료와 언어 치료는 만 3세 이후에 시작하는 것이 좋습니다.

약물 치료,
이럴 때는 반드시 필요합니다

자녀가 자폐스펙트럼장애라고 진단을 내렸을 때 감정적 동요를 보이지 않는 부모님은 거의 없습니다. 어떤 부모님은 세상이 끝난 듯한 표정으로 대성통곡을 하기도 하고, 어떤 부모님은 "내가 보기에는 아무 문제가 없는데 무슨 소리예요?", "다른 곳에서는 언어만 좀 늦은 것이라는데 제대로 보신 거 맞나요?"라며 따지시기도 합니다. 또 어떤 분은 화를 참지 못하고 진료실을 박차고 나가기도 하고요. 아이가 정상적으로 발달하고 있다는 그 한 마디를 듣기 위해 전국 병원을 순례하는 분도 있습니다. 그러나 대부분의 부모님은 이내 마음을 다잡고 '아이를 위해서 할 수 있는 것은 무엇이든 하겠다'는 각오를 다지며 치료에 전념하곤 합니다.

그런데 무엇이든 하겠다는 부모님들이 유독 약물 치료에 대해서는 방어적 자세를 취하는 경우가 많습니다. 그 이유는 여러 가지겠지만, 약물 치료를 시작하면 의존도가 높아져 평생 약을 끊을 수 없을 것이라는 두려움 때문인 것으로 보입니다. 또 약은 정말 어쩔 수 없는 상황에서 쓰는 최후의 수단이라고 생각하는 경우도 많고요.

물론 ABA 치료, 언어 치료, 사회 기술 훈련, 인지 행동 치료, 작업 치료, 감각 통합 치료 등 비약물적 치료를 통해 문제 행동이 빠르게 개선된다면 굳이 약물 치료를 하지 않기도 합니다. 그러나 약물 치료는 필요한 경우 언제든 활용하는 여러 치료법 중 하나입니다. 중증도가 약한 아이에게도 약물 치료를 통해 해결할 수 있는 타깃 증상이 있다면 약을 처방합니다. 따라서 약에 대한 막연한 두려움이나 편견을 가질 필요는 없습니다.

한편 약물로 인한 부작용을 우려해 약물 치료에 거부감을 갖는 부모님도 많습니다. 자폐나 발달장애의 문제 행동 치료를 위해 처방하는 약에는 몇 가지 부작용이 있는 것이 사실입니다. 체중 증가, 졸음, 식욕 감소, 수면장애, 심박수 증가, 불안감 증가, 메스꺼움, 복통, 두통, 근육 경직 등 다양한 부작용이 따를 수 있죠.

그러나 복용하지 않았을 때의 해로움이 복용했을 때의 이로움보다 현저하게 크다면 전문의와 상담한 후 약물 치료를 진지하게 고려해야 합니다. 만약 부작용이 발생한다 해도 그 상황에 맞게 복용량을 줄이거나 다른 약으로 대체할 수도, 복용을 중단할 수도 있기 때문에 지나친 걱정으로 미리 약물 치료를 선택지에서 배제하지 않길 바랍니다. 특히 지금부터 소개하는 주현이의 사례 같은 경우에는 절대로 약물 치료를 미루면 안 됩니다.

느린 아이이게
약물 치료가 꼭 필요한 순간

주현이가 부모님과 함께 저를 처음 찾아온 것은 만 5세 3개월(63개월)이 되었을 때였습니다. 아빠 품에 안겨 진료실에 들어온 주현이는 대기하는 동안 얼마나 울었는지 눈과 코가 빨개져 있었습니다. 우는 아이를 진정시키느라 애쓴 부모님은 진료를 시작하지도 않았는데 기진맥진해 있었죠.

"오늘은 평소보다 애가 더 힘들어하네요. 밖에 우는 다른 애까지 있어서인지…."

무슨 이야기인가 싶어 어머님에게 물었더니 주현이는 병원에 가는 것도 싫어하는 데다 청각이 예민해 다른 아이들의 울음소리나 웃음소리를 매우 싫어한다고 했습니다. 그런데 이날은 대기하는 동안 옆에 우는 아이가 있었던 모양입니다. 주현이 입장에서는 싫어하는 장소에서 싫어하는 소리를 듣고 있었던 셈이니 얼마나 힘들고 괴로웠을까요.

자폐스펙트럼장애 아이는 우리가 일상적으로 경험하는 자극도 견디기 힘들어하다 보니 자신이 원하지 않는 자극에 노출되는 것을 극도로 꺼리고, 노출되었을 때는 그 자극을 최대한 줄이거나 피하기 위해 격렬하게 저항하죠. 이 과정에서 심한 경우 다른 사람을 꼬집거나 때릴 뿐만 아니라 자기 머리를 스스로 때리는 자해 행위를 하기도 합니다. 주현이 아버님의 말씀에 따르면 진료실에 들어오기 전 다른 아이의 울음소리에 고통스러워하던 주현이가 갑자기 다가가 순식간에 우는 아이의 입을 때린 적도 있다고 합니다. 어머님은 주현이가 이처럼 공격적인 돌발 행동을 할 때마다 머릿속이 하얘지고 가슴이 떨린다고 했습니다.

주현이는 감각만 예민한 것이 아니었습니다. 어머님 말씀에 따르면 물을 과도하게 좋아해 물만 보이면 언제 어디서나 뛰어들려고 했습니다. 이를 막으려고 하면 자지러지게 울거나 부모님을 때리기도 하고, 신발을 던져 물에 빠뜨리기도 했죠. 한번은 놀이공원에서 보트를 타는데 갑자기 주현이가 물에 들어가려고 하는 바람에 부모님이 가슴을 쓸어내린 적도 있었고요.

"물에 들어가지 못하게 하면 1시간 내내 우는 것은 기본인데 아이가 힘이 세서 말리는 게 쉽지 않아요. 제지하면 저를 밀고 때리고 발로 차기까지 하니까 물만 보이면 겁부터 나요."

또 주현이는 변화를 싫어해서 새로운 환경이나 상황과 마주하면 이에 대한 거부감이 강했습니다. 부모님에 따르면 낯선 장소에 가면 왔던 길을 되돌아가려 하고, 차를 타고 멀리 갔을 때는 차에서 아예 내리기를 거부한다고 했죠. 이 밖에 입던 옷만 입으려 하거나 유치원에 갈 때는 늘 같은 코스를 고집하고, 집과 유치원 화장실 외에는 사용하기를 거부해서 다른 곳에 있는 화장실에 갈 때마다 진땀을 빼다고 했습니다. 무엇보다 다섯 살인데도 아예 말을 하지 못해서 어디가 불편하고 아파도 제대로 표현하지 못하다 보니, 부모님은 그야말로 속이 새까맣게 타들어가는 심정이라고 토로했습니다.

진단 결과 주현이는 중증도가 심한 자폐스펙트럼장애였습니다. 말을 전혀 하지 못하는 데다 상호작용도 거의 안 되고 자극의 과민성, 특정 대상에 대한 과도한 집착, 공격적 행동, 변화에 대한 극도의 어려움 등 다양한 문제를 겪었기 때문에 저는 행동 치료법인 ABA, 무발화 상태의 아이를 위한 의사소통 프로그램인 PECS Picture Exchange Communication System, 그림 교환 의사소통 체계 등과 같은 비약물 치료를 권했습니다. 동시에 공격성 등의 문제 행동과 자극 과민성에 효능이 있는 약을 처방했죠.

그런데 주현이 부모님 역시 비약물 치료는 아무런 저항 없이 받아들이면서도 약물 치료에 대해서는 강한 거부감을 보였습니다. 아직 어린 아이에게 정신건강의학과에서 처방하는 약을 먹이는 것이 걱정스러웠기 때문입니다. 그의 마음은 충분히 이해합니다. 많은 부모님이 '정신과 약은 독하다'라고 생각합니다.

정신건강의학과에서 사용하는 약물이 내성이나 의존성, 중독성, 부작용 등의 위험이 있는 것은 사실이지만 전문의의 처방에 따라 적절하게 사용하면 크게 문제 되지 않기 때문에 무조건 회피하는 것은 바람직하지 않습니다. 특히 주현이처럼 문제 행동이 아이 자신뿐만 아니라 다른 사람의 안전을 위협하는 경우, 명백하게 삶의 질을 떨어뜨리는 경우, 언어와 인지 발달을 방해하는 경우, ABA나 언어 치료

같은 비약물적 치료의 효과를 저해하는 경우 등에는 반드시 약물 치료가 필요합니다. 이런 경우는 비약물적 치료만으로는 문제 행동을 교정하기 어렵고, 교정이 가능하더라도 너무 오랜 시간이 걸립니다. 그러면 그 기간에 해결되지 않은 문제 행동으로 또 다른 문제와 동반 질환이 나타나면서 아이는 더 힘들어하고 치료도 더 어려워지고요. 따라서 가급적 빨리 약물 치료를 통해 문제 행동을 개선해야 치료 효과도 있고 아이에게 잠재된 여러 기능도 크게 향상됩니다.

하지만 저의 오랜 설득에도 주현이 부모님은 요지부동이었습니다. 그렇게 하다 진료가 끝났고 주현이 부모님은 한동안 저희 병원에 오지 않았습니다. 그러다가 2년이 지나 주현이가 일곱 살이 된 최근에 다시 오셨는데, 이번에는 부모님이 먼저 약물 치료에 관심을 보였습니다. 그간 비약물적 치료를 열심히 했는데도 아이의 상태가 좀처럼 호전되지 않아 약물 치료의 필요성을 절실히 깨달았다면서 말이죠. 그렇게 해서 주현이는 약물 치료를 시작했습니다. 약을 쓰기 전보다 문제 행동의 강도(세기)와 빈도가 한두 달 만에 줄어들었고, 약물 치료를 6개월간 유지했을 무렵 언어가 트이기 시작했습니다.

어떤 약물 치료도
가볍게 결정하지 않습니다

자폐스펙트럼장애를 포함한 발달장애 아이들에게는 여러 동반

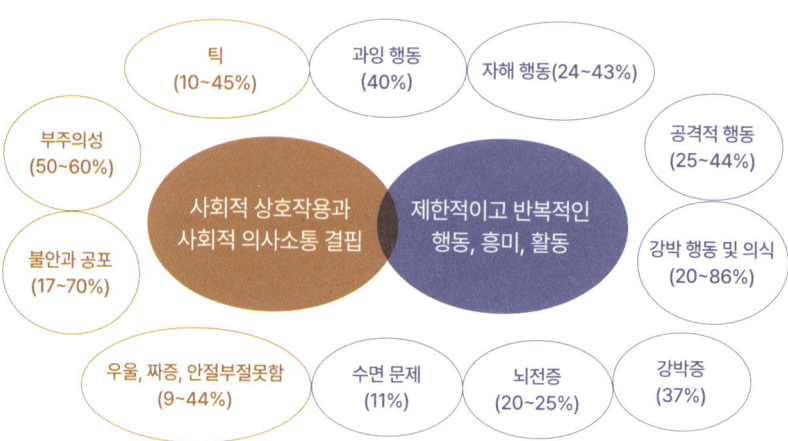

문제가 생길 수 있습니다. 자폐스펙트럼장애 아이들 중 약 40%에서 과잉 행동, 25~44%에서 공격적 행동, 20~86%에서 강박 행동 및 의식, 50~60%에서 부주의성 등 다양한 동반 문제와 공존 질환이 나타나기 때문에 약을 사용해서라도 반드시 이 문제를 해소해야 합니다. 특히 자폐스펙트럼장애는 핵심 증상을 치료하는 약물이 없는 데다, 동반 문제와 공존 질환을 치료하지 않으면 여러 측면에서 아이의 성장과 발달을 방해하고 삶의 질을 떨어뜨릴 수 있습니다.

그렇다면 병원에서는 자폐 및 발달장애 아이들에게 어떤 약물을 사용할까요? 177쪽의 표는 그에 관련된 내용을 정리한 표입니다. 동반 문제와 공존 질환에 따라 어떤 약물을 처방하는지 정리했으니 참고하시길 바랍니다.

자폐 및 발달장애 아이에게 처방하는 대표적인 약물

동반 문제와 동반 질환	사용하는 약물
강박 증상	서트랄린(졸로프트)*, 리스페리돈(리스페달), 아리피프라졸(아빌리파이), 플루옥세틴(프로작)*, 플루복사민(루복스)*
ADHD, 과다 행동, 충동성, 주의 산만성, 무관심	메틸페니데이트(메디키넷·콘서타), 아토목세틴(스트라테라), 리스페리돈(리스페달), 아리피프라졸(아빌리파이), 클로니딘(카타프레스·켑베이)
공격성, 자해 행동, 분노 발작, 자제력 상실, 분노, 발성 폭발	리스페리돈(리스페달)**, 아리피프라졸(아빌리파이)**, 발프로산(데파코트)
불안	아리피프라졸(아빌리파이), 서트랄린(졸로프트)*, 에스시탈로프람(렉사프로)*, 플루옥세틴(프로작)*
우울증	아리피프라졸(아빌리파이), 서트랄린(졸로프트)*, 에스시탈로프람(렉사프로)*, 플루옥세틴(프로작)*

* 자폐스펙트럼장애 아동에게 사용할 경우 들뜸, 공격성, 자극 과민성이 심해질 수 있어 경과를 면밀하게 관찰해야 한다.

** 자폐스펙트럼장애의 자극 과민성과 공격성 등의 문제 행동 치료제. 미국 FDA와 한국식품약품안전처에서 모두 승인한 약물은 이 두 약물뿐이다.

좀 더 자세히 설명하면, 우리나라에서는 정신건강의학과에서 사용하는 약물을 상대적으로 엄격하게 관리합니다. 특히 아동·청소년의 경우 만 6세 이상이어야 처방할 수 있는 약물이 많습니다. 다만 자해와 타해 같은 심각한 문제 행동이 있을 경우, 즉 안전성 문제가 있다고 판단하면 만 6세 이전이라도 약물 치료가 가능합니다.

소아정신과 전문의들은 아이가 문제 행동을 언제부터 시작했고 얼마나 되었는지, 일단 문제 행동이 시작되면 얼마나 지속되는지, 특정한 요인이나 상황에 의해 문제 행동이 발생되는 것은 아닌지, 시간이 지나면서 문제 행동이 어떻게 변하는지, 문제 행동 횟수가 늘었는지 줄었는지, 문제 행동이 아이에게 어떤 영향을 미치는지 등을 심층적으로 평가해 약물을 선택하고 사용하죠. 그뿐 아니라 부모님께는 약물이 자녀에게 어떻게 도움을 주는지, 언제쯤 눈에 보이는 효과가 나타나는지, 어떤 부작용이 나타날 수 있는지, 치료 효과가 없다면 어떻게 할 것인지 등에 대해서도 자세하게 말씀드리곤 합니다.

약물 치료를 시작할 때는 처음부터 많은 양을 복용하는 것이 아니라, 아이가 잘 견디고 적응하는지 살펴가며 용량을 조금씩 늘립니다. 만약 아이가 힘들어하고 부작용이 생긴다면 용량을 줄이거나 다른 약물로 대체하고, 약을 사용한 후 증상이 크게 호전되거나 사라지면 용량을 줄이고 처방을 중단하기도 합니다. 그러니 약물에 대한 부정적인 편견과 과도한 걱정으로 약물 치료를 무조건 거부하지 말고 아이를 위해 현명한 선택을 해주시길 바랍니다.

ADHD 치료 약물,
자폐에는 독이 될 수도

ADHD는 약물 치료가 핵심 치료법입니다. 약물 치료를 단독으로 했을 때와 비약물적 치료를 병행했을 때 나타나는 효과가 거의 비슷하다는 해외 대규모 연구 결과가 있을 정도로 약물 치료의 비중이 매우 큽니다. 약물을 통해 70% 이상까지 효과를 기대할 수 있죠. 약을 최대한 적게 쓰면서 효과를 극대화하고 장기간 복용하지 않으려면 행동 치료와 사회성 훈련, 부모 교육을 병행하는 것이 좋지만 약물 치료의 효과가 크기 때문에 약물 치료를 치료의 중심에 둡니다.

ADHD에 쓰는 약은 주로 신경전달물질 중 하나인 도파민의 농도를 높이는 역할을 합니다. 아직 ADHD가 발병하는 원인은 정확하게 밝혀지지 않았지만 도파민이 제대로 분비되지 않아 뇌(특히 전두엽)가 정상적으로 기능하지 못해 발생한다는 것이 정론으로 받아들여지기 때문입니다. 도파민은 집중력을 조절하는 데 중요한 역할을 하는 신경전달물질이거든요. ADHD 치료 약물은 전두엽 내 도파민의 농도를 높여 실행 기능executive function을 개선하며, 집중하지 못하고 산만한 증상을 개선합니다.

따라서 ADHD 아이들에게 도파민 분비를 촉진하는 약물을 쓰면 증상이 크게 호전됩니다. 반면 자극에 과민하게 반응하는 자폐스펙트럼장애 아이들에게 사용하면 그야말로 불난 집에 기름을 붓는 격입니다. 도파민 농도가 높아지면 자극에 대한 민감도 또한 높아지기 때문입니다. 이처럼 자폐스펙트럼장애의 산만성을 ADHD의 산만성으로 오인해 ADHD 치료 약물인 도파민 촉진제를 쓰면 자폐스펙트럼장애 증상이 더욱 악화될 수 있으므로, 산만성의 근본적 원인과 문제 행동이 나타나게 하는 배경을 면밀히 살펴봐야 합니다.

앞에서 언급했듯 정상적인 발달을 보이는 아이들도 만 6세 이전에는 미성숙한 전두엽 때문에 ADHD로 의심할 만한 모습을 보일 수 있습니다. 그러니 영유아기에는 단순히 비슷한 증상을 보인다는 이유 하나만으로 ADHD로 의심하거나 단정 지어서는 안 됩니다. 자칫 잘못하면 양육과 치료의 방향을 엉뚱하게 설정해 잘 자라고 있는 아이를 힘들게 하거나 아픈 아이를 더 아프게 할 수 있으니까요. 주의력이 부족하고 충동적인 모습을 무작정 ADHD로 의심하지 않는 자세만 가져도 느린 아이가 겪는 많은 문제를 효과적으로 치료할 수 있습니다.

치료는 일상으로
스며들어야 합니다

저는 진료실에서 부모님들께 가정에서 아이의 증상을 완화하는 데 도움을 줄 수 있도록 짧은 '부모 교육'을 해드리곤 합니다. 부모님은 자녀를 가장 잘 아는 사람이자 가장 중요한 보호자, 그리고 가장 중요한 치료자입니다. 부모님이 주치의와 파트너가 되어 아이를 적극적으로 지원하고 훈련하면 아이의 예후가 좋아질 가능성이 상당히 높아집니다. 그런데 안타깝게도 제가 만난 부모님 중 많은 분이 '내 아이는 내가 잘 안다'고 생각하면서도 정작 아이에게 가장 중요한 치료사가 부모님이라는 점은 인지하지 못했습니다. 2년 전 저를 찾아온 다나 부모님도 그랬습니다.

저희 병원을 예약하고 3년 만에 진료를 보게 되었다는 다나 어머님은 너무 긴장한 나머지 목소리가 떨리고 중언부언했습니다. 함께 온 아버님이 제 물음에 대답할 수밖에 없었죠. 당시 다나의 나이는 만 3세 10개월(46개월)이었습니다. 대기 기간 3년을 고려하면 생후 10개월에 진료를 예약한 셈입니다. 다나 부모님처럼 아이가 돌도 되기 전에 예약하는 분이 있기는 하지만 그리 흔한 경우는 아니었기 때문에 저는 왜 이렇게 어린 나이에 예약을 했는지 물었습니다.

"아이가 왠지 부자연스러웠어요. 눈도 잘 안 맞추고, 이름을 불러도 반응이 없고, 말도 느리고…."

어머님이 의심하는 근거가 충분하지 않아 의아했는데 이어진 아버님의 말씀을 듣고 이유를 짐작할 수 있었습니다. 양쪽 집안에 자폐 진단을 받은 친척이 있다 보니 다나 부모님은 '혹시 우리 아이도?'라는 생각이 들었던 것입니다. 자폐스펙트럼장애의 원인은 정확하게 밝혀지지 않았지만 유전적 영향이 큰 장애인 것은 맞습니다. 일란성쌍둥이 중 한쪽이 자폐일 때 다른 한쪽도 자폐일 확률이 80~90%에 이르고, 이란성쌍둥이의 경우는 30~40%, 형제자매인 경우에는 17~19%에 달하니까요.

하지만 중증도까지는 동일하게 유전되지 않습니다. 특히 이란성쌍둥이나 단순 형제인 경우는 더욱 그렇습니다. 이란성쌍둥이 중 한 명이 매우 심각한 중증 자폐일 때 다른 한쪽은 중증도가 약한 자폐일 수도 있다는 것입니다. 물론 다른 한쪽이 ADHD, 단순 언어 지연, 정상 발달인 경우도 많고요.

진단 결과 다나는 부모님이 예상했던 대로 자폐스펙트럼장애였습니다. 이미 마음의 준비를 단단히 해서 그런지 다나 부모님은 자폐 진단을 받고도 다른 부모님들에 비해 크게 감정적 동요를 보이지 않았습니다. 깊이 한숨을 쉬고는 어떻게 치료해야 하는지 물으셨죠. 제가 보기에 다나는 경증 자폐인 데다 지능도 높고 비약물 치료로 얼마든지 좋아질 여지가 있는 아이였습니다. 따라서 부모님이 집에서 ABA 치료, 의사소통 훈련, 사회 기술 훈련을 시킬 수 있도록 방법을 자세히 설명해드렸습니다. 그런데 제 설명을 들은 다나 어머님은 이렇게 말씀하셨습니다.

"선생님, 치료 센터에 가서 언어 치료랑 ABA랑 일주일에 몇 번을 해야 하죠?"

이런 반응은 비단 다나 어머님에게만 국한된 것이 아닙니다. 제가 아이의 증상을 완화하는 데 도움을 주는 비약물적 치료법을 가르쳐드려도 그것은 치료 센터나 병원에서만 할 수 있는 영역이라고 생각하는 부모님이 많습니다. 그러나 ==자폐스펙트럼장애, ADHD, 경계선 지능 등의 치료에서 무엇보다 중요한 것은 훈련과 치료가 가정까지 이어지는 것입니다.==

제가 이처럼 단호하게 말씀드리는 이유는 30년 가까이 소아정신과 전문의로 일하면서 가정에서도 치료가 이루어졌을 때 예후가 달라지는 것을 수없이 목격했기 때문입니다. 치료 센터나 병원에서 아무리 열심히 시도해도 시간적 제약이 있을 수밖에 없습니다. 따라서 단순히 전문 기관에 아이를 보내기만 하는 경우와 집에서 부모님이 적극적으로 치료법을 실천하는 경우는 아이의 예후에서 매우 큰 차이를 보입니다.

치료는 병원과 센터에
'맡기는' 것이 아닙니다

올해 만 5세 2개월(62개월)인 지호를 처음 만난 것은 2년 전이었습니다. 저를 찾아왔을 때 지호는 병원 네 곳에서 자폐 의심 소견을 받았고, 저희 병원에 오기 직전에 찾아간 곳에서는 확진까지 받은 상태였죠. 어머님이 지호가 무언가 이상하다고 느낀 것은 돌 무렵부터였습니다. 어머님의 여동생이 비슷한 시기에 출산을 하고 가까운 곳에 살다 보니 아들인 지호와 조카딸 수빈이가 자주 어울리게 되었습니다. 그런데 시간이 지날수록 지호 어머님은 지호가 어딘지 모르게 수빈이와 많이 다르다는 생각이 들었다고 합니다.

"불러도 반응이 없고, 눈 맞춤도 잘 안 되고 여러모로 수빈이랑 차이가 나더라고요. 같이 찍은 사진을 봐도 카메라나 엄마를 쳐다보는 게 아예 없어요. 눈을 옆으로 흘기기도 하고 자동차 장난감 바퀴만 굴리고, 말도 느리고…. 인터넷에 나오는 자폐 아이들 모습이 딱 지호 모습이었어요."

아이가 보내는 시그널에 불안하고 초조해하던 어머님은 온라인에 글을 올렸습니다. 내심 아이들은 원래 그렇다는 말을 기대했지만 '아는 동생네 자폐 아이랑 너무 똑같다', '자폐인 것 같다. 빨리 병원에 가봐라'는 식의 댓글이 많이 달렸습니다. 덜컥 겁이 났던 어머님은 집 근처에 있는 개인 병원에 지호를 데려갔고 그곳에서 아이가 너무 어려 진단을 내릴 수 없지만 자폐가 의심된다는 소견을 들었다고 합니다. 이때부터 지호가 정상이라는 말을 듣기 위한 병원 순례가 시작되었습니다. 그러나 어머님의 바람은 이루어지지 않았고, 안타깝지만 저 역시 지호에게 자폐스펙트럼장애 진단을 내려야 했습니다.

다른 병원에서 자폐 진단을 받았음에도 지호 어머님은 제 소견을 들으며 눈물을 왈칵 쏟았습니다. 나중에 아버님을 통해 알게 된 사실인데 어머님은 저에게 "멀쩡한 아이를 왜 데려오셨어요?"라는 말을 듣고 싶다는 마음으로 저희 병원을 찾았다고 합니다. 그런 기대와는 달리 끝내 저희 병원에서도 자폐 확진을 받았으니 어머님 마음이 어땠을지 감히 헤아릴 수도 없습니다.

그렇게 참담했던 초진 이후, 마음을 추스른 어머님은 지호의 치료에 전념했습니다. 진료도 빼놓지 않는 것은 물론 비약물적 치료와 약물 치료 모두 성실하게 따라주었죠. 특히 자폐 아이들의 문제 행동 개선에 효과적인 ABA를 따로 공부한 뒤 집에서 지호의 몸에 배도록 꾸준히 훈련시켰습니다. 또 아이와 적극적으로 상호작용하면서 언어적, 비언어적 자극을 활발하게 주고 사회적 기술도 열심히 가르쳤죠. 그 결과 2년이 지난 지금, 지호는 말투가 조금 어색하고 단조롭기는 하지만 또래 아이들과 많은 차이를 느끼지 못할 정도로 평퐁 대화가 잘되는 편입니다. 완벽하지는 않지만 상황에 적절한 말과 제스처도 곧잘 사용하고요.

어머님은 지호가 크게 호전된 데 대한 공을 저에게 돌렸지만 그 결실의 8할은 어머님의 노력 덕분이라고 말씀드렸습니다. 자폐 아이마다 여러 요인에 의해 치료되는 지점이 저마다 다르지만, 지호와 비슷한 양상을 보이는 자폐 아이들이 2년 만에 급격하게 호전된 경우가 그리 흔한 일은 아닙니다. 이 모든 것은 지호 어머님이 치료를 단순히 센터나 병원에만 맡긴 것이 아니라 일상생활을 하며 지속적으로 노력하셨기 때문에 가능했던 것이죠. 30년 가까이 진료 현장에 있으면서 깨달은 사실 중 하나는 지호처럼 호전되는 아이들 뒤에는 지호 어머님처럼 치료가 일상으로 이어지도록 노력하신 부모님이 있다는 사실입니다.

치료는 일상에서도 계속되어야 합니다

조금은 미숙하고 어색하기는 하지만 지호는 대화를 나누거나 소통할 때 또래 아이들과 거의 차이가 없습니다. 그렇다면 이제 지호는 치료를 중단해도 될까요? 안타깝지만 자폐스펙트럼장애는 완치가 없습니다. 따라서 아이가 호전되었다 하더라도 치료는 계속해야 합니다. 지금 당장은 크게 문제가 없더라도 나이가 들수록 아이가 속한 사회적 환경의 난도가 계속 높아지기 때문입니다. 특히 자폐스펙트럼장애 아이들은 사회성에 질적인 결함이 있기 때문에 ==지금 잘 적응한다고 해서 도중에 치료를 그만두면 증상이 악화되고 학교나 직장 등 사회생활을 하는 데 많은 어려움이 따릅니다.== 중학교 2학년 이안이처럼 말이죠.

이안이는 지호처럼 어머님의 노력으로 좋은 예후를 보인 경증 자폐스펙트럼장애 아이였습니다. 어머님이 집에서도 치료에 힘쓴 덕분에 이안이는 초등학교에 입학해서도 무난하게 적응했습니다. 그래서였을까요? 이안이가 초등학교 3학년이 되자 어머님은 더 이상 병원을 찾지 않았습니다. 학교생활에 큰 문제가 없으니 임의로 치료를 중단한 겁니다. 이유야 어찌 되었든 오랫동안 치료를 했던 아이인 만큼 저는 무소식이 희소식이라고 생각하며 이안이가 문제없이 잘 지내기를 바랐습니다.

그러던 어느 날, 중학생이 된 이안이가 어머님과 함께 다시 저를 찾아왔습니다. 그런데 어머님의 표정이 심상치 않았습니다. 알고 보니 이안이는 학교생활에서 많은 어려움을 겪고 있었습니다.

"초등학교 저학년 때까지는 학교생활을 잘하던 아이가 고학년이 되면서부터 삐그덕거리기 시작했어요. 선생님의 감정 상태나 교실 분위기를 파악하지 못해 혼자 시끄럽게 떠들고, 반 아이들이 조금만 규칙을 어겨도 자기가 선생님이라도 되는 것처럼 지적하고요. 거기다 자꾸 고자질을 해서 친구들과의 사이에도 문제가 많았어요."

이안이는 중학생이 되어서도 학교생활에 좀처럼 적응하지 못했습니다.

"아이들이 자기에게 농담을 하면 그걸 다 욕으로 받아들여요. 친구들은 친근함의 표시로 농담하고 장난치는 건데 그걸 기분 나쁘게 받아들이는 거예요. 한번은 같은 반 친구와 싸워서 학폭위까지 열릴 뻔했다니까요."

다행히 담임선생님의 중재로 사건은 잘 마무리되었지만 그 이후로도 비슷한 일이 일어났다고 합니다. 결국 참고 참다가 이제는 더 이상 안 되겠다 싶어 병원을 다시 찾은 어머님은 그동안 얼마나 마음고생을 했는지 제 앞에서 눈물을 흘리셨습니다.

　초등학교 저학년 때까지만 해도 학교생활을 잘하던 이안이가 왜 학년이 올라갈수록 적응을 하지 못했던 것일까요? 일반적인 아이들은 이런저런 것을 경험하고 사고가 유연해지면서 규칙에는 예외가 있고 상황에 따라 변할 수도 있다고 생각하지만 자폐스펙트럼장애 아이들은 그렇지 않습니다. 전두엽의 이상으로 사고의 유연성이 떨어지다 보니 규칙이 있으면 상황이 어떻든 지켜야 한다고 생각하죠. 따라서 규칙은 변하지 않는 것이라고 생각하는 이안이 입장에서는 아무리 사소한 것이라도 다른 아이들이 정해진 규칙을 지키지 않으면 짜증이 나서 지적하고 선생님께 고자질을 했던 것입니다.

　또 자폐스펙트럼장애 아이들은 사회성 결함으로 농담이나 유머, 풍자 같은 은유적이고 관습적인 표현을 이해하는 데 어려움이 있습니다. 이안이 역시 이런 표현을 이해하지 못하기 때문에 친구는 그저 친근하게 농담을 건넨 것뿐인데 그런 의도를 파악하지 못해 화를 냈던 것입니다. 문제는 살아가면서 나이가 들수록 자폐 아이들에게 취약한 은유적이고 관습적인 이해가 필요한 환경에 자주 노출된다는 것입니다. 따라서 지속적인 도움과 치료가 이루어지지 않으면 이안이처럼 크고 작은 문제를 일으킬 소지가 많습니다.

　이안이는 사회성 기술 및 의사소통 능력과 관련된 비약물적 치료와 함께 사소한 상황을 확대해석하는 피해의식과 분노를 줄이는 약물 치료를 병행했습니다. 더불어 이안이가 은유적이고 관습적인 표현을 이해하지 못할 때마다 어머님이 일상에서 그 표현의 진짜 의미와 의도가 무엇인지 알려줘 학습할 수 있도록 했죠. 또 이안이가 예측하지 못하는 상황에서 불안해하거나 화를 내는 것을 고려해, 이안이에게 문제가 생길 수 있는 상황을 예측해 알려주고 사전에 대비할 수 있게 도와줄 것을 어머님께 부탁드렸습니다. 과거에 저와 좋은 파트너가 되어 훌륭한 치료자 역할을 했던 이력이 있는 만큼, 저는 이안이 어머님이 그 역할을 충실히 해낼 거라고 믿고 있습니다. 그렇게 되면 다소 어려움은 있겠지만 이안이는 큰 문제없이 세상에 적응하며 잘 살아갈 수 있을 겁니다.

발달장애 아이에게 병원이나 치료 센터 같은 전문 기관에서 이루어지는 치료는 당연히 중요합니다. 그러나 이보다 더 **중요한 것은 그 치료가 집, 어린이집, 학교 등 일상에서 '동일하게' 이루어져야 한다는 것입니다.** 따라서 단순히 기관에서 받는 치료 횟수보다 그 치료 내용에 초점을 맞추되, 그곳에서 이루어지는 치료를 어떻게 일상에 적용할지 관심을 갖는 것이 좋습니다. 치료를 기관에만 맡기지 말고, 치료사들이 아이를 어떻게 대하고 훈련하는지 파악하며 배우려는 노력이 필요합니다. 그렇게 배운 치료 방법을 일상에서 부모님이 실천해주실 때 문제 행동이 교정되고 언어와 인지 기능이 점차 향상되어 아이의 예후가 놀랍도록 좋아질 것입니다.

PART 3

천근아의
느린 아이
부모 수업

부모도 아이도 지치지 않는 느린 아이 훈육법

'느림'을 받아들이는 것이 훈육의 시작입니다

예전에는 어머님 혼자서만 아이를 데리고 병원에 오는 경우가 많았습니다. 지금도 여전히 이런 경우가 가장 많기는 하지만 부모님 두 분이 함께 오는 경우도 많아졌습니다. 드물긴 하지만 아버님 혼자 아이를 데리고 오기도 하고요. 부모님 두 분이 함께 아이를 데리고 오는 경우 진료실에서 부모님의 말과 행동만 봐도 두 분의 관계가 좋은지, 아이의 발달 상황에 대한 관점이 일치하는지, 둘 중 어느 분이 아이의 문제를 더 심각하게 생각하는지 등을 미루어 짐작할 수 있습니다.

멀리 강원도 평창에서 온 만 5세 5개월(65개월) 진형이 부모님은 진료실에 들어선 순간부터 부부 사이가 좋지 않다는 것을 느낄 수 있을 정도로 두 분 사이의 공기가 냉랭했습니다. 자리에 앉을 때도 어머님은 제 앞에 바짝 다가와 앉고 아버님은 멀찍이 뒤에 앉았죠.

"아버님, 뒤에 있지 마시고 가까이 와서 어머님이랑 나란히 앉으면 좋겠습니다."

제가 앞으로 와서 앉을 것을 권했지만 아버님은 단호한 어조로 거절하고는 팔짱을 끼고 어머님과 제가 면담하는 모습을 지켜보셨습니다. '어디 무슨 소리 하나 보자' 하는 분위기였죠. 게다가 진형이 어머님은 심각한 얼굴인 데 반해 아버님 표정은 시큰둥한 것을 보니, 진형이의 상태에 대해 두 분의 생각이 일치하지 않는다는 것을 알 수 있었습니다. 아이에 대한 견해 차이가 두 분 사이를 냉랭하게 만드는 데 적지 않은 영향을 미쳤을 것이라고 예상되었습니다.

아니나 다를까 어머님과 이야기를 나눠보니 두 분이 아들에 대해 극명하게 다른 생각을 가지고 있다는 것을 확인할 수 있었습니다. 어머님은 어릴 때부터 눈도 잘 맞추지 않고 이름을 불러도 반응이 없는 진형이를 보고 심상치 않다고 느낀 반면, 아버님은 어린아이들은 그럴 수 있다며 대수롭지 않게 여겼습니다. 또 어머님은 엄마, 아빠가 집에 들어오든 말든 지나치게 무심하고, 말은 곧잘 하는데 대화할 때 왠지 말이 잘 안 통하는 느낌이 든다며 진형이를 염려했지만 아버님은 별걱정을 다 한다며 아내를 타박했습니다.

그런데 아버님이 진형이에 대해 어머님과 다른 생각을 하는 데는 나름의 이유가 있었습니다. 진형이에게 발달 문제가 있다고 하기에는 '혹시 애가 영재인가?'라는 생각이 들 만큼 영특한 면이 있었기 때문입니다.

"우리 아들이라서 그런 게 아니라 아이가 머리가 좋은 편입니다. 만 네 살도 안 됐을 때 숫자를 1만까지 외우고 셀 줄 알았고, 간단한 빼기도 했습니다. 또 한글 자음과 모음도 다 외워서 책을 읽었어요. 아무도 가르쳐주지 않았는데 말이에요. 특히 바다 생물 박사였습니다. 학명부터 시작해서 모르는 게 없었어요. 지금은 그게 곤충으로 바뀌었지만, 아무튼 머리가 좋고 집중력이 좋아서 뭐든 관심을 가지면 다 알 때까지 끝을 보는 아이예요."

진료실에 들어와 팔짱을 끼고 제가 진료하는 모습만 유심히 지켜보던 아버님이 아들 자랑은 참을 수 없다는 듯 입을 뗐습니다. 굳이 설명하지 않아도 아버님의 표정에서 진형이를 얼마나 대견해하는지 알 수 있었습니다.

"요즘은 곤충에 몰두해서 곤충 모형에도 관심이 많아요. 제가 진형이가 사달라는 건 다 사줘서 집에 곤충 모형이 아주 많은데, 오늘 그중에서 진형이가 가장 좋아하는 것으로 몇 개 챙겨 왔습니다."

아들 자랑에 표정이 밝아진 아버님이 진형이가 가장 좋아한다는 곤충 모형을 가방에서 주섬주섬 꺼냈습니다. 그 모습을 보고 저도 모르게 얼굴이 굳어 버렸습니다. 저뿐 아니라 대부분의 사람들이 좋아하지 않는 바퀴벌레, 지네, 거미 모형이었거든요. 그런 곤충 모형이 갑자기 눈앞에 펼쳐지니 조금 당황스러웠습니다. 아버님은 그리 대수롭지 않게 생각하시는 것 같더라고요. 진형이가 얼마나 정상적이고 명석한 아이인지 증명할 수 있다면 무엇이든 보여주시겠다는 자세였죠.

결국 진형이는 자폐스펙트럼장애로 진단받았습니다. 역설적이게도 아버님이 챙겨 온 곤충 모형이 진단의 단서가 되었죠. 자폐 아이들은 특정 대상이나 주제에 몰두해 일반 아이들과는 비교할 수 없을 정도로 깊이 빠져드는 경향이 있습니다. 바다 생물에 대해 모르는 것이 없는 진형이처럼 자신의 관심을 끄는 대상이나 주제에 집중하고, 그에 관련된 모든 사실과 정보를 암기해 백과사전에 버금가는 지식을 쌓죠.

특히 진형이는 바다 생물이나 곤충 등 아이들이 일반적으로 흥미를 보이지 않거나 기피하는 특이한 종류에 유독 몰두했습니다. 또한 진형이처럼 어린 아이가 바다 생물이나 곤충에 관련된 방대한 전문 지식을 백과사전을 보듯 세세하게 알고 있는 것도 흔치 않은 일입니다. 게다가 몰입하는 대상이 보편적으로 사람들이 좋아하지 않는, 더 나아가 때로는 혐오하기까지 하는 종류라는 것은 누가 보기에도 매우 일반적이지 않은 일입니다.

그럼에도 대부분의 부모님은 진형이 아버님처럼 자녀가 특정 대상이나 주제에 몰두해 또래 아이들과는 비교할 수 없을 정도의 지식을 습득하거나 능력을 보이면 아이가 영재일지도 모른다고 생각합니다. 설령 그 대상이나 주제가 그 나이대 아이들이 전혀 관심을 기울이지 않고 좋아하지 않는 것이라고 해도 말이죠. 또 아이가 흥미를 보이는 대상이나 주제 외에 다른 것에는 지나칠 정도로 무관심하거나, 좋아하는 것만 하려고 고집해도 그저 집중력이 좋은 것이라고 여기며 크게 문제 삼지 않습니다. 그러나 영재라면 특정 대상이나 주제를 유별나게 좋아하는 모습을 보이더라도 필요할 때는 자기가 관심이 없는 것에도 집중할 수 있습니다. 자기가 하고 싶지 않은 것도 인내하고 해낼 수 있고요. 이처럼 정서 조절 능력과 좌절 감내력을 두루 갖춘 아이가 진정한 영재라고 할 수 있습니다.

제가 자폐스펙트럼장애가 의심된다고 말씀드리자 진형이 아버님의 얼굴이 점점 굳어갔습니다. 그러다가 언짢은 표정으로 갑자기 진료실을 나가버렸죠. 드문 일이기는 하지만 부모님 중 아이의 상태를 받아들이지 못해 감정을 추스르지 못하는 분이 있기 때문에 저는 남편의 행동에 당황해하며 연신 사과하는 어머님을 안심시켰습니다.

아버님이 진료실을 나가신 후에도 면담은 계속 이어졌습니다. 그런데 어머님이 비밀스럽게 전달할 이야기라도 있는 듯 갑자기 목소리를 낮추었습니다.

"아까 애 아빠가 옆에 있어서 말씀을 못 드렸는데, 사실은 신형이가 어린이집에서 여러 번 문제를 일으켰어요. 곤충 모형을 어린이집에 가지고 가서 친구들이 징그럽고 싫다는데도 졸졸 쫓아다니며 보여주고 계속 그것에 대해서만 이야기했어요. 다른 아이들과는 어울리지 않고 그 모형을 줄 세우면서 혼자만 놀았고요. 최근에는 진형이가 줄 세워놓은 모형을 친구가 실수로 건드렸는데, 애가 폭발해서는 그 친구를 밀치고 때려서 한바탕 난리가 났어요."

진형이는 이 일로 어린이집에서 강제 퇴소당할 뻔했다고 합니다. 어머님은 이 사건이 터지게 만든 장본인은 아버님이라며 원망하는 듯 말씀하셨습니다.

"사실 진형이가 바퀴벌레 같은 곤충 모형에 빠졌을 때부터 보통 아이들은 이런 걸 징그러워한다는 것을 아니까 어린이집에 못 가져가게 하려고 애썼어요. 그런데 애 아빠는 오히려 그런 저를 못마땅해하고 아이 편을 들더라고요. 그러니 아이가 제 말을 듣겠어요? 결국 그 일이 터지고 나서 애 아빠가 심각성을 깨닫고 단속하기 시작했는데 진형이 고집이 보통이어야 말이죠. 곤충 모형이 없으면 어린이집에 안 간다고 드러눕고, 심할 때는 벽에 머리를 박기까지 하니까 두 손 두 발 다 들었어요."

그렇다면 어머님 말씀처럼 진형이가 단지 고집이 세서 문제 행동이 개선되지 않는 걸까요?

고집 센 아이 훈육법

일반적으로 아이들은 만 2~3세가 되면 자신을 개인으로 인식하는 자아 개념이 발달합니다. 자립심이 커지면서 자기주장이 강해지고 고집이 늘어나고요. 이전까지 말 잘 듣던 순한 아이가 갑자기 엄마나 아빠가 하지 말라고 해도 하고 싶은 건 뭐든 끝까지 하려고 하거나, 자신이 원하는 대로 되지 않으면 울면서 떼쓰고, 소리를 지르면서 짜증과 화를 내죠.

지금까지 큰 어려움 없이 잘 크던 아이가 고집 센 아이로 돌변하면 부모님 입장에서는 당황스럽고 힘이 들 수밖에 없습니다. 그러나 이는 매우 자연스러운 발달 과정이기 때문에 아이의 생각이나 주장을 적절하게 인정해줘야 합니다. 이 시기는 아이의 자존감 형성에 매우 중요한 시기이기 때문입니다.

누군가로부터 자신의 생각이나 주장을 인정받는 아이는 건강한 마음과 자존감을 형성합니다. 그에 반해 매번 자신의 생각과 주장을 부정당하고 어떤 행동을 할 때마다 "안 돼", "하지 마!", "위험해"라고 제지당하면, 자존감을 형성하는 데 어려움을 겪을 뿐 아니라 반발심만 커져 더욱 떼를 쓰고 고집을 부리게 됩니다. 즉 아이의 생각이나 주장을 인정해야 부모와 자녀의 관계가 좋아지고, 아이가 자연스럽게 부모를 신뢰하고 따르게 되죠.

물론 그렇다고 해서 아이의 고집을 무조건 허용하라는 것은 아닙니다. 아이가 말이 안 되는 주장을 계속하고 옳지 않은 행동을 지속적으로 하는 경우에는 아이의 마음은 인정해주되 적절하게 훈육해야 합니다. 이 시기는 자존감 형성뿐 아니라 도덕성 발달에도 중요한 시기니까요. 만약 아이의 자존감만 생각하며 해서는 안 되는 행동을 계속 묵인한다면 이 아이는 사회에서 요구하는 배려, 양보, 예의 등을 습득하지 못하게 됩니다. 그뿐 아니라 어린이집, 유치원, 학교, 직장 등 다양한 사회적 환경에 적응하는 데 많은 어려움이 따를 수 있습니다.

아무리 이론에 정통해도 생각치럼 잘 되지 않는 것이 자녀 훈육입니다. 특히 유난히 고집 센 아이들은 더더욱 그렇습니다. 아이가 자기 마음대로 안 되면 지칠 때까지 악을 쓰며 울고, 물건을 던지고, 상대방을 할퀴거나 때리고, 아무 데나 드러눕고, 벽에 머리까지 박는다고 생각해보세요. 아무리 침착하고 이성적인 부모님이라도 평정심을 유지하며 훈육하기란 너무나도 어려울 겁니다.

그러나 부모는 아이를 낳은 사람이기도 하지만 아이를 양육해야 하는 의무와 책임이 있는 주체입니다. 자녀가 다른 아이들보다 키우기 힘들다고 해서 훈육을 소홀히 할 수는 없겠죠. 부모는 아이가 잘못된 행동을 바로잡을 기회, 올바르게 성장할 기회를 제공해야 합니다. 이를 소홀히 하는 것은 아이를 포기하고 방치하는 것과 다름없습니다. 그렇다면 유독 고집이 센 아이들은 어떻게 훈육해야 할까요?

우선 훈육하기에 앞서 자녀가 아직 사회성 발달이 미흡해 자기중심적 성향이 강한 유아기의 어린아이라는 사실을 명심해야 합니다. 또 자녀가 언어 발달이 충분히 이루어지지 않아 언어를 통한 의사 표현 능력이 떨어진다는 사실, 자기 조절 능력과 감정을 표현하는 능력이 부족하다는 사실도 기억해야 합니다. 유아들은 전반적인 발달이 아직 이루어지지 않아 다른 사람을 배려하고 이해하기보다 자신의 의사가 가장 중요하며, 의사 표현을 제대로 하지 못하니 답답한 마음에 떼를 쓰고 고집을 부립니다. 이 점 하나만 기억해도 말이 안 되는 이유로 생떼를 쓰고 고집을 부리는 아이 앞에서 좀 더 침착하고 이성적으로 훈육할 수 있을 겁니다.

그러니 유아기인 자녀라면 고집을 부릴 때 부모님이 자녀의 생각과 마음을 알아차리는 것이 무엇보다 중요합니다. 아직은 언어로 자기 생각과 마음을 잘 표현하지 못하고 자기 조절 능력이 떨어지는 아이 대신 부모님이 그 생각과 마음을 표현하고 공감해주는 것이죠.

특정 대상을 좋아하는 것은 아이 개인의 취향일 수 있지만 그것이 다른 사람들을 불편하게 만들고 갈등과 문제를 일으킨다면 그때는 반드시 훈육이 필요합니다. 아이가 자신이 좋아하는 커다란 곰 인형을 어린이집에 가져가겠다며 고집부리는 상황을 가정해볼까요.

이때 "안 돼. 가져가지 마", "가져가면 혼나"라며 고함을 치거나 윽박질러서는 안 됩니다. 강압적으로 인형을 빼앗거나 화가 난다고 아이를 때려서도 결코 안 되고요. 이렇게 하면 아이는 부모님의 말을 듣기는 하겠지만 그것은 자신의 잘못을 깨닫고 하는 행동이 아닙니다. 단지 강압적인 부모님의 모습에 겁에 질려 문제 행동을 잠시 멈춘 것뿐입니다.

훈육은 아이에게 옳고 그른 것이 무엇인지, 해야 할 행동과 하지 말아야 할 행동이 무엇인지 알게 하는 것입니다. 동시에 바른 행동을 대안으로 제시해 나중에는 그 문제 행동 대신 바른 행동을 할 수 있도록 돕는 것이고요. 따라서 아이가 문제 행동을 멈추었더라도 스스로 무엇이 잘못되었는지 깨닫지 못했다면 이는 진정한 훈육이라고 볼 수 없습니다.

진정한 훈육을 하려면 아이가 떼를 쓰고 고집을 부릴 때 강압적으로 다그치고 윽박지르는 게 아니라 "지금 어린이집에 곰 인형을 가지고 가고 싶은데 엄마가 못 가져가게 하니까 너무 속상하구나?"라고 **아이의 생각과 감정을 언어로 대신 표현해주며** 공감해줘야 합니다

다. 그러면 아이는 부모님이 자신의 욕구와 감정을 이해했다고 느끼고 부모님의 지시를 수용하려는 마음을 갖게 됩니다. 또 그 과정에서 자신의 생각과 감정을 언어로 표현하는 법을 익히죠. 공감받는다는 느낌이 들지 않는 훈육은 아이 입장에서는 부모가 자신을 간섭하고 통제하는 것이라고 여기게 할 뿐입니다.

부모가 자신의 욕구를 이해했다고 느끼게 한 다음에는 아이의 요구를 들어줄 수 없는 이유를 짧고 쉽게 설명해야 합니다. "이렇게 큰 곰 인형은 어린이집에 놓을 곳이 없어서 가져가면 안 돼"라고 말해주는 것입니다. 그런 다음 "곰 인형은 집에 돌아오자마자 갖고 놀자. 대신 네 손등에 곰 도장을 찍어줄게"라고 대안 행동을 제시합니다.

고집 센 아이 훈육법

아이의 생각과 감정을 말로 표현하고 공감해주기
(수용하기)

▼

아이에게 요구를 들어줄 수 없는 이유를 짧고 쉽게 설명하기
(제한 전달하기)

▼

아이에게 대안 행동 제시하기
(대안 행동 제시하기)

▼

부모의 요구에 긍정적 반응을 보인 아이에게 칭찬과 보상해주기
(바른 행동 강화하기)

이때 아이가 자신의 욕구를 참아내고 부모님의 말을 수용하면 칭찬이나 보상을 통해 바른 행동을 하려는 아이의 긍정적 행동을 강화하면 좋습니다.

아이의 느낌을 받아들여야
훈육이 쉬워집니다

그렇다면 고집 센 일반 아이를 위한 훈육법이 진형이에게도 통할까요? 우선 훈육이 한 번에 통하는 아이는 거의 없습니다. 고집이 센 만큼 장기간 계속해서 저항하고 자신이 원하는 대로 하려고 할 겁니다. 하지만 훈육이 반복되면 '특별한 경우'가 아니면 어느 순간 아이가 고집을 꺾고 부모님의 말을 따르게 됩니다.

다만 진형이는 '특별한 경우'에 속하는 아이입니다. 진형이는 단순히 기질이나 성격 때문에 고집이 센 게 아니라 발달장애로 고집 센 양상을 보였죠. 그렇기 때문에 일반적인 훈육법이 진형이에게는 잘 통하지 않을 수 있습니다. 진형이가 곤충 모형에 집착하는 것은 특정 대상이나 주제에 대해 과도한 관심과 집착을 보이는 자폐스펙트럼장애의 특성에서 기인하기 때문입니다. 특정 대상이나 주제에 대한 자폐 아이들의 관심과 집착은 비정상적으로 강하기 때문에 일반적인 훈육법으로는 진형이의 문제 행동을 통제하기 어렵습니다. 특히 진형이는 어린이집에 곤충 모형을 가져가지 못하게 했을 때 자해나 공

특정 대상(또는 주제)에 대한
비정상적인 관심과 집착을 보이는
자폐스펙트럼장애 아이들의 모습

- 관심 있는 대상(또는 주제) 외에는 다른 어떤 것에도 흥미가 없다.
- 친구들과 있을 때도 관심이 있는 대상(또는 주제)에 대해서만 이야기한다. 친구가 흥미를 보이지 않거나 지겨워해도 아랑곳하지 않는다.
- 관심 있는 대상(또는 주제)에 대한 애착이 강하고 지속적이어서 잠시도 벗어나지 못한다. 벗어나게 하려는 시도에 강하게 저항하며, 심한 경우 자해 행동을 한다.
- 관심 있는 대상(또는 주제)에 대한 모든 지식을 쌓는다.

격적인 행동을 할 만큼 관심과 집착의 강도가 높기 때문에 다른 방식으로 훈육해야 합니다.

진형이처럼 자폐스펙트럼장애로 느린 아이를 제대로 훈육하려면 아이의 '느림'을 받아들이는 것이 가장 중요합니다. 아이가 자신의 의지와 상관없이 떼를 쓰고 고집을 부리는 행동이 장애의 증상임을 부모님이 이해하는 것만으로도 훈육이 훨씬 쉬워집니다.

자폐스펙트럼장애 때문에 특정 대상이나 주제에 집착하면서 일반적인 훈육이 통하지 않는다면 증상을 완화하는 전문적 치료가 반드시 이루어져야 합니다. 진형이의 경우 곤충 모형에 대한 관심을 다른 대상으로 전환하는 행동 치료가 필요합니다. 특히 못하게 하면 자해를 할 정도로 집착 강도가 높을 경우에는 이를 완화할 수 있는 약물 치료도 병행해야 합니다. 이와 함께 특정 장애로 인한 아이의 특징적 모습을 고려한 훈육을 해야 고집스러워 보이는 아이의 문제 행동을 제대로 교정할 수 있습니다.

예를 들어 자폐스펙트럼장애 아이들은 언어적·비언어적으로 의사소통 능력이 떨어지다 보니 상대방이 하는 말이나 표정, 제스처 등에 숨은 의미를 잘 파악하지 못합니다. 따라서 부모님은 아이가 어떤 행동을 하기를 원하는지 이야기하실 때 직접화법으로 정확하게 말해주셔야 합니다. 간접적이거나 은유적인 표현을 쓰면 아이는 이해하기 어려워합니다.

또 자폐스펙트럼장애 아이들은 일반 아이들에 비해 정보를 처리하고 반응하는 속도가 느리기 때문에 되도록 단계별로, 간단한 문장을 사용해서 훈육하는 것이 효과적입니다. 예를 들어 오랜만에 할머니가 집에 오셨다고 가정해보겠습니다. 그런데 아이가 할머니를 본체만체하며 제대로 인사하지 않습니다. 할머니가 선물로 가져온 장난감을 주실 때도 아무 말 없이 낚아채듯 가져가고요. 예의에 어긋나는 행동을 하는 아이를 훈육하지 않을 수 없겠죠. 부모님이 아이에게 이렇게 이야기한다고 해보겠습니다.

"어른이 집에 오시면 '안녕하세요'라고 인사하고, 어른이 선물을 주실 때는 공손하게 두 손으로 받으면서 '감사합니다'라고 해야지."

이런 식으로 여러 지시 사항을 긴 문장으로 한꺼번에 말하면 느린 아이들은 이 내용을 이해하기 어려워합니다. 설사 이해했다 하더라도 이 정보를 처리하는 데 오랜 시간이 걸리기 때문에 다음과 같이 훈육해야 합니다.

"○○아! 할머니께 '안녕하세요' 하고 인사해야지."

엄마의 지시에 따라 아이가 인사를 했다면 이어서 알려줍니다.

"어른이 선물을 줄 때는 두 손으로 받아야 하는 거야."

이때 아이가 두 손을 내밀었다면 다시 선물을 주면서 단계적으로 알려줍니다.

"어른께 선물을 받았으면 '감사합니다' 하고 말해야지."

이렇게 해야 훈육을 통해 느린 아이의 문제 행동을 좀 더 수월하게 교정할 수 있습니다.

느린 아이들은 정보를 처리하는 데 오랜 시간이 필요하고 어른의 말을 이해하고 따르는 데도 어려움을 겪기 때문에 훈육할 때 일반 아이들보다 더 많은 인내가 필요합니다. 아이가 지시에 반응할 때까지 충분한 시간을 주고, 이를 침착하게 기다리는 자세를 가져야 느린 아이를 효과적으로 훈육할 수 있습니다.

부모가 자녀를 객관적으로 바라보는 것은 쉽지 않은 일입니다. 그러나 ==부모는 어떤 이유로든 아이가 훈육이 필요한 문제 행동을 했을 때 이를 회피하거나 부정하지 않고 직시하면서 바르게 행동할 수 있도록 도와야 합니다.== 특히 장애로 인해 느린 아이들은 문제 행동을 하는 이유가 복잡하고 교정하기 어렵기 때문에 치료와 함께 적극적으로 훈육에 임해야 합니다. 그래야 자녀가 사회의 구성원으로서 올바르게 행동하며, 다른 사람들에게 독립된 인격체로서 존중받으며 건강하고 행복한 삶을 살 수 있습니다.

느린 아이 훈육의
4가지 원칙

진료받기까지 몇 년이 걸리다 보니 어릴 때는 느린 아이라고 생각해 진료를 예약을 했다가도 문제 증상이 저절로 사라져 중도에 취소하는 부모님이 꽤 있습니다. 오랜 시간 또래 아이들과 좀 다른 모습을 보여 걱정과 불안에 마음 편한 날이 없었던 부모님 입장에서는 얼마나 다행스러운 일인가요. 저 역시 부모님께서 이런 이유로 예약을 취소하는 경우라면 언제든 반깁니다.

그런데 아이의 문제 행동이 사라졌음에도 진료를 보러 오는 부모님도 적지 않습니다. 아이가 정상적으로 잘 발달하고 있다는 것을 알지만 전문가의 입을 통해 그 사실을 확인받고 싶은 것이죠. 두 달 전 저를 찾아온 만 8세 민욱이 어머님도 그런 경우였습니다. 3년 전

ADHD가 의심되어 저희 병원을 예약했지만, 그 사이 걱정했던 증상이 사라져 굳이 병원을 찾지 않아도 되는데 어머님은 민욱이를 데리고 저를 찾아오셨습니다. 아이에게는 아무런 설명도 없이 말이죠. 영문을 모른 채 엄마 손에 이끌려 병원에 온 민욱이의 얼굴은 불만으로 가득 차 있었고 진료 시간 내내 제 질문에도 시큰둥하게 답했습니다.

"민욱아, 갑자기 병원에 와서 당황했지?"

"네, 저 오늘 왜 병원에 온 거예요? 엄마가 아무 말도 안 했는데…."

"그래도 짜증 내지 않고 여기까지 따라왔네? 민욱이 엄청 훌륭하다. 그런데 오늘 민욱이가 병원에 와서 선생님 만났잖아. 선생님한테 도움받고 싶은 건 없어? 공부할 때 집중이 잘 안 된다거나 친구들과 사이좋게 지내기가 힘들다거나, 아니면 엄마, 아빠 포함해서 가족들에게 불만이 있다거나 조금이라도 도움이 필요한 부분은 없을까?"

그러자 민욱이는 뭔가 할 말이 있는 듯 망설였습니다. 그런 민욱이가 편안하게 속마음을 털어놓을 수 있도록 유도했습니다.

"다른 건 없는데 엄마한테 불만이 좀 많아요."

"그렇구나. 어떤 게 불만이야?"

"엄마는 맨날 이랬다저랬다 해요."

민욱이의 말에 어머님은 기가 막힌다는 듯 입을 다물지 못했습니다. 아이가 도대체 무슨 말을 하는지 이해할 수 없다는 표정이었죠.

"엄마는 **똑같은** 행동에 대해 어떨 때는 된다고 하고, 어떨 때는 안 된다고 해요. 며칠 전 놀이터에 나가서 놀려고 했는데 엄마가 혼자는 위험하니까 집에서 게임하면서 놀라고 했거든요. 그래서 그렇게 했는데 다음 날에는 갑자기 왜 집에서 게임만 하냐고 뭐라고 하는 거예요. 진짜 엄마는 자기 마음대로예요."

민욱이의 말에 따르면 엄마는 똑같은 행동에 대해 어떨 때는 칭찬을 했다가 어떨 때는 잔소리를 한다는 것이었죠. 어떨 때는 하나부터 열까지 도움을 줬다가, 어떨 때는 혼자서 그것도 못하냐며 핀잔을 주기도 하고요. 또 다른 사람이 있을 때와 없을 때, 집에 있을 때와 밖에 나갔을 때 자신을 대하는 태도가 달라진다고 했습니다. 한마디로 민욱이는 엄마의 '일관성 없는 태도'에 불만을 가지고 있었습니다.

==일관성 없는 훈육은 저를 포함한 거의 모든 전문가가 가장 경계해야 할 훈육 방식으로 지목할 만큼 아이에게 심각한 악영향을 미칩니다.== 부모의 훈육이 때에 따라 달라지면 아이는 어떤 행동이 옳고 그른지 몰라 혼란스러워하며 불안감을 느끼게 됩니다. 그러면 살아가는 데 필요한 바람직한 행동 기준을 마련해주지 못하는 것은 물론, 아이가 정서적으로 안정감 있게 성장하는 데도 방해가 되죠.

또 아이 입장에서는 일관된 기준을 제시하지 못하는 부모님을 신뢰하지 않게 됩니다. 그러다 보니 부모님의 말을 무시하는 등 문제 행동을 일으킬 수 있죠. 그뿐 아니라 자신에 대한 일관된 이미지를 갖추지 못하게 되어 긍정적인 자아상을 형성하는 데 어려움이 따르고, 무엇이 옳고 그른지에 대한 가치판단과 자기 확신이 어려울 수 있습니다. 나아가 민욱이처럼 아이가 비일관적인 훈육을 인지하고 불만을 갖는다면, 부모님과 갈등을 빚거나 심한 경우 관계가 돌이킬 수 없을 정도로 틀어지기도 합니다.

그런데 부모님들은 잘 아시겠지만 훈육할 때 일관성을 유지하기가 매우 어렵습니다. 특히 장애로 인한 느린 아이를 키우는 부모님은 더욱 그러시죠. 이 아이들은 무엇이 적절한 행동인지에 대한 개념이 정립되어 있지 않은 데다, 훈육에 성공하기까지 많은 시간과 인내가 필요하기 때문에 일관성을 유지하기가 상당히 어렵습니다. 무엇보다 장애가 있는 아이들은 문제 행동을 제지했을 때 소리를 지르고, 바닥에 드러눕고, 물건을 던지고, 자해를 하고, 부모님을 공격하는 등 비정상적인 강도로 반항하고 분노하면서 공격적인 모습을 보이기 때문에 부모님이 평정심을 유지하기가 쉽지 않습니다.

실제로 저를 찾아오는 느린 아이를 둔 부모님들 중에도 이 문제로 고민하는 분이 많습니다. 하지만 아이가 격렬하게 저항할수록 단호함과 일관성을 유지해야 합니다. 아이가 강하게 반항하고 분노할 때마다 감당이 안 된다는 이유로 문제 행동을 묵인하면 아이가 '어? 이렇게 행동하니까 엄마, 아빠가 내 말을 들어주네?'라고 생각해 문제 행동은 교정되지 않고 공격적인 행동만 강화됩니다. 아이가 반항하면서 공격적으로 나올 때 버티다가 결국 허용하는 부모님의 태도는 느린 아이들에게 가장 해로운 행동 중 하나입니다. 따라서 아이가 강하게 저항할수록 더욱 평정심과 일관성을 잃지 않고 끝까지 일관성을 유지하는 것은 매우 중요합니다.

하나,
아이가 강렬하게 저항하는 상황 파악하기

그렇다면 격렬하게 저항하면서 공격적으로 행동하는 아이를 어떻게 일관되게 훈육해야 할까요? 현실적으로 아이가 강하게 저항할 때 부모님이 일관성을 유지하기가 무척 어려운 만큼, 저항할 수 있는 상황을 최대한 피하려는 노력이 필요합니다. 그러기 위해서는 아이의 특성은 어떤지, 어떤 상황에서 아이가 강한 저항을 보이는지 잘 살펴야 합니다.

==자폐스펙트럼장애 아이들은 예측하지 못한 상황에 놓였을 때 일반 아이들보다 쉽게 불안해하고 두려움을 느낍니다.== 문제 행동은 바로 이 불안과 두려움을 해소하기 위한 수단이라고 할 수 있죠. 따라서 이 행동을 제지하면 아이 입장에서는 자신의 불안과 두려움을 완화할 수 있는 유일한 수단을 빼앗기는 셈이므로 격렬하게 저항하고 분노합니다. 그러므로 아이가 ==익숙하지 않은 장소에 갈 예정이거나 일정에 변화가 있다면 반드시 미리 알려주어야 합니다.== 그래야 아이의 강한 저항 앞에서 일관성 없이 문제 행동을 허용하는 것을 최대한 줄일 수 있습니다.

앞에서도 여러 번 이야기했지만, 자폐스펙트럼장애를 지닌 아이들은 감각 처리 문제로 특정 자극에 예민한 경우가 많습니다. 따라서 평소 아이가 어떤 자극에 예민하게 반응하는지 파악해 가급적 이 자극이 많은 장소는 피하는 것이 좋습니다. 가령 아이가 청각이 예민해서 공연장처럼 소리가 울리는 공간을 싫어한다면 연극이나 뮤지컬 등을 보지 않는 편이 좋습니다. 만약 이를 고려하지 않고 아이가 싫어하는 자극이 넘쳐나는 장소에 갔다가 아이의 문제 행동이 두드러져 진정되지 않는다면 어떻게 될까요? 부모님 입장에서는 주변 사람들에게 폐가 될까 봐 단호하고 일관된 훈육을 하기 어렵습니다.

다만 ==불가피하게 그 자극을 접할 수밖에 없다면 이를 맞닥뜨려 적응하게 해야 합니다==. 예를 들어 외부 활동 중 공공화장실의 핸드 드라이어 소리에 과민하게 반응해 화장실 들어가기를 거부한다면, 아이를 화장실에 데리고 들어가 핸드 드라이어 소리를 견디게 해야 합니다. 일종의 '노출-탈감작' 행동 수정 기법을 시도하는 것이죠.

또 아이가 어떤 상황에서 문제 행동을 보이는지 파악하는 것도 중요합니다. 예를 들어 아이가 놀이터에서 자기 차례를 기다리지 못하고 끼어들거나 다른 아이를 밀치는 등의 문제 행동을 보인다면 아이들이 많은 시간을 피하는 것도 방법입니다. 이를 통해 기다리지 않고 그네를 탈 수 있도록 해주고, 놀이터에 가기 전 아이에게 문제 행동을 했을 때와 안 했을 때 어떤 보상과 벌칙이 주어지는지 알려줌으로써 문제 행동을 덜 하도록 도와주는 것이 필요합니다. 그래야 좀 더 수월하게 일관된 훈육을 할 수 있습니다.

그러나 느린 아이들은 전혀 예상치 못한 상황에서 문제 행동을 보일 수 있기 때문에 부모님이 모든 문제 행동을 제어할 수는 없습니다. 언제든 문제 행동을 제지하고 이에 격렬하게 저항하는 아이와 마주해야 하죠. 이때 일관성을 잃지 않고 훈육하려면 부모님 스스로 아이의 어떤 행동을 훈육하고자 하는지 명확하게 인지해야 합니다. 그래야 아이가 강하게 저항할 때 감정적으로 대처하지 않고 일관성을 지키며 훈육할 수 있습니다.

둘,
단순 명료한 언어로 훈육하기

병적인 느린 아이를 훈육할 때 반드시 필요한 것이 단순하고 간결한 지시입니다. 특히 자폐스펙트럼 아이들은 말에 숨은 뜻이나 다른 사람의 미묘한 감정, 의도 등을 파악하는 데 어려움이 있기 때문에 부모님이 어떤 행동을 기대하는지 아주 분명하고 정확하게 전달해야 합니다. 그래야 심하게 반항하고 분노하는 아이를 좀 더 쉽고 빠르게 진정시킬 수 있습니다.

이때 아이에 대한 죄책감을 버려야 합니다. 발달이 느린 자녀를 둔 많은 부모님이 죄책감을 느끼곤 합니다. "혹시 제가 임신 중 스트레스를 많이 받아서 그런가요?", "아이가 어릴 때 부부 싸움을 많이 해서 애가 느린 걸까요?", "제가 너무 일찍 아이를 떼어놓고 복직해서 그런가요?" 등 자녀의 발달장애 원인을 자신에게 찾는 경우가 많습니다. 그러나 발달이 느린 데는 매우 다양한 요인이 있습니다. 부모의 정신적 문제나 아동학대, 방임 같은 병적 양육 태도에서 비롯된 발달 지연이 없지는 않지만 한 가지 원인으로 설명할 수 없다는 의미입니다.

　부모님의 과도한 죄책감은 느린 아이의 양육에 오히려 독이 됩니다. 아이의 문제 행동에 일관되고 단호하게 대처하기 어려워 아이의 발달과 기능 향상이 더욱 늦어질 수 있다는 점을 기억하세요.

셋,
부모의 훈육 태도 통일하기

　또 하나 중요한 것은 부모님 두 분의 훈육 태도가 일치해야 한다는 것입니다. 가령 어머님은 강하게 저항하는 아이를 단호하고 일관되게 훈육하려고 하는데 아버님이 아이 편을 들면서 감싸주면 아이는 어떤 행동이 옳고 그른지 혼란스러워합니다. 그뿐 아니라 자기를 두둔하는 아빠의 약한 마음을 자극하기 위해 저항 강도를 더 높입니다. 그러면 아이의 문제 행동은 고쳐지지 않고 공격적인 행동만 강화되죠. 서로 다른 부모님의 훈육 태도는 일관된 훈육을 크게 방해하는 요소이므로 부모님의 의견이 다를 때는 충분한 의논을 거쳐 아이 앞에서는 일관된 대응을 하도록 노력해야 합니다.

넷,
부모 마음부터 돌아보기

마지막으로 부모님 자신의 마음을 돌보는 것도 일관된 훈육과 긴밀한 관계가 있습니다. 아이가 발달장애로 심각한 문제 행동을 보일 때, 부모님들은 심적으로 지치고 우울해지기 쉽습니다. 이런 상태에서는 강하게 저항하는 아이를 일관되게 훈육하기 어려우므로 자신의 마음을 돌보는 것을 결코 소홀히 해서는 안 됩니다.

**강하게 저항하는 느린 아이
일관되게 훈육하는 방법**

- 낯선 장소에 가거나 일정 변화가 생기면 아이에게 반드시 미리 알려준다.
- 아이가 싫어하는 자극이 많은 장소는 가급적 피한다.
- 일상생활에 필수적이고 불가피한 자극은 노출시켜 적응하도록 한다.
- 부모 스스로 아이의 어떤 행동을 훈육하고자 하는지 명확하게 인지한다.
- 아이에게 단순하고 명료하게 직접적으로 지시한다.
- 아이에 대한 죄책감을 갖지 않는다.
- 부모 두 사람의 훈육 태도를 통일한다.
- 부모 자신의 마음을 돌본다.

아이들은 어떤 상황을 가장 힘들어하고 불안해할까요? '내가 어떻게 해야 할지 모를 때'입니다. 특정 상황에서 어떤 행동을 하는 것이 적절한지 알지 못할 때 아이들은 불안해하고 고통스러워합니다. 따라서 부모님께서는 훈육을 통해 아이가 어떤 행동을 하는 것이 바람직한지 행동 기준을 마련해주어야 합니다. 아이들은 부모님의 일관된 훈육으로 안정감을 느끼고 살아가는 데 필요한 바람직한 행동을 늘려나갑니다.

그러니 평소에는 아이에게 사랑하는 마음을 많이 표현하되, 아이가 잘못된 행동을 했을 때는 단호하고 일관되게 가르쳐주세요. 부모님들 중에 아이를 단호하게 대하면 상처받고 자신을 미워하게 될까 봐 주저하는 분이 있는데, ==잘못된 행동을 했을 때 단호하고 일관되게 반응하지 않으면 아이는 훨씬 더 불안해하고 문제 행동과 강한 저항을 멈추지 않습니다.==

부모님을 사랑하는 아이의 마음은 세상에서 '가장 당연한 전제'입니다. 부모님이 아이의 잘못된 행동을 허용하면서까지 사랑받으려고 애쓰지 않아도 아이는 부모님을 '그냥' 사랑합니다. 그러니 느린 아이든 아니든 아이를 위해 단호하고 일관되게 훈육하세요. 그래야 정서적으로 편안함을 느끼며 바른 행동을 하는 아이로 자랄 수 있습니다.

산만하고 느린 아이에게
효과적인 훈육법

 산만하고 느린 아이들은 대체로 말썽쟁이, 문제아로 취급받는 경우가 많습니다. 다른 사람들 눈에는 유별나 보이기도 하고, 주변에 시끄러운 일이 많기 때문입니다. 특히 행동이 과하고 충동적이고 산만해서 어딜 가든 눈에 띄고 사건 사고가 많은 ADHD 아이들은 더더욱 이런 경향이 강합니다. 최근 저를 찾아와 ADHD 진단을 받은 만 7세 범우도 어릴 때부터 주변에서 알아주는 말썽쟁이였습니다. '김범우' 하면 범우가 다니는 어린이집과 초등학교 선생님, 학부모들, 같은 아파트 단지 엄마들이 다 알 정도로 명성이 자자했죠. 그러다 보니 범우 어머님은 늘 가슴을 졸인다고 했습니다.
 "어딜 가든 항상 문제를 일으키고 다른 아이들과 싸우니 마음이 편할 날이 없어요. 어린이집에 다닐 때도, 초등학교에 들어가서도 선생님한테 하루가 멀다 하고 아이를 단속해달라는 전화가 오니까 이제는 휴대폰만 울려도 가슴이 철렁 내려앉아요. 언제 터질지 모르는 지뢰밭을 걷는 것 같은 기분이에요."

지금까지 어디에다 말도 못하고 마음에 꾹꾹 담아두셨던 모양인지 어머님은 이제껏 범우가 보인 행동을 봇물 터지듯 하소연하셨습니다. 문제 행동을 하는 아이의 어머님들에게서 흔히 볼 수 있는 전형적인 모습이었죠.

그렇게 어머님의 이야기가 끝난 뒤 이번에는 범우와 이야기를 나누었습니다. 그런데 범우의 말을 듣다 보니 어머님이 잔소리를 많이 하는 경향이 있다는 생각이 들었습니다. 물론 어머님은 잔소리가 아닌 훈육을 하고 있다고 생각하셨지만, 정말 훈육이었을까요? 범우 어머님이 훈육이었다고 생각하는 에피소드를 예로 들어 살펴보겠습니다.

평소 범우와 어머님은 장난감을 정리하는 문제로 갈등하는 일이 많았습니다. 주의 집중력이 떨어지고 산만한 ADHD 아이들은 한 가지 장난감과 놀이에 집중하는 시간이 워낙 짧다 보니, 장난감을 모두 꺼내놓고 이걸 했다 저걸 했다 하는 경향이 있습니다. 그러다 보니 많은 ADHD 아이들이 장난감 정리 문제로 부모님과 갈등을 빚곤 하죠. 범우네도 예외는 아니어서 어머님은 거의 매일 범우에게 장난감을 가지고 놀고 난 후에는 정리하라고 이야기했습니다.

"장난감 정리하라는 말을 아마 하루에도 수십 번은 할 거예요. 그렇게 해야 애가 겨우 정리하니까 그 말을 안 할 수가 없어요."

어머님은 그 상황만 떠올리면 스트레스를 받는지 목소리가 커졌습니다. 이 문제로 어머니와 범우가 얼마나 아옹다옹했는지 직접 눈으로 보지 않아도 충분히 짐작할 수 있을 정도였죠.

"나도 정리하려고 한단 말이야. 그런데 엄마가 자꾸자꾸 정리하라고 하잖아. 맨날 빨리빨리 하라고…."

그동안 범우도 억울한 게 많았는지 엄마에 대한 불만을 털어놓았습니다.

"정리하라고 하면 너 맨날 딴짓하잖아. 그러니까 엄마가 계속 말하지."

"엄마가 계속 이야기 안 해도 정리하려고 생각해. 하려고 하는데 엄마는 맨날 뭐라고 하고 화부터 내잖아."

저는 범우에게 정리 문제로 싸울 때 엄마가 어떤 식으로 화를 내는지 물었습니다.

"엄마는 맨날 좋은 말로 할 때 들으라고 하고, 저한테 잘하는 게 하나도 없대요. 제가 바보래요."

그 생각을 하면 기분이 우울해지는지 범우의 얼굴이 어두워졌습니다.

"저는 너무 화가 나니까 그러는 거예요. 어쨌든 그러면 안 되는 건데 제가 잘못한 게 맞죠."

범우의 말에 민망하고 부끄러워졌는지 격앙되었던 어머님의 목소리가 잦아들었습니다.

잔소리인지 훈육인지는
아이가 먼저 알아차립니다

그렇다면 여기서 범우 어머님은 훈육을 한 걸까요, 잔소리를 한 걸까요? 이 질문에 바로 답하기는 쉽지 않을 겁니다. 어질러놓은 물건을 스스로 정리하지 않고 방치하는 아이를 그대로 두면 공동체 생활을 할 때 다른 사람들에게 불편과 피해를 줄 수 있으니까요.

그러나 범우 어머님의 말을 훈육이라고 단정 짓기에는 알쏭달쏭한 부분이 있습니다. 왜 그럴까요? 바로 훈육과 잔소리의 경계가 모호하기 때문입니다. 부모님들이 어려워하시는 것도 바로 이 지점입니다. 그런데 훈육과 잔소리를 구분하기는 쉽지 않아도 그 결과는 확연히 다릅니다. 훈육은 아이가 살아가면서 지켜야 할 행동의 기준을 마련해 아이의 성장을 돕지만, 잔소리는 아이의 마음을 상하게 하고 의욕을 꺾기만 하거든요.

그렇다면 어떤 경우를 잔소리라고 할 수 있을까요? 대체로 아이들은 이런 경우에 부모님 말을 잔소리라고 여깁니다.

- 아이의 상황은 고려하지 않고 일방적으로 지시하고 명령할 때
- 상황과 상관없는 불필요한 말을 늘어놓을 때
- 필요 이상으로 꾸짖거나 참견할 때
- 아이의 잘못된 행동이 아니라 아이 자체를 문제 삼을 때
- 부모가 감정을 잘 조절하지 못할 때

- 작은 실수나 사소한 잘못을 지적할 때
- 아이의 말을 일방적으로 끊을 때
- 했던 말을 반복해서 할 때

이 기준에 대입해보면 범우 어머님은 훈육이 아니라 잔소리를 했다고 볼 수 있습니다. 범우에게 장난감을 정리하라는 말을 수없이 반복했고, 정리하려는 범우에게 일방적으로 지시하고 다그치며 화를 냈으니까요. 또 잘못된 행동뿐 아니라 범우 자체를 비난하기도 했고요. 그러니 어머님은 아이에게 훈육을 한다고 했지만 범우는 이를 훈육으로 받아들이지 않았습니다. 엄마가 자신이 못마땅해서 혼내고 잔소리를 한다고 생각했죠.

사실 잔소리를 한마디로 정의하기는 어렵습니다. 앞에 나열한 여덟 가지 경우가 아니더라도 아이가 부모님의 말을 잔소리라고 받아들인다면 그런 것이기 때문이죠. 핵심은 아무리 좋은 의도를 가지고 지시한다고 해도 잔소리는 아이의 마음을 닫게 만들 뿐, 잘못된 행동을 교정하는 효과는 크지 않다는 것입니다. 특히 ADHD와 같은 신경발달장애로 산만하고 느린 아이들에게는 더더욱 효과가 떨어진다는 점을 기억해주세요.

때때로 사소한 잘못은 넘어가주세요

산만하고 느린 아이들은 자신의 의지와 상관없이 집에서뿐만 아니라 다른 곳에서 지적을 많이 당합니다. 잔소리로 느껴지는 싫은 소리도 많이 듣죠. 그래서 부모님이 좋은 의도를 담아 훈육해도 같은 말을 부모님을 비롯해 수많은 사람들에게 귀에 못이 박히도록 들었기 때문에 그 말이 잔소리로 느껴질 가능성이 높습니다. 그뿐 아니라 잔소리를 많이 들으면 아이는 스스로를 '늘 지적받는 아이'라고 느껴 정작 중요한 사안에 대해 훈육할 때 귀담아듣지 않습니다. 따라서 산만하고 느린 아이를 효과적으로 훈육하려면 아무리 좋은 의도를 담은 말이라도 잔소리로 느껴지지 않도록 신경 쓰는 것이 중요합니다.

그러기 위해서는 우선 아이의 작은 실수나 사소한 잘못은 관대하게 넘어가는 자세가 필요합니다. 산만하고 느린 아이들은 기본적으로 일반적인 아이들보다 실수가 잦고 잘못된 행동도 많이 합니다. 그러다 보니 산만하고 느린 아이를 둔 부모님들은 아이라면 누구나 할 수 있는 사소한 실수에도 예민하게 반응하고 엄하게 통제하려고 하죠. 그러나 하나하나 지적하고 통제하는 부모의 말은 듣기 싫은 잔소리로 여겨질 수 있습니다.

따라서 자신과 타인을 위험하게 만들거나 다치게 하는 경우, 다른 사람에게 크게 피해를 주는 경우가 아니라면 일상에서 할 수 있는 작은 실수나 사소한 잘못은 추궁하지 말고 관대하게 넘어가는 것이 필요합니다. 그 관대함이 정말 중요한 사안에 대한 부모님의 훈육에 힘을 실어줄 겁니다.

아이에게는 간결한 말이 오래 남습니다

훈육할 때 핵심만 간결하고 분명하게 전달하는 자세도 필요합니다. 많은 부모님이 아이가 훈육한 내용을 잊어버리지 않고 오랫동안 기억하길 바라는 마음에 길게 설명하거나 내용을 반복하며 강조하곤 합니다. 하지만 우리 뇌는 같은 말을 자주 들으면 오히려 중요하지 않은 정보로 인식해 오래 저장하지 않으려고 합니다. 따라서 훈육할 때는 핵심만 명확하고 간결하게 전달하세요. 그러지 않으면 아이는 그 말을 오래 기억하지도 않을뿐더러 불필요한 말로 느낄 수 있습니다. 특히 산만하고 느린 아이들은 집중력도 쉽게 떨어지고 상대방의 말을 이해하는 데 어려움을 겪는 만큼, 이 부분을 더욱 신경 써야 합니다.

아이는 부모님의 '감정'에 주목합니다

산만하고 느린 아이를 훈육할 때 부모님의 분노를 다스리는 것은 대단히 중요합니다. 특히 발달장애로 인해 느린 아이들은 예상치 못한 상황에서 예상치 못한 방식으로 강렬하게 문제 행동을 보일 수 있습니다. 또 이를 통제하기도 어렵고요.

그러다 보니 느린 아이의 부모님은 자제력을 발휘하기 어려운 경우가 많습니다. 감정을 조절하지 못한 상태에서 언성을 높이며 이야기하면, 아이는 부모가 전하고자 하는 메시지가 아닌 '격한 감정'에 주목합니다. 자신의 잘못된 행동을 교정한다기보다 자신을 미워해서 화내는 것이라고 생각하죠. 그뿐 아니라 이 같은 상황에 반복적으로 노출되면 처음에는 두려움을 느끼던 아이들도 점점 무뎌져서 나중에는 부모 말을 가볍게 여기기 쉽습니다. 따라서 훈육할 때 부모님의 감정이 격앙되었다면, 잠시 시간을 두고 분노를 가라앉힌 다음 메시지를 전달하는 것이 효과적입니다. 그래야 아이가 훈육을 진지하게 받아들여 효과가 나타날 수 있습니다.

아이가 납득할 수 있는 훈육이 되도록

이때 부모 중심의 일방적인 훈육도 좋지 않습니다. 많은 부모님이 훈육이라는 이름으로 아이에게 일방적인 지시나 명령을 내립니다. 그러나 아무리 좋은 의도를 담고 있어도 아이의 입장을 고려하지 않은 말은 훈육이 아니라 잔소리일 뿐입니다. 아이가 자신의 상황을 항

변할 수 없는데 어떻게 부모의 일방적인 말을 조언이나 훈육으로 받아들일 수 있을까요? 특히 발달장애로 인해 느린 아이들은 자신의 의도나 의지와 상관없이 문제 행동을 하는 경우가 많기 때문에 부모님이 일방적으로 훈육을 하면 억울한 감정이 쌓이고 반항심만 더 커집니다.

느린 아이에게 효과적으로 훈육하려면 아이의 눈을 보고 메시지를 전하는 것도 중요합니다. 다른 사람이 하는 말에 관심이 없고 주의 집중을 잘 못하는 느린 아이들에게는 눈을 보고 정확하게 메시지를 전달해야 무게감 있게 받아들입니다.

느린 아이 훈육은 '마라톤'입니다

마지막으로, 잘못된 행동을 한 번에 바꾸려는 욕심을 버려야 한다고 강조하고 싶습니다. 발달 문제를 겪는 아이들은 이해력, 자기 조절 능력 등이 상대적으로 떨어지다 보니 일반적인 아이들보다 잘못된 행동을 교정하기가 훨씬 어렵습니다. 특히 자폐스펙트럼장애 아이들은 다른 행동으로 전환하기가 매우 어려운 만큼, 훈육을 통해 단번에 바꾸려고 하지 않는 것이 좋습니다. 한 번에 잘못된 행동을 고치려고 하면 조급한 마음에 위협적이고 공격적으로 말하게 되는데, 그러면 아이들은 부모님의 그런 모습에 위축되어 그저 혼이 난다고 생각합니다. 나중에는 그 두려움도 무뎌져 진지하게 받아들이지 않으려 하죠.

하루빨리 아이의 잘못된 행동을 고쳐주고 싶은 마음은 충분히 이해하지만 그 과정에서 오히려 부모님의 힘만 빠지고 훈육의 의미가 사라지기 쉽습니다. 그러므로 발달이 느린 자녀를 둔 부모님들은 훈육을 마라톤이자 장기전이라 생각하고 느긋한 마음으로 접근하는 자세가 필요합니다.

훈육을 할 때 아이가 부모님의 말씀을 건성으로 듣나요? 혹은 아예 못 들은 척하나요? 아니면 아무리 훈육을 해도 아이의 행동에 변화가 없나요? 그렇다면 지금 아이에게 훈육을 제대로 하고 있는지 곰곰이 생각해보시길 권합니다. 부모님은 훈육을 한다고 여기지만

느린 아이를 위한 효과적인 훈육법

- 작은 실수나 사소한 잘못은 그냥 넘어가기
- 훈육의 핵심만 간결하고 분명하게 전달하기
- 부모의 분노 다스리기
- 부모 중심의 일방적인 훈육 하지 않기
- 눈을 보고 메시지 전달하기
- 잘못된 행동을 단번에 바꾸려는 욕심 버리기

아이에게는 효과적이지 않을 가능성이 높으니까요.

발달 문제가 있는 느린 아이들은 타인이 하는 말에 관심이 없거나 새겨듣지 않는 경향이 있고, 일반 아이들보다 행동 변화가 더뎌서 부모님을 지치게 할 수 있습니다. 따라서 예측 가능한 규칙을 정해놓고, 그 규칙을 일관되고 단호하게 적용해보세요. 이를 통해 부모님 스스로 감정에 덜 휘둘리고 분노를 다스릴 수 있을 겁니다.

부모가 절대로
해서는 안 되는 말

아이가 부모님 마음에 쏙 드는 행동만 하고 시키는 대로 하면 얼마나 좋을까요? 하지만 세상에 그런 아이는 없습니다. 아무리 순하고 말 잘 듣는 아이도 부모님 마음에 안 드는 행동을 하죠. 그러다 보니 부모님이 아이에게 좋은 말만 하기는 정말 어렵습니다. 일반적인 아이들도 이러한데 느린 자녀를 키우는 부모님들은 어떨까요? 단 한 번도 원치 않았던 상황과 수없이 마주하면서 아무리 자제력이 있는 부모님이라도 인내심에 한계를 느낍니다. 실제로 저를 찾아오는 많은 부모님이 아이가 문제를 일으킬 때마다 자기도 모르게 거친 말이 튀어나와 고민스럽다고 털어놓곤 합니다. 3개월 전 저에게 ADHD 진단을 받은 만 6세 5개월(77개월) 연지 어머님도 그랬습니다.

"연지는 돌 지나고 걷기 시작하면서부터 가만히 있질 않았어요. 하루 종일 온 집 안을 돌아다니면서 물건을 자꾸 꺼내고 만지는데 순식간에 도둑맞은 집처럼 변했거든요. 밥을 먹을 때조차 한입 먹고 돌아다니고, 한입 먹고 돌아다니기를 반복해서 정신이 하나도 없었어요. 뭐 하나 처음부터 끝까지 진득하게 앉아서 집중하는 걸 본 적이 없고요. 식당이나 카페에 가서도 의자에 앉혀놓으면 다른 아이들은 잘만 앉아 있는데 연지만 자꾸 돌아다녔어요. 억지로 잡아다 앉히면 울고불고 난리를 쳐서 남편이나 저나 애 단속하느라 어디 가서 마음 편히 있은 적이 없었어요."

그래도 이때는 어머님이 참을 만했다고 합니다. 연지가 키우기 힘든 아이인 것은 사실이지만 아직은 모르는 것투성이인 어린 나이니까 그럴 수 있다고 생각했던 거죠. 그러나 초등학교 입학을 앞둔 지금까지도 행동이 과하고 산만해서 하루도 바람 잘 날 없는 연지를 보면 화를 참기 힘들다고 말했습니다.

"연지가 문제를 일으킬 때마다 제가 점점 화를 참기 힘들어요. 특히 집 밖에서 말썽을 부려 선생님이나 다른 엄마들한테 전화를 받으면 화가 머리 꼭대기까지 올라와요. '집에서 어떻게 가르치길래 애가 저 모양이냐'라고 하는 것 같아 무안하고 창피해서 견딜 수 없어요."

그러다 보니 어머님은 자신도 모르게 입에서 거친 말이 튀어나온다고 했습니다. 진료실에서도 언뜻 그런 모습을 엿볼 수 있었습니다. 여느 ADHD 아이들처럼 연지가 의자에 가만히 앉아 있지 못하고 면담 중인 저와 어머님 사이에 끼어들어 엉뚱한 질문을 하자, 화가 난 어머님이 감정 섞인 격한 말을 쏟아냈죠.

"이연지, 제발 가만히 있어. 너는 왜 이렇게 정신이 없어? 제발 좀 나대지 마. 다른 애들은 안 그러는데 왜 너만 이래? 창피하지도 않니? 내가 왜 널 낳아서는…."

저는 어머님을 재빨리 제지한 뒤 함께 오신 아버님에게 부탁해 연지를 데리고 잠시 진료실 밖으로 나가 계시라고 했습니다. 조금 전 어머님이 연지에게 한 말씀에 대해 반드시 이야기를 나눠야 한다고 판단했기 때문입니다.

"어머님, 아이에게 그런 말은 절대 하시면 안 돼요."

"저도 잘 아는데 마음처럼 잘 안 돼요. 저도 모르게 거친 말이 튀어나와요."

"집에서 이보다 더 심하게 말씀하신 적도 있을 것 같은데 어떠신가요?"

"맞아요. 그래서 늘 후회를 하는데…. 아이가 말썽을 피우면 까맣게 잊어버리고 또 심한 말을 하게 돼요."

어머님 말씀에 아이들의 정신 건강 문제를 치료하는 의사로서 너무 안타까운 마음이 들었습니다. 어머님이 연지에게 쏟아낸 말은 아이에게 치명적인 상처를 주는 말이기 때문입니다. 아이가 마음에 들지 않는 행동을 했을 때 아무리 화가 나더라도 학대로 여겨질 만한 말을 해서는 절대 안 됩니다.

학대가 되는 부모의 말

그렇다면 훈육이 아니라 학대가 되는 말은 어떤 것일까요? 아이의 자신감과 자존감을 꺾는 말은 명백한 언어 학대입니다.

"제발 좀 나대지 마."
"다른 애들은 안 그러는데 왜 너만 그러니?"
"너 때문에 창피해 죽겠어."
"넌 애가 왜 그 모양이니?"
"너 바보야? 너 멍청이야?"
"넌 아무래도 소질이 없나 보다."
"계속 그러면 아무도 너랑 안 놀아."
"이거밖에 못해?"
"더 이상 토 달지 마."
"끼어들지 마."
"다 컸는데 이것도 못해?"

이런 말은 아이를 심리적으로 위축시키고 수치심을 느끼게 합니다. 또 '난 뭘 해도 안 되는 아이', '부족한 아이'라는 인식을 심어주어 무언가에 도전하려는 의욕이나 자신감도 잃게 만들죠. 무엇보다 자존감을 떨어뜨려 아이가 자신을 있는 그대로 존중하거나 사랑하지 않고 무가치한 존재로 느끼게 합니다. 한마디로 아이의 마음에 평생 남을 상처를 줄 뿐만 아니라, 아이의 가능성과 잠재력을 손상시켜 앞으로의 삶에 악영향을 미치는 해로운 말이죠.

따라서 훈육을 할 때 어떤 이유로든 아이의 자신감과 자존감을 떨어뜨리는 말은 금물입니다. 아이의 존재 자체가 아닌 아이의 '잘못된 행동'에 대해서만 지적해야 긍정적 변화를 기대할 수 있습니다.

한편 훈육하려는 의도였다 하더라도 아이에게 죄책감을 느끼게 하는 말도 언어 학대입니다.

"내가 널 왜 낳았는지…."
"너 때문에 엄마가 얼마나 힘든 줄 알아?"
"엄마 생각은 안 하니?"
"아들이 아니라 딸을 낳았어야 했는데…."
"내가 너 때문에 못 살겠다."
"넌 왜 이렇게 못됐니?"
"진짜 너한테 실망했어."

이런 식으로 아이의 존재 자체를 부정하고 양육의 어려움에 대한 책임을 아이에게 전가하며, 아이를 더 이상 사랑하지 않는다는 말을 하면 아이는 자신 때문에 부모님이 고통스러워한다고 생각해 깊은 죄책감과 무력감을 느낄 수밖에 없습니다. 이런 마음은 나이가 들어도 사라지지 않고 평생에 걸쳐 아이에게 부정적 영향을 끼칠 수 있습니다. 어떠한 상황에서든 아무리 화가 나더라도 자녀에게 죄책감을 느끼게 하는 말은 금물입니다. 이외에도 아이에게 겁을 주는 말이나 욕설, 비꼬는 말을 하거나 언성을 높이는 것도 언어 학대에 해당하기 때문에 훈육할 때 이런 말은 삼가야 합니다. 제가 진료실에서 이런 조언을 드리면 부모님들 중에는 이렇게 항변하는 분들도 있습니다.

"우리 아이는 아무리 혼나도 빙글거리기만 하고 전혀 위축되지 않아요. 수치심도 안 느끼는 것 같아 화가 치밀어 더욱 심한 말을 하게 되네요."

부모가 화를 낼 때 웃거나 위축되어 보이지 않는다고 해서 아이가 아무렇지도 않다고 생각하는 것은 큰 오산입니다. ==두려움이 클 때 오히려 그 상황을 감정적으로 회피하거나 부정하는 방식의 방어기제를 사용하는 아이들도 있습니다.== 혼날까 봐 두려워서 임기응변식 거짓말을 일삼기도 하고요. 우리 뇌에는 공포, 불안, 두려움을 담당하는 아몬드 모양의 편도체amygdala가 있습니다. 만성적으로 학대당한 아이의 편도체는 과도하게 활성화되어 뇌 기능에 문제를 일으킬 수 있습니다. 이 경우 아이는 자신의 감정을 적절히 표현하지 못하거나 다른 사람의 감정을 해석하는 능력이 떨어집니다. 또 타인의 감정이나 고통에 공감을 잘 못하는 사람으로 성장할 수 있습니다. 이 얼마나 무서운 일인가요?

체벌은 결코
답이 될 수 없습니다

　과거보다 횟수가 훨씬 줄어들었긴 하지만 간혹 체벌을 훈육과 같은 의미로 받아들이는 부모님을 만날 때가 있습니다. 체벌은 잘못을 응징하는 것이자 대가를 치르게 하는 것이며, 공포를 느끼게 해서 아이를 강제로 제압하는 것입니다. 체벌이 해롭다는 것을 모르는 사람들이 없음에도 많은 부모님이 훈육한다는 명목으로 체벌을 하십니다. 왜 그럴까요?

　가장 큰 이유는 체벌을 하지 않으면서 효과적으로 훈육하는 것이 너무 힘들기 때문입니다. 아이가 잘못된 행동을 했을 때 좋아하는 것을 못하게 하거나, 용돈을 깎거나, 부여했던 권리를 철회하거나, 생각하는 의자에 앉히는 등 다른 방식으로도 얼마든지 훈육할 수 있습니다. 그런데 부모님 입장에서 이런 훈육법은 매우 많은 에너지와 인내심이 필요하고, 들인 공에 비해 즉각적으로 눈에 띄는 효과가 나타나지 않습니다. 즉 손쉬운 방법으로 체벌을 택하는 것이죠.

　하지만 **체벌로는 아이의 어떤 문제 행동도 절대 개선할 수 없습니다**. 체벌을 하면 아이가 문제 행동을 즉각 멈추다 보니 부모님은 '내 말이 먹히는구나'라고 생각할 수 있지만 그렇지 않습니다. 아이는 체벌에 대한 공포에 질려 순간적으로 문제 행동을 멈춘 것뿐이지 훈육에 성공한 것이라고 할 수 없죠. 오히려 문제 행동이 더 심각해지고 공포의 순간을 피하기 위해 아이의 비정상적인 행동만 늘어납니다.

앞서 언급한 편도체에 대해 좀 더 자세히 말씀드리면, 체벌받을 때 아이의 뇌에서는 공포, 불안, 두려움 등 감정을 처리하는 편도체가 과도하게 활성화됩니다. 편도체는 인간이 위험한 상황에 처했을 때 반사적으로 활성화되어 공포, 불안, 초조함 등을 불러일으킵니다. 이러한 감정을 느끼면 인간은 본능적으로 그 상황에서 벗어나 자신을 보호하려 하죠. 결국 편도체는 인간의 생존을 위해 결코 없어서는 안 될 중요한 뇌의 영역입니다.

그런데 이 부위가 지나치게 활성화되면 뇌의 다른 영역에 문제가 생깁니다. 문제 해결, 의사 결정, 추론, 충동 억제, 감정 조절 등 인간의 사고와 감정, 행동을 조절하는 데 핵심적인 역할을 하는 전두엽 기능에 이상이 생깁니다. 그렇게 되면 감정을 절제할 수 없고, 계획도 세우지 못하며, 매우 충동적으로 행동합니다. 결과적으로 ==체벌을 당한 아이의 전두엽 기능이 저하되어 더 산만한 아이, 더 비이성적으로 행동하는 아이, 더 절제력이 없는 아이, 더 분노하는 아이, 더 충동적인 아이가 되어버립니다.==

그러므로 전두엽 기능을 떨어뜨려 인지능력이 부족하고 충동적이며 산만한 아이로 만들고 싶지 않다면 체벌을 하지 않아야 합니다. 다시 강조하지만 체벌은 교육적 효과는 전혀 없고 부작용만 남기 때문에 아이를 사랑하는 부모라면 그 어떤 종류의 체벌도 해서는 안 됩니다.

가끔 꿀밤이나 등짝 때리기 등은 체벌에 속하지 않는다고 생각해 문제의식 없이 하는 부모님이 계십니다. 그러나 이 역시 엄연한 체벌

인간의 감정을 처리하는 편도체

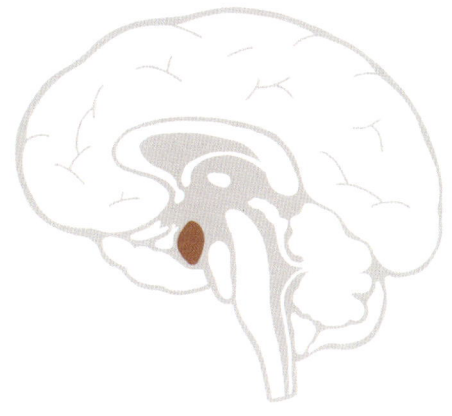

입니다. 특히 아이가 '이제 맞을 때가 됐는데, 엄마가 왜 안 때리지?' 라고 느낄 정도로 이 행위가 빈번하게 이루어진다면 체벌이자 아동학대입니다. 체벌은 범위와 강도에 상관없이 종류를 불문하고 아이에게 불안과 수치심, 분노, 두려움 등을 불러일으키기 때문에 당장 멈춰야 합니다.

체벌 없이 효과적으로
훈육하는 법

부모님들이 훈육 과정에서 하지 말아야 한다는 것을 잘 알면서도 아이에게 학대가 되는 말과 체벌을 하는 이유는 결국 스스로 분노를 다스리지 못하기 때문입니다. 마음속에서 들끓는 화를 잠재울 수 있다면 아이에게 상처만 주고 전혀 득이 될 게 없는 말과 체벌을 할 필요가 없겠죠. 아이에게 체벌을 하지 않으려면 먼저 부모님부터 분노를 다스리고 긍정적으로 표현할 수 있어야 합니다.

그러나 많은 부모님이 공감하시겠지만 그게 말처럼 쉽지 않습니다. 특히 일반 아이들에 비해 빈번하고 두드러지게 문제 행동을 보이는 느린 아이를 키우고 있다면 마음속에서 요동치는 분노를 잠재우기가 여간 어렵지 않죠. 부모도 사람인지라 도를 닦는 심정으로 절대 화를 내지 않겠다고 굳은 다짐을 해도 쉴 새 없이 문제 행동을 일으키는 느린 아이 앞에서 그 다짐은 허무하게 무너지곤 합니다.

설령 초인적인 인내심을 발휘해 매 순간 화를 참는다고 해도, 그저 힘들게 억누른 것이기 때문에 감정은 더욱 격해져 부메랑처럼 돌아옵니다. '화'라는 감정은 참는다고 사라지는 것이 아니기 때문입니다. 언젠가 어떤 형태로든 억눌렀던 화는 더 강하게 솟구쳐 올라오는 만큼, 반드시 부모님부터 분노를 다스리는 방법을 익히고 연습해야 합니다.

분노를 다스리는 첫걸음은 분노라는 감정이 가장 다루기 힘든 감정임을 인정하는 것입니다. 많은 부모님이 아이에게 화를 내는 자신에게 크게 실망하고 '세상에 나처럼 나쁜 부모는 없어'라고 생각하며 깊은 죄책감을 느끼곤 합니다. 그런데 모든 사람에게 분노는 다스리기 힘든 감정입니다. 저 역시 두 아이가 어릴 때 서로 다투고 잘못된 행동을 할 때마다 감정을 주체하지 못하고 버럭 소리를 지르곤 했습니다. 심지어 '분노하지 않는 부모'라는 주제로 칼럼을 쓰고 있는 와중에 아이들을 야단치다가 화를 낸 적도 있었고요. 이처럼 분노가 참기 힘든 감정이라는 사실을 인정하고 받아들여야 그동안 애써 외면하고 회피했던 자신의 분노를 객관적으로 바라볼 수 있습니다.

부모가 분노를 다스리는 가장 쉽고 효과적인 방법은 화가 났을 때 잠시 아이와 마주하지 않는 것입니다. 아무리 소중한 자식이고, 아직 세상에 대해 모르는 점이 많은 어린아이라는 사실을 잘 알고 있어도, 막상 화가 폭발할 듯한 순간에는 그 분노를 제어하기가 매우 어렵습니다. 대부분 극도로 흥분한 상태가 되어 안절부절못한 채 결과를 예상할 틈도 없이 화부터 내고 말죠.

이러한 행동이 나올 수밖에 없는 이유는 우리 뇌와 밀접한 관련이 있습니다. 격한 감정에 휩싸이면 뇌에서 이성을 관장하는 부분이 순간적으로 제 기능을 하지 못하게 됩니다. 이성적인 생각을 하지 못하게 되니 화를 잠재울 방법도 떠오르지 않고, 잠재워보려고 해도 잘 안 되죠.

따라서 부모가 아이에게 분노를 표출하지 않으려면 이성의 뇌가 다시 제대로 작동할 때까지 잠시 기다리는 시간을 확보하는 것이 좋습니다. 오랜 시간이 필요한 건 아닙니다. 30초~3분 정도 아이가 있는 공간에서 잠시 벗어나 있으면 이성의 뇌가 제 기능을 되찾고 분노를 가라앉히는 데 큰 도움이 됩니다. 이때 심호흡을 하거나 숫자를 세면 분노를 다스리는 데 더욱 효과적입니다.

화가 나는 순간에 잠시 화를 누르고 거울 앞에서 분노를 말로 어떻게 표현해야 할지, 아이의 잘못된 행동을 어떻게 훈육할지 연습하는 것도 부모가 분노를 다스리고 긍정적으로 아이를 훈육하는 데 많은 도움이 됩니다. 아이가 상처받지 않게 하면서 문제 행동을 잘 교정할 수 있도록 어떤 표정과 목소리 톤으로, 어떤 단어 등을 사용해서 말해야 할지 미리 연습해보는 것이죠.

별것 아닌 것처럼 느껴질 수 있지만 이 연습을 했을 때와 안 했을 때의 차이는 생각보다 큽니다. 훨씬 덜 분노하고 훨씬 덜 부정적으로 훈육할 수 있습니다. 무엇보다 이 연습을 통해 부모님이 화를 내지 않고 차분하게 이야기하는 모습을 자주 보여주면 아이도 이를 배울 수 있습니다. 그러니 화가 날 때마다 말로 분노를 표현하고 긍정적으로 훈육하는 연습을 해보시길 권합니다.

아이 입장을 먼저 생각하는 것도 부모의 분노를 잠재우는 좋은 방법 중 하나입니다. 특히 느린 아이들은 발달 문제로 자신의 의지나 의도와 상관없이 문제 행동을 보이는 경우가 많기 때문에 ==아이 입장을 이해하는 것만으로도 화를 가라앉히는 데 큰 도움이 됩니다. 아이가 문제 행동을 보이는 데는 이유가 있습니다. 문제 행동의 진짜 원인을 파악하려고 애쓰는 과정만으로도 분노의 감정을 통제할 수 있습니다.==

아이에게 학대가 되는 체벌을 하지 않는 또 하나의 방법은 '내가 왜 학대가 되는 말과 체벌까지 동원하면서 아이를 훈육하려 하는가?'에 대해 냉철하게 생각해보는 것입니다. 아이가 부모의 지시를 즉각적으로 따르지 않으면 분노하는 성향이라서 그럴 수도 있고, 부

부모의 분노를 다스리는 방법

- 분노가 다루기 힘든 감정이라는 것 인정하기
- 30초~3분 정도 아이가 있는 공간에서 벗어나 심호흡을 하거나 숫자 세기
- 화가 날 때 거울 앞에서 말로 분노를 표현하고 긍정적으로 훈육하는 예행연습하기
- 아이의 입장을 먼저 생각하기: '아이의 문제 행동에는 다 이유가 있다'는 것을 알기

모가 어린 시절 통제적인 양육을 받으며 다른 방식을 배우지 못해 훈육이라는 명목 아래 아이에게 평생 상처로 남을 말이나 체벌을 가하는 경우일 수도 있습니다. 결국 부모 스스로 아이를 강하게 통제하려는 근본적인 이유를 깊이 들여다보고 해결해야 아이에게 과도하게 화를 내거나 체벌에 의존하지 않을 것입니다.

훈육의 명분으로 정서 학대와 체벌을 일삼는 부모들이 흔히 하는 말이 있습니다.

"다 너 잘되라고 그러는 거야."
"다 널 사랑해서 그리는 거야."

만약 타인이 내 아이에게 이런 말을 하면서 체벌한다고 생각해보세요. 그 때문에 내 아이가 자신감과 자존감이 떨어지고 죄책감을 느낀다면 그 사람을 용서하지 못할 겁니다. 부모도 예외가 될 수 없습니다. 부모를 포함해 세상 그 누구도 아이에게 폭력을 사용할 권리를 가진 사람은 없습니다. 내 자식이기 때문에 노력과 에너지를 들이지 않고 쉽게 체벌을 선택한다면 더욱 바람직하지 않으며 그 자체로 범죄입니다. 발달이 느린 아이들이 학대의 희생자가 되기 쉽다는 통계가 많습니다. 부모가 아이의 발달 지연과 문제 행동의 이유를 잘 파악하고 끊임없이 공부해야 하는 이유입니다.

칭찬,
구체적으로 아낌없이 해주세요

2년 전 ADHD를 신단받은 만 8세 선율이는 어릴 때부터 늘 어머님의 속을 썩였습니다. 그러나 진단 이후 꾸준히 치료받은 덕분에 증상이 많이 호전되었고, 그동안 소소한 사건이 있기는 했지만 큰 문제 없이 초등학교 생활에 잘 적응했습니다. 최근에 저를 만났을 때는 자신의 달라진 모습을 스스로 자랑할 정도로 좋은 예후를 보였죠.

"얼마 전에 담임선생님께 수업 시간에 딴짓하지 않고 수업 잘 듣는다고 칭찬받았어요. 태권도 학원 관장님도 끼어들지 않고 줄 잘 선다고 칭찬하셨고요."

"그랬구나. 선율이 너무 기분 좋았겠다."

충동적이고 산만해서 수업을 방해하고, 줄을 서서 자기 차례를 기다리지 못하던 선율이 입장에서는 충분히 자랑할 만한 일이었습니다. 저는 기쁜 마음으로 맞장구를 치며 '폭풍 칭찬'을 해줬죠. 그런데 어머님의 반응은 달랐습니다.

"도대체 그 이야기를 몇 번 하는 거니? 그게 무슨 대단한 일이라고 사람들 만날 때마다 하고 또 하고…. 엄마 귀에 딱지 앉겠다."

어머님은 고개를 절레절레 저으며 못마땅한 듯 선율이를 쳐다보았습니다. 어머님의 반응을 보며 안타까운 마음이 들었습니다. 어머님 입장에서는 별것 아닌 일처럼 여겨질 수 있지만 선율이에게는 많은 인내와 노력이 필요한 일이거든요. 엄마가 그 마음을 알아주지 않으니 선율이 입장에서는 속상할 것 같다는 생각이 들었습니다. 역시나 조금 전까지 신이 나서 자랑하던 선율이의 얼굴이 어두워졌습니다. 하지만 어머님은 눈치를 채지 못했는지 무심하게 선율이의 다른 문제 행동을 언급하면서 양육의 어려움을 호소했습니다. 열심히 치료하고 훈육하면 선율이가 보이는 문제 행동을 빨리 없앨 수 있는지에 관심을 가지셨죠.

시간은 걸리겠지만 지금처럼 치료도 잘 받고 집에서 훈육도 잘하면 분명 선율이의 증상은 많이 호전될 것입니다. 그러나 한 가지 마음에 걸리는 것이 있었습니다. 작지만 긍정적인 변화를 보인 선율이에 대한 어머님의 반응이었습니다. 어머님이 지금처럼 아이가 좋아진 모습을 대수롭지 않게 생각하고 핀잔을 준다면 선율이의 긍정적 변화가 지속되기 어렵겠다는 생각이 들었습니다. 그래서 어머님께 앞으로 선율이가 사소하더라도 문제 행동을 고치려는 노력을 보이고 성공한다면 칭찬과 격려를 아끼지 말라고 당부했습니다. 아이의 변화에 부모의 칭찬이 얼마나 큰 힘을 발휘하는지 강조하면서 말이죠.

느린 아이에게 효과적인 칭찬법

'칭찬 없이는 어떤 훈육도 소용이 없다'라고 할 수 있을 정도로 훈육에서 칭찬은 매우 중요합니다. 아이가 문제 행동을 했을 때 그것이 잘못되었음을 가르치는 것과 동시에, 바람직한 행동을 했을 때는 아낌없이 칭찬해줘야 아이가 긍정적인 방향으로 변화합니다. 그런데 많은 부모님이 훈육을 할 때 '아이의 문제 행동을 어떻게 교정해야 할까'에만 집중하는 경향이 있습니다. 그러다 보니 지시에 따라 아이가 바람직한 행동을 했을 때 칭찬하는 방법에 대해서는 진지하게 생각하지 않습니다. 아이를 오냐오냐 키우면 버릇이 나빠진다는 생각에 일부러 칭찬을 아끼기도 하고요.

물론 부모님의 염려대로 허용적 양육 방식은 아이에게 악영향을 미칩니다. 규율과 제한이 없는 양육 환경에 노출된 아이들은 감정을 잘 조절하지 못하고, 원하는 것을 얻지 못하면 반항적인 모습을 보일 수 있으니까요. 또 어렵고 힘든 상황을 마주했을 때 인내하지 못하고 회피할 수 있으며, 충동적이고 반사회적인 성향을 보일 수도 있습니다.

그러나 **칭찬 양육은 허용적 양육이 아닙니다.** 이 두 양육 방식을 혼동하시면 안 됩니다. 아이의 행동을 모두 묵인하고 용납하는 허용적 양육과 달리, 칭찬 양육은 아이의 올바른 행동에는 칭찬을 하고 잘못된 행동을 했을 때는 절대 칭찬하지 않습니다. 자신을 해하는 행동을 하거나, 타인을 공격하거나, 다른 사람에게 피해를 주는 등 잘못된 행동을 했을 때는 단호하게 대응하고 대안을 가르치는 것이 칭찬 양육입니다.

==칭찬 양육은 허용적 양육과 달리 아이의 자존감과 자율성을 키워주며, 두뇌와 정서 발달에도 도움이 됩니다.== 그러므로 사소하더라도 아이가 부모님의 지시를 잘 따르고 바람직한 행동을 했다면 아낌없이 칭찬해주세요. 특히 느린 아이들은 칭찬을 차고 넘치도록 해주어야 합니다. 매일 문제 행동으로 지적받는 아이들에게 칭찬은 문제 행동을 개선할 때 엄청난 힘을 발휘하기 때문입니다.

다만 칭찬을 할 때 아이가 자신이 무엇 때문에 칭찬받는지 이해할 수 있도록 아주 구체적으로 해주어야 합니다. 아무리 부모님이 칭찬을 넘치도록 해주어도 정작 아이가 왜 칭찬받는지 제대로 이해하지 못하면 효과적인 칭찬이라고 할 수 없습니다. 예를 들어 매번 실수로 수학 학습지 문제를 두세 개씩 틀리던 아이가 있다고 가정해보겠습니다. 그런데 어느 날 아이가 만점을 받았다면 어머님 입장에서 칭찬하지 않을 수 없겠죠.

"이야, 우리 딸 드디어 100점 맞았네. 멋지다! 역시 우리 딸 최고야!"

부모님 입장에서는 칭찬했으니 됐다 싶겠지만 이는 제대로 된 칭찬이라고 볼 수 없습니다. 두루뭉술하고 추상적이기 때문이죠. 부모님이 아이를 인정해준 것에 불과할 뿐, 구체적이지 않기 때문에 아이는 자신이 왜 칭찬받는지 이해하기 어렵습니다.

게다가 이 칭찬은 아이가 이룬 '결과'에만 주목하고 있습니다. 아이가 바람직하게 변화하기 위해, 목표를 이루기 위해 노력한 '과정'은 언급하지 않죠. 이런 경우 부모님이 그런 의도가 아니었다 하더라도 아이는 점수를 잘 받아야 부모님께 인정받을 수 있고, 가치 있는 존재가 된다는 잘못된 자아상과 가치관을 지닐 수 있습니다. 그러므로 성취한 결과보다 노력한 과정에 초점을 맞춰 구체적으로 칭찬해주세요.

"네가 그동안 실수하지 않으려고 끈기 있게 노력하더니 결국 100점을 맞았구나. 엄마는 우리 딸이 노력하는 모습을 보고 참 기뻤어. 어느 때보다도 철저히 준비하고 노력한 우리 딸, 참 대견하다."

이렇게 구체적으로 칭찬해야 아이는 바람직한 행동을 하려 노력하고, 칭찬이 가져다주는 많은 이점을 누릴 수 있습니다. 이때 주의할 점은 타인과 비교하는 칭찬을 해서는 안 된다는 것입니다. "이번에는 ○○이보다 잘했네", "○○이는 그것밖에 못했어? 우리 아들 잘했네", "다른 아이들은 몇 점 맞았어?"처럼 칭찬에 비교 대상이 들어가면 아이 입장에서는 칭찬을 온전히 받아들이기 어렵습니다. 칭찬의 의미를 퇴색시키지 않으려면 다른 사람과 비교하는 칭찬은 하지 마세요.

단, 타인이 아니라 아이의 과거와 비교하는 칭찬은 좋습니다.

"우리 아들, 예전에는 차례대로 줄 서서 기다리는 걸 많이 힘들어했는데, 지금은 끼어들지 않고 순서를 잘 기다리네? 기특하다."

이런 방식으로 과거보다 좋아진 지금의 모습을 구체적으로 짚어가며 칭찬해주면 아이의 자존감이 높아지고 '나는 무엇이든 할 수 있는 사람'이라는 긍정적인 자아상이 형성되어 스스로 해결하는 일이 점점 늘어날 수 있습니다. 또 기다림, 양보, 배려 등 부모님이 가르쳐주는 가치에 대해서도 알게 되어 바람직한 행동을 하려는 마음도 강해지고요.

하나 더, 칭찬을 할 때는 환하게 웃으면서 아이를 힘껏 안아주세요. 그러면 칭찬의 효과가 배가될 뿐만 아니라 아이와의 유대감도 깊어져 부모님의 훈육이 좀 더 잘 통할 겁니다. 가장 중요한 것은 자녀가 다른 아이들보다 조금 더 시간이 필요하다는 점을 부모님 스스로 인정하고 그에 맞춰 기대치를 조정하는 일입니다. 그래야 아이의 사소한 변화에도 한층 더 진심 어린 칭찬을 해줄 수 있습니다.

저는 진료실에서 아이들을 만날 때 무엇보다 각각의 아이가 지닌 고유한 장점을 발견하는 데 집중합니다. 그런 다음 아무리 사소한 장점이라도 넘치도록 칭찬해주죠. 그러면 아이들은 기분이 좋아져서 어쩔 줄 몰라 합니다. 산만하고 느리다는 이유로 하루가 멀다 하고 지적받고 혼나다 보니 작은 칭찬에도 어깨가 으쓱해지고 기분이 날

느린 아이를 효과적으로 칭찬하는 법

- 아이가 자신이 칭찬받는 이유를 알 수 있도록 아주 구체적으로 칭찬하기
- 성취한 결과보다 노력한 과정에 초점을 맞춰 칭찬하기
- 타인이 아니라 아이의 과거와 비교하는 칭찬하기
- 칭찬할 때 웃으면서 힘껏 안아주기
- 아이가 다른 아이들보다 조금 더 시간이 필요하다는 점을 인정하고 기대치 조정하기

아갈 듯 좋아지는 것입니다.

이때 부모님들의 반응은 두 가지입니다. 느린 아이를 둔 부모님들은 문제 행동 때문에 아이가 다른 사람들에게 칭찬보다는 싫은 소리를 듣는 경우가 많기 때문에 진료실에서 제가 자녀를 아낌없이 칭찬하면 표정이 눈에 띄게 밝아지며 좋아합니다. 제가 아이를 칭찬하는 모습을 보며 칭찬하는 노하우를 배우기도 하고요. 대부분의 부모님이 여기에 해당합니다.

반면 '이게 칭찬받을 일이야?'라는 눈빛으로 저를 바라보는 부모님도 일부 있습니다. 이런 부모님들은 대개 오랜 시간 끊임없는 자녀의 문제 행동으로 마음속에 아이에 대한 미움이 켜켜이 쌓여 있거나 아이를 향한 기대가 큽니다. 아이를 보면 사랑하는 마음보다 미운 마음이 앞서고, 기대치가 높아 칭찬할 점이 눈에 보이지 않는 것이죠.

그러나 아이가 긍정적으로 변화하길 바란다면 사소하더라도 칭찬할 점을 찾아 넘치도록 칭찬해주어야 합니다. 특히 일반 아이들에 비해 충동적이고 집중력이 짧으며 이해력도 떨어지는 느린 아이들은 장점보다 단점이 두드러지는 경향이 있는 만큼 더욱 칭찬에 힘써야 합니다. 단, 그 칭찬은 구체적이고 온전히 자녀만을 위한 것이어야 함을 기억해주세요. 그렇게 칭찬을 해주면서 아이를 꽉 안아주고 사랑한다는 표현을 충분히 해주면 더디더라도 점점 긍정적으로 변화하는 아이의 모습을 볼 수 있을 겁니다.

충동적이고 산만한 아이를 위한 맞춤 훈육법

　느린 아이를 양육하는 부모님들이 가장 빨리 해결되길 바라는 증상 중 하나가 충동성과 산만성입니다. 충동을 조절하지 못하고 주의가 산만한 느린 아이들은 어린이집, 학교, 학원 등에서 사고뭉치 또는 문제아로 낙인찍히는 경우가 많습니다. 공동체 생활 적응, 친구 관계, 학습 등에 많은 어려움을 겪다 보니 근심이 깊죠.

　이러한 이유로 부모님들이 이 문제 행동을 고쳐주기 위해 집에서 나름대로 훈육을 하지만 생각처럼 되지 않아 힘들다고 하소연하는 경우가 많습니다. 애초에 훈육 자체가 잘 안 되는 데다, 좀 된다 싶다가도 돌아서면 원점이라 할수록 힘만 들고 아이에 대한 미운 감정만 쌓인다고 말씀하십니다. 특히 ADHD 같은 신경발달장애로 충동성과 산만성을 보이는 경우, 부모님들은 그 스트레스가 몇 배로 커서 우울증이 생길 지경이라고 하소연하기도 합니다.

그런데 부모님만 힘들까요? 아이도 힘듭니다. 특히 뇌의 문제로 충동성과 산만성을 보이는 느린 아이들은 더 답답하고 괴로울 수밖에 없습니다. 자신의 의지와 상관없이 문제 행동을 하고 부모님의 지시를 잘 따르지 못하기 때문입니다. 그런 속사정도 몰라주고 부모님이 계속 지적하고 야단치니 얼마나 속상할까요?

그러므로 덮어놓고 "넌 왜 엄마, 아빠 말을 안 듣니?", "언제쯤 말 들을래?"라고 나무라거나 다그칠 것이 아니라 아이의 '느림'을 받아들이고 그에 맞게 훈육해야 합니다. 특히 ADHD로 인해 느린 아이들은 훈육만으로 충동적이고 산만한 증상을 개선하기 어렵기 때문에 필요한 경우에는 약물 치료도 고려해야 합니다. 타고난 신경 발달 문제를 겪는 만큼 그에 맞는 훈육을 해야 충동적이고 산만한 행동을 효과적으로 교정할 수 있습니다.

그렇다면 매사에 충동적이고 산만한 아이들은 어떻게 훈육해야 할까요? 이 아이들은 하고 싶은 것을 즉각 하지 않으면 참기 어렵고, 참고 싶어도 그게 마음대로 안 됩니다. 따라서 앞으로 어떤 상황이 벌어질지 예측하게 해주는 것이 좋습니다.

예를 들어 아이와 함께 햄버거를 먹으러 사람이 많이 붐비는 패스트푸드 가게에 갔다고 해보죠. 충동적인 아이들은 즉각적으로 자신의 욕구가 채워지지 않거나 기다리는 것을 견디기 어려워합니다. 자기가 원하는 대로 바로 되지 않고 무언가를 기다려야 하는 상황에 놓이면 차례를 기다리지 못하고 끼어들거나 가만히 앉아 있지 못하고 여기저기 돌아다니죠. 또 언제 내 차례가 오냐며 떼쓰고 짜증과 화를 내기도 합니다. 이런 경우 "조금만 참아. 조금만 기다리면 되는데 넌 이것도 못 참니?", "그만 징징거려", "기다리면 나와"라고 핀잔을 주거나 막연하게 기다릴 것을 요구할 것이 아니라 아이의 마음을 공감해주면서 상황을 예측하도록 도와주어야 합니다.

"잘 기다리고 싶은데 기다리기가 힘들구나. 그런데 전광판에 나온 번호를 보니 10분쯤 있으면 햄버거가 나올 거야. 그러니까 우리 10분 정도 그림 그리면서 기다리자."

이렇게 상황을 예측하게 해주면 아이는 차분하게 기다리거나 충동적이고 산만한 행동을 훨씬 덜 하게 됩니다.

또 충동적이고 산만한 아이들은 무엇을 먼저 해야 하는지도 잘 모르고, 해야 할 일에 집중하지 못합니다. 시간 관리도 안 되고요. 그러므로 특히 생활 습관과 관련된 훈육을 할 때 해야 할 일, 해야 할 일의 순서, 해야 할 일을 시작하는 시간 등 하루 일정에 대한 명확한 규칙과 루틴을 만들어 매일 반복하게 해주면 생활 습관을 바로잡는 데 많은 도움이 됩니다.

이때 일정표를 만들어 활용하면 더욱 효과적입니다. 산만하고 주의력이 떨어지는 아이들 중에는 청각적(언어·말) 자극보다 시각적 자극이 더욱 효과적인 경우가 많은데 시각적 일정표가 도움이 될 수 있습니다. 앞으로 해야 할 일과 활동의 변화를 한눈에 파악하고 쉽게 예측할 수 있게 해주는 시각적 일정표는 예상치 못한 일정 변화에 불안을 느끼고 어려움을 겪는 아이들에게 효과적입니다.

쉽고 빠르게 문제 행동을 교정하는
토큰 시스템

충동적이고 산만한 아이들은 즉각적인 보상에 몰두하는 경향이 강합니다. 따라서 즉각적으로 적절한 보상을 해주면 좀 더 편하게 아이의 문제 행동을 교정할 수 있습니다. 부모님이 일상생활에서 가장 쉽게 적용할 수 있는 보상 방법으로는 '토큰 시스템'이 있습니다. 바람직한 행동을 할 때마다 스티커, 쿠폰 등을 지급해 일정 개수를 모으면 아이가 원하는 것을 들어주는 방식이죠. 토큰 시스템은 실행하기도 쉽지만 아이의 잘못된 행동을 빠르고 편리하게 교정할 수 있어 부모님이 선호하는 보상법 중 하나입니다.

토큰 시스템을 통해 훈육 효과를 보려면 몇 가지 유의해야 할 점이 있습니다. 먼저 보상을 오직 돈으로만 하는 것은 바람직하지 않습니다. 돈을 받지 못하면 바람직한 행동을 하지 않는다는 생각이 굳어 다른 방법으로는 훈육이 어려워질 수 있기 때문입니다.

또 스티커나 쿠폰 등의 보상을 남발해서도 안 됩니다. 한 번에 너무 많은 스티커나 쿠폰을 주면, 아이가 그 가치를 쉽게 간과하고 금세 흥미를 잃어버릴 가능성이 큽니다. 실제로 '아이가 바람직한 행동을 할 때마다 스티커를 많이 줬더니 나중에는 스티커를 받아도 좋아하지 않게 되어 그만두었다'는 부모님들의 이야기를 자주 듣습니다.

그러므로 한 번에 스티커나 쿠폰을 2개 이상 주는 것은 가급적 피하고, 2~3가지 문제 행동을 교정할 때만 토큰 시스템을 적용하는 것이 좋습니다. 한꺼번에 지나치게 많은 문제 행동을 모두 해결하고자 하면, 결국 어느 쪽도 충분한 효과를 거두기 어려워 흐지부지 끝나버릴 수 있기 때문입니다.

충동적이고 산만한 아이들은 자신의 욕구를 뒤로 미루지 못합니다. 따라서 토큰 시스템을 적용할 때는 되도록 짧은 간격을 두고 보상하는 것이 좋습니다. 특히 나이가 어릴수록 간격이 짧아야 합니다. 서너 살 아이에게 "엄마 말 잘 들었으니까 일주일 후에 네가 원하는

토큰 시스템을 활용할 때 주의할 점

- 보상을 오직 돈으로만 하는 것은 바람직하지 않다.
- 바람직한 행동을 했을 때 스티커, 쿠폰 등의 보상을 한 번에 2개 이상 지급하지 않는다.
- 2~3가지 문제 행동에 대해서만 토큰 시스템을 적용한다.
- 특별한 경우가 아니면 토큰 보상 간격을 하루 이상 넘기지 않는다.
- 보상을 주기로 약속했다면 반드시 지킨다.

장난감 사줄게"라고 말한다면 아이가 그때까지 욕구를 참기가 너무 힘들 겁니다. 특별한 경우가 아니면 충동적이고 산만한 아이들에게는 되도록 보상 간격을 하루 이상 넘기지 않도록 해주세요.

무엇보다 토큰을 활용할 때 가장 중요한 점은 보상을 주기로 했다면 반드시 약속을 지켜야 한다는 것입니다. 부모가 이를 어기면 토큰 시스템을 통한 훈육 효과를 얻을 수 없을뿐더러 부모에 대한 신뢰가 깨져 향후 이 방법으로 훈육하기 어렵습니다.

충동적이고 산만한 아이들은 지속적인 관심과 집중이 필요한 일을 어려워합니다. 또 발달 문제로 부모의 지시를 알아듣고, 이를 처리하고, 어떻게 반응할지 생각하고, 실제로 반응하기까지 일반적인

무엇이 아이를 충동적이고 산만하게 만들까?

뇌에 있는 전전두엽prefrontal cortex은 반응 억제, 우선순위 정하기, 계획하기, 감정 조절 등 실행 기능을 담당합니다. 충동적이고 산만하며 절제력이 부족한 대표적 신경발달장애인 ADHD는 전전두엽의 도파민 결핍과 관련이 있습니다.

아이들보다 시간이 많이 걸립니다. 그러므로 여러 단계로 나눠서 한 단계씩 해낼 수 있도록 도와주는 것이 효과적이며, 아이가 지시 사항을 수행할 때까지 충분한 시간을 주고 인내하는 것이 좋습니다.

아이가 바람직한 행동을 했을 때 아낌없이 칭찬하는 것도 필요합니다. 설령 부모님의 기준에 마땅히 해야 할 행동이라고 생각되더라도 아이가 노력한 부분에 대해 칭찬을 아끼지 마세요. 성취한 결과나 부모님의 말을 잘 듣는 것에 대해서만 칭찬하면 아이는 자신의 존재와 가치에 대해 잘못된 인식을 가질 수 있습니다. 그뿐 아니라 솔직한 감정을 표현하지 못하고 숨기는 아이로 자랄 가능성도 높아집니다.

무엇보다 아이의 행동을 단시간에 개선하겠다는 욕심을 버리시길 권합니다. 충동적이고 산만한 아이들은 다른 아이들에 비해 행동 변화가 더디게 일어나므로 즉각적인 변화를 기대하는 것은 부모의 욕심입니다. 한 번에 바꾸겠다는 욕심을 버리고 작은 변화라도 독려하겠다는 마음으로 임해야 오랜 시간이 필요한 훈육 레이스에서 지치지 않고 끝까지 달릴 수 있습니다.

PART 4

천근아의
**느린 아이
부모 수업**

조금 다르게
소통하는 느린 아이
사회성 키우기

느린 아이에게 중요한 것은 '사회성'입니다

똑똑하고 공부 잘하는 자녀와 사회성이 좋은 자녀 중 어느 쪽을 기대하시나요? 진료실이나 강연장에서 부모님들을 만나보니, 자녀의 사회성을 중요하게 여기는 분도 많지만 지능이 높고 학습 능력이 뛰어나길 바라는 경우가 더 많습니다. 머리가 좋고 학습 능력이 남다르다는 것은 학교에서 좋은 성적을 받을 가능성이 높다는 뜻이고, 성적이 좋다는 것은 아이가 미래에 명문대를 거쳐 좋은 직장에 들어가 경제적 어려움 없이 행복한 삶을 살 수 있다는 청사진을 그리게 해주기 때문입니다. 그러다 보니 최근에 저를 찾아온 초등학교 1학년 진환이 어머님처럼 사회성보다 학습 능력을 키우는 데 집중하는 부모님이 많습니다.

진환이는 만 6세에 실시한 지능검사에서 지능지수가 142가 나올 정도로 머리가 좋았습니다. 어릴 때부터 무엇이든 배우는 속도가 빠르고 결과도 좋아 주변 부모님들에게 늘 부러움의 대상이었죠.

"지능이 높게 나오니까 욕심이 생기더라고요. 머리 좋은 아이를 남다르게 키워야 할 것 같다는 생각이 들어 공부를 열심히 시켰어요."

지금도 진환이는 집에서 수학, 영어, 국어, 한자, 과학 등 매일 순수하게 공부하는 시간만 3시간 가까이 된다고 했습니다. 초등학교 1학년밖에 되지 않는 아이인데 학습량이 너무 많은 건 아닌가 싶어 어머님에게 아이가 그 긴 시간 동안 제대로 집중해서 공부하는지 물었습니다.

"집중력이 흐트러질 때가 많아요. 그래서 제가 계속 주의를 주고 혼내요."

그때 진료실에 들어와 묵묵히 면담을 지켜보고 계시던 아버님이 한마디 하셨습니다.

"그런데 아내가 아이를 혼낼 때 너무 감정적으로 변해요."

어머님의 인상이 워낙 순해 보여서 처음에는 아버님 말씀이 와닿지 않았습니다. 그런데 진환이의 이야기를 듣고 난 후 어머님이 아이에게 얼마나 공부를 호되게 시키는지 알 수 있었습니다. 어머님은 시간을 재가며 공부를 시켰고 진환이의 자세가 조금만 흐트러져도 야단을 쳤습니다. 또 아이가 집중력이 떨어져 발을 까닥이거나 흥얼거리면 버럭 소리를 지르고 때로는 등을 때리기도 했습니다. 진환이는 엄마를 가리켜 '다른 때는 다정한데 내가 공부할 때만 돌변한다'고 말할 정도였죠.

엄마에게 잔소리를 듣고 혼나기는 해도 진환이는 매일 해야 할 학습을 하루도 빠짐없이 해냈습니다. 그 나이에 쉽지 않은 일이었기 때문에 저는 진환이를 칭찬하지 않을 수 없었습니다. 그런데 이렇게 똑똑하고 말 잘 듣는 아이를 어머님은 왜 병원에 데려오셨을까요?

"아이가 자주 멍하니 있고 친구들과 잘 어울리지 못해요. 그럴 수밖에 없는 것이 보드게임이나 놀이를 할 때 이기고 싶으니까 친구들 동의 없이 자기에게 유리한 쪽으로 규칙을 마음대로 바꾸려고 해요. 그러다 자기 뜻대로 안 되면 친구들과 다투거나 짜증을 내고요. 어떨 때는 혼자 삐쳐서 게임을 하지 않고 다른 데로 가버린대요. 속상한 일이 있으면 그걸 말로 잘 표현해야 하는데 무조건 친구가 잘못했다고 탓하니 어떻게 다른 아이들과 잘 지낼 수 있겠어요? 당연히 친구들이 진환이와 놀고 싶어 하지 않겠죠."

어머님은 한숨을 쉬며 이렇게 덧붙였습니다.

"친구들은 농담을 한 것뿐인데 그걸 모두 진담으로 받아들여서 속상해하거나 화를 낼 때가 많아요. 또 선생님이 하지 말라는 행동을 다른 애들이 하면 바로 선생님께 가서 이른대요. 그래서 진환이는 아직까지 친구를 사귀지 못했어요."

지능지수는 높지만 사회성은 떨어지는
고기능 자폐스펙트럼장애

진료 결과 진환이는 '고기능 자폐스펙트럼장애'라는 진단이 내려졌습니다. 과거에는 '아스퍼거증후군'으로 불리던 장애입니다. 고기능 자폐스펙트럼장애는 인지와 언어능력이 양호합니다. 학습도 잘하고 말도 유창해서 겉으로는 별문제 없는 듯 보이죠. 심지어 진환이처럼 발달이 빠르고 똑똑한 아이로 여겨지며 주변 부모님들의 부러움을 사기도 하고요.

그러나 사회성 발달에 문제가 있어 자랄수록 또래 관계에서 갈등을 자주 겪게 됩니다. 고기능 자폐 아이들이 만 6세 전후까지는 큰 문제없이 지내다가 학교생활이 시작되면서 여러 문제가 두드러지게 나타나는 이유는 아이가 처한 사회적 환경의 난도가 점점 높아지기 때문입니다. 은유적이고 관습적인 이해를 요구하는 환경, 즉 다른 사람과 긍정적인 관계를 맺고 유지할 수 있는 고난도의 사회적 기술이 필요한 상황에 놓이면서 사회성 문제가 점차 두드러지는 것입니다.

여기에 고기능 자폐 아이들은 인지능력이 우수해도 자기 조절 능력이 떨어지는 경우가 많습니다. 자기 조절 능력은 스스로 자신의 감정, 사고, 행동 등을 조절하는 능력으로 사회성의 핵심이죠. 이 능력이 떨어지면 다른 사람들의 생각이나 감정, 주변 상황이나 분위기 등을 고려하지 않고 자신만의 규칙과 욕구에 집중합니다. 진환이가 다른 아이들의 생각이나 감정 등은 전혀 배려하지 않고 게임 규칙을 바꿔서라도 이기고 싶어 한 이유도, 보편적 규칙보다 자신이 고집하는 규칙을 우선시하는 과정에서 그것이 충족되지 못하면 감정을 조절하기 어려워 나타나는 행동이라고 볼 수 있습니다. 이러한 행동은 타인에게 매우 자기중심적이고 이기적으로 비치기 때문에 바로잡지 않는다면 친구나 또래 집단에서 평판이 나빠지겠죠.

사회성이 좋고 감정을 잘 조절하는 아이들은 자신이 마음대로 게임 규칙을 바꾸려고 하면 다른 사람이 기분 나빠할 것을 알기 때문에 마음이 내키지 않더라도 자신의 욕구를 조절합니다. 이기고 싶은 마음은 크지만 자신이 그렇게 행동했을 때 친구들이 자신을 싫어하고 분위기를 망칠 수 있다는 것을 알고 자신의 욕구를 뒤로 미루는 것이죠. 사실 지능이 높다고 해서 모두 영재는 아닙니다. 진짜 영재는 지적 수준만 높은 것이 아니라 이러한 자기 조절 능력과 사회성까지 뒷받침되는 아이입니다.

이런 측면에서 볼 때, 진환이의 경우 지능이 높다는 점만 주목해 과도하게 학습시켜온 부모님의 양육 방식에 변화가 필요했습니다. 양육 방향을 다시 설정하지 않으면 부모님도 아이도 모두 지쳐 사춘기 이후 정서적 문제가 나타나는 안타까운 상황이 우려되었기 때문입니다. 이런 제 설명을 들은 진환이 어머님은 후회의 눈물을 흘렸습니다. 사실 진환이 어머님은 아이가 어렸을 때부터 자폐스펙트럼장애를 의심할 수 있는 신호를 감지했다고 합니다. 그러나 이를 애써 외면했고 그 와중에 지능이 높게 나오자 아이가 보여준 모든 신호가 영재이기 때문에 나타나는 모습이라고 넘겨버렸던 것입니다.

"영재성이 높아 사회성이 부족한 것이겠거니 하고 그냥 지나갔어요. 그런데 좋아질 기미가 전혀 안 보이니까 걱정이 되어 선생님을 찾아왔는데, 막상 염려했던 게 현실이 되니 그동안 흘려보낸 시간이 너무 아까워요. 하루라도 빨리 치료를 시작했어야 했는데…."

"어머님, 더 이른 나이에 개입했으면 더없이 좋았겠지만 지금도 늦지 않았어요. 진환이는 아직 초등학교 저학년이고 지능이 높기 때문에 지금 시작해도 얼마든지 좋아질 가능성이 높습니다. 너무 걱정 마세요."

높은 지능은 좋은 예후를 기대할 수 있는 중요한 조건 중 하나입니다. 지능이 높을수록 사회적 기술을 빨리 습득하기 때문입니다. 희망적인 말을 들은 진환이 어머님은 눈물을 훔치며 앞으로 어떤 치료를 해야 하는지 물었습니다.

사회성이 있어야
지능도 제대로 발휘됩니다

진환이는 자폐로 인한 사회성 결함이 문제가 되는 만큼 사회적 관계 기술과 자기 조절 능력, 의사소통 능력 등을 키울 수 있는 훈련과 치료가 필요했습니다. 더불어 가정에서 진환이가 은유적이고 관습적인 표현을 이해하지 못할 때마다 부모님이 곧바로 그 표현에 숨은 진짜 의미와 말하는 사람의 의도를 알려주어 아이가 학습할 수 있도록 도와달라고 부탁드렸습니다. 또 진환이가 자폐적 특성으로 문제 행동을 보일 때 효과적으로 교정할 수 있는 방법을 가르쳐드렸죠.

"그런데 선생님, 사회성 말고 학습에 도움이 되는 치료는 없나요? 아이가 학년이 올라갈수록 공부가 중요해지는데 등한시할 수는 없잖아요. 사회성만 신경 쓰다가 공부를 못하게 될까 봐 걱정이에요."

여전히 학업 성취에 대한 기대를 내려놓지 못하는 어머님을 보며, 저는 단호하게 지금은 사회성을 끌어올리는 데 집중해야 한다고 말씀드렸습니다. 특히 진환이처럼 자폐스펙트럼장애로 사회성에 결함이 생긴 아이들은 무엇보다 사회성 키우는 노력을 게을리해서는 안 됩니다. 다른 아이들에 비해 사회성이 현저하게 부족한 만큼 함께 살아가기 위해 더 많은 노력이 필요하기 때문이기도 하지만, 더 중요한 이유가 있습니다. 사회성이 있어야 지능도 제대로 발휘되고 학습 역시 잘할 가능성이 높기 때문입니다.

그렇다면 사회성과 지능이 무슨 관련이 있을까요? 사회성은 지능에서 상당히 많은 영역을 차지합니다. 실제로 지능검사에도 사회성을 요구하는 영역이 많습니다. 이런 이유로 사회성이 떨어지는 아이들은 어릴 때 지능검사에서 좋은 결과를 얻었더라도 시간이 지날수록 지능이 점점 떨어져 나이가 들어 검사했을 때 지능지수가 크게 저하되는 경우가 많습니다. 진환이 역시 최근에 실시한 지능검사 결과 수치가 많이 떨어져 어머님의 걱정이 이만저만이 아니었습니다. 이전보다 떨어진 하위 항목의 수치를 올릴 방법을 묻기도 하셨죠.

제가 치료했던 아이들 중에는 훌륭하게 성장해 행복하게 살아가는 친구들이 있습니다. 그중 선명하게 기억나는 친구가 있습니다. 지능지수가 평균 범주보다 낮은 경계선 지능 아이로 학습과 또래 관계 문제 등 여러 어려움을 겪던 중 저를 만났습니다. 이 친구는 단 한 번도 빠지지 않고 병원 치료를 성실하게 받았습니다. 또 사회성을 비롯해 아이에게 부족한 능력을 키워주기 위해 부모님은 물론 아이 스스로도 많은 노력을 했고요. 그 결과 초등학교 고학년이 되었을 때 실시한 지능검사에서 지능지수가 크게 상승했습니다. 초등학교 입학 전에 실시한 지능검사 결과보다 무려 20점이나 올라간 수치였습니다.

발달 문제로 사회성이 부족한 아이의 경우, 사회성을 키워주면 성인이 되어 자신만의 삶을 살아갈 수 있습니다. 그러므로 고기능 자폐스펙트럼장애나 경미하게 사회성이 떨어진 자녀를 키우고 있다면 무엇보다 사회성을 끌어올리는 데 힘을 쏟길 바랍니다. 지능이나 성적만 높고 사회성이 떨어지는 아이보다, 지능이 그리 높거나 성적이 좋지 않아도 사회성이 높은 아이가 자신의 삶을 독립적으로 살아나갈 수 있습니다.

따라서 아이에게 수학 문제 하나 더 풀게 하려고 애쓰기보다 아이의 정서 조절 능력과 사회성 키우기에 더 많은 힘을 쏟아주세요. 그것이야말로 우리 아이가 성인이 되어 보다 건강하고 행복하게 살아가도록 이끌어주는 가장 좋은 방법입니다.

사회적 소통 기술도
기꺼이 배워야 할 때가 있습니다

기질적으로 내향적인 아이의
사회성 키우기

　진료실을 찾는 많은 부모님이 자녀에게 가장 키워주고 싶어 하는 능력 중 하나가 사회성입니다. 누군가에게 조언을 듣거나 따로 공부하지 않아도 부모님의 경험에 비춰볼 때 인생에서 사회성이 얼마나 중요한지 너무 잘 알고 있기 때문입니다. 그러다 보니 많은 부모님이 자녀가 또래 아이들과 잘 어울리지 못하면 속상해하고 못마땅해하죠. 작년에 저를 찾아온 만 5세 3개월(63개월) 유미 어머님도 그런 분이었습니다. 유미는 기질적으로 긴장도가 높고 소심해서 또래 아이들과 관계 맺는 데 어려움을 겪었습니다.

"유미가 친구들과 잘 어울리지 못하고 혼자 노는 경우가 많아요. 놀이터에 가도 다른 아이들이 노는 데 끼어들지 못하고 제 옆에 껌딱지처럼 붙어서 쳐다만 봐요."

아이가 그럴 때마다 속상하고 답답한 마음에 어머님은 "이러면 친구들이 안 좋아해"라고 말하며 유미의 등을 억지로 떠민다고 했습니다. 그렇게 해도 안 되면 어머님이 유미의 손을 이끌고 아이들이 노는 곳으로 데려간다고 하셨죠.

그런데 이런 방법이 또래 아이들과 잘 어울리지 못하는 유미의 문제를 해결하는 데 도움이 될까요? 많은 부모님이 자녀가 또래와 잘 어울리지 못하고 주위를 맴돌면 유미 어머님처럼 어떻게 해서든 아이들과 어울리게 하려고 애씁니다. 그러나 유미처럼 내향적인 아이들은 억지로 등을 떠미는 그 상황 자체가 스트레스가 될 수 있습니다. 낯선 사람에게 쉽게 다가가지 못하고 여러 사람이 있는 것을 부담스러워하기 때문에 이런 특성을 존중하며 기다려주는 것이 좋습니다.

긴장도가 높고 소심한 아이들은 낯선 환경에서 더 많이 긴장하고 심리적으로 위축되는 경향이 있습니다. 따라서 집처럼 아이가 편안하고 친숙하게 느낄 수 있는 공간에서 친구들과 놀 수 있도록 도와주세요. 이때 염려하는 마음에 '이렇게 해라, 저렇게 해라' 하면서 개입하면 안 됩니다. 친구들과 자연스럽게 어울리는 가운데 아이 스스로 사회적 소통 기술을 습득할 수 있도록 도와주는 것이 필요합니다.

또 여러 명의 친구와 어울리게 하는 것보다는 아이에게 친숙한 친구 한 명과 일대일로 놀 수 있게 도와주는 것이 좋습니다. 긴장도가 높고 소심한 아이들은 여러 사람과 함께 있는 것을 힘들어합니다. 여러 친구와 어울리면 기질적 특성 때문에 소외되기도 쉽죠. 따라서 가급적 일대일로 어울릴 수 있도록 도와주되, 그 상황에 익숙해지면 점점 친구의 숫자를 늘려주세요.

내성적인 아이들은 놀이를 잘 주도하지 못하기 때문에 마음이 내키지 않아도 친구가 하자는 대로 할 가능성이 높습니다. 그러니 이러한 상황에 오래 노출되지 않도록 처음부터 너무 긴 시간 어울리지 않도록 해주세요. 다른 아이와 어울리는 데 익숙해진 다음에 점차 시간을 늘리는 것이 바람직합니다. 이 경우 부모님이 적절한 환경을 만들어주면 그 속에서 사회적 상호작용을 하면서 다양한 소통 기술을 습득할 수 있습니다.

사회성 발달이 느린 아이, 이렇게 키워주세요

다만 사회성 발달 문제를 겪는 아이들은 이야기가 다를 수 있습니다. 대부분의 아이들은 누가 가르쳐주지 않아도 어릴 때부터 또래와 자연스럽게 어울리면서 살아가는 데 필요한 다양한 사회적 상호작용 능력과 소통 기술을 배웁니다. 그 속에서 내가 어떤 말과 행동을 할 때 상대방이 좋아하고 싫어하는지, 친구의 말이 농담인지 진심인지, 친구의 말과 행동이 나를 좋아해서 하는 것인지 싫어해서 하는 것인지, 친구가 지금 내 말에 관심이 있는지 없는지, 어떤 상황에서 친구를 배려하고 양보해야 하는지, 혹은 어떤 경우에 사과해야 하는지 등 수많은 사회적 상식과 상호작용 기술을 습득하죠.

가령 자폐스펙트럼장애로 사회성이 현저하게 떨어진 아이들은 사회적 소통 능력이 부족해 혼자 힘으로 아이들과 자연스럽게 어울리면서 사회적 소통 기술을 습득하는 데 한계가 있습니다. 이 경우 사회적 소통 능력뿐만 아니라 또래 관계를 맺고자 하는 동기도 떨어지기 때문에 의도적, 직접적으로 또래 관계 기술을 가르쳐야 합니다.

자폐스펙트럼장애를 겪는 아이들은 중증도에 따라 차이는 있지만 아주 기본적인 사회적 상식과 상호 소통 기술조차 스스로 습득하는 데 어려움이 있습니다. 그러므로 특정 상황에서 어떻게 행동하고 말해야 하는지 직접적으로, 분명하게 알려주는 것이 효과적입니다. 예를 들어 어른을 만났을 때 다른 곳을 보면서 "안녕하세요"라고만 말하는 아이에게 "어른을 만났을 때는 눈을 맞추며 고개를 숙이고 '안녕하세요'라고 인사해야 하는 거야"라고 명확하게 알려주는 것입니다. 또 부모의 지침에 따라 바람직하게 행동이 교정될 경우 "잘했어. 바로 그거야"라고 승인과 칭찬을 분명하게 하면 아이의 사회적 행동이 더욱 늘어날 겁니다.

사회성 발달장애를 겪는 아이들은 상황이나 분위기, 다른 사람의 생각이나 감정을 잘 이해하지 못합니다. 따라서 다양한 상황을 묘사한 그림을 이용해 이를 이해시키는 연습을 하는 것도 사회적 소통 기술을 습득하게 할 수 있는 좋은 방법입니다. 가령 배에 손을 대고 괴로운 표정을 짓는 사람이 그려진 그림을 보여주면서 아이에게 질문을 던지는 것입니다.

"○○아, 이 그림이 어떤 상황인 것 같아?"
"이 그림 속 사람은 어떤 생각을 할까?"
"이 그림 속 사람은 어떤 기분일까?"

이때 아이가 적절한 대답을 하지 못하더라도 "아니야", "틀렸어"라고 부정적으로 표현하지 말고 "○○이는 그렇게 생각하는구나", "그렇게 생각할 수도 있겠네"라고 있는 그대로 수용해줘야 합니다. 그런 다음 이 그림이 어떤 상황을 묘사한 것인지, 그림 속 사람이 어떤 생각을 하고 어떤 감정을 느낄지 보편적인 시각을 부드럽게 알려주는 겁니다. 이런 훈련을 계속하면 아이는 다양한 상황에서 다른 사람의 생각과 감정을 이해하는 능력을 점점 향상시킬 수 있습니다.

이때 그림 대신 TV나 스마트폰을 활용하는 것도 좋습니다. 소리를 꺼놓은 상태에서 적절한 영상이 나오면 잠시 중지 버튼을 누르고 아이에게 지금 어떤 상황인지, 영상에 등장하는 사람이 어떤 생각을 하고 어떤 기분을 느낄지, 무엇이라고 말할지 물어보는 것입니다. 그런 다음 소리를 켜서 아이의 답변이 적절한지 확인한 후 일반적인 생각과 다르게 말한 부분을 가르쳐주면 다양한 상황과 타인의 생각,

감정을 더 잘 이해하게 됩니다.

또 자폐스펙트럼장애 같은 사회성 발달에 어려움을 겪는 아이들은 표정, 손짓, 몸짓 등 비언어적 표현을 잘 이해하지 못합니다. 따라서 이와 관련된 그림 등을 보여주고 질문하면서 비언어적 표현에 대한 이해도를 높이면 사회적 소통 기술을 효과적으로 습득할 수 있습니다.

사람들과 어울리는 방법을 가르칠 때는 일상에서 흔히 발생하는 다양한 상황을 활용하면 효과적입니다. 예를 들어 어느 날 아이가 놀이터에서 서로 다투는 아이들을 목격했다고 해볼까요? A와 B가 소꿉놀이를 하고 있는데 C가 함께 놀고 싶어서 다가왔습니다. 그러자 A가 C에게 쌀쌀맞게 이렇게 말했습니다.

"저리 가. 우리끼리 놀 거야."

그럼에도 C가 주위를 맴돌자 A가 "저리 가라고! B야, 쟤랑 놀지 마. 저기 가서 우리끼리 놀자"라고 말했습니다.

이에 마음이 상한 C는 A를 밀었고, 바닥에 넘어진 A가 울음을 터뜨리고 말았습니다. 아이에게 이 상황을 들려주면서 질문을 통해 사람들과 긍정적으로 관계를 맺는 데 필요한 사회적 소통 기술을 가르칠 수 있습니다.

"친구들과 놀고 싶을 때는 어떻게 해야 할까?"
"친구와 놀고 있을 때 다른 친구가 놀자고 하면 어떻게 해야 할까?"
"친구들이 나와 안 놀아줘서 화가 날 때는 어떻게 해야 할까?"

"친구에게 잘못했을 때는 어떻게 해야 할까?"

이때도 마찬가지로 아이의 답변 내용을 평가하지 않고 그대로 수용하면서 질문에 대한 적절한 답을 알려주면 됩니다.

사회성 발달이 느린 아이가 사회적 상식과 소통 기술을 습득할 수 있도록 해주는 가장 좋은 방법은 또래 아이들과 최대한 자주 어울리는 기회를 제공하는 것입니다. 그런데도 느린 아이를 둔 많은 부모님이 자녀가 다른 아이들과 어울리다가 놀림받거나 마음에 상처를 입을까 봐, 폐를 끼칠까 봐 함께 어울리는 환경을 만들지 않으려는 경

사회성 발달이 느린 아이의 사회적 소통 능력을 키우는 방법

- 특정 상황에서 어떻게 말하고 행동해야 하는지 직접적이고 분명하게 알려준다.
- 다양한 상황을 묘사한 그림이나 영상 등을 활용해 다양한 상황, 타인의 생각과 감정을 이해시키는 연습을 한다.
- 그림이나 상황 카드 등을 활용해 사회적 상황을 이해하는 연습을 한다.
- 일상에서 흔히 발생하는 다양한 상황, 일상 속 에피소드를 활용해 사람들과 어울리는 방법을 가르친다.
- 일반적인 또래 아이들과 소통할 기회를 피하지 않는다.

향이 있습니다. 그러나 사회성 발달이 느린 자녀로 하여금 사회적 소통 기술을 습득하게 하려면 또래 아이들과 활발하게 관계를 맺고 소통할 기회를 어느 정도 갖게 하는 것이 도움이 됩니다. 그래야 아이가 폭넓은 사회적 상황을 경험하고 다양한 상호작용 능력, 의사소통 능력, 사회성 기술 등을 습득할 수 있음을 기억해주세요.

사회성 발달이 느린 아이라고 해서 또래 아이들과 어울리고 싶은 욕구가 없는 것은 아닙니다. 자폐스펙트럼장애 아이들 중에도 친구들과 어울리고는 싶지만 소통하는 방법을 몰라 관계 형성과 유지에 실패하는 경우가 있습니다. 따라서 자녀가 사회성이 느린 아이라면 부족한 사회적 상호작용 기술을 채워주기 위한 노력에 힘을 쏟아주세요. 일상에서 부모가 사회적 상식과 대인관계 기술을 가르치고 학습시킨다면, 성장하면서 아이의 사회적 소통 능력이 점차 개선될 수 있습니다.

비언어적 의사소통 능력을
키우는 훈련법

민 4세 5개월(53개월)인 관우의 어머님은 6개월 전 관우가 자폐스펙트럼장애 진단을 받자 충격과 절망감에 오열했던 분입니다. 당시 저와 아버님이 아무리 다독여도 눈물을 멈추지 못했죠. 자폐 진단을 받고 감정적 동요를 보이지 않는 부모님이 거의 없기는 하지만, 유난히 강도가 높아 관우 어머님이 마음을 추스르기까지 많은 시간이 필요할 것처럼 보였습니다.

그런데 제 예상과 달리 어머님은 금세 마음을 다잡고 치료에 전념했습니다. 병원 치료는 물론 집에서도 아이의 문제 행동을 교정하기 위해 다양한 행동 치료를 열심히 하고, 아이와 오랜 시간 놀아주면서 언어적 상호작용도 넘치도록 해주었죠. 아직 치료를 시작한 지

얼마 되지 않아 예후를 장담할 수 없지만 부모님이 적극적으로 도와주는 만큼 관우에게 좋은 결과가 있을 것이라고 보고 있습니다.

그런데 어느 날 진료실을 찾아온 관우 어머님의 얼굴이 유난히 어두워 보였습니다. 치료를 시작한 이후 이토록 어머님의 표정이 좋지 않았던 적이 없어 조심스럽게 그 이유를 물었습니다.

"얼마 전에 관우가 제게 와서 '엄마, 맞다고 할 때는 고개를 끄덕이는 거야?'라고 묻는 거예요."

아이의 질문에 어머님은 머리가 새하얘질 정도로 큰 충격을 받았다고 했습니다. 자폐 아이들이 비언어적 표현에 대한 이해가 많이 떨어진다는 사실은 알고 있었지만, 관우가 궁금해하는 것은 아주 어린 아이들도 쉽게 습득하는 관습적 제스처(사회적으로 사용되는 제스처)였기 때문이지요. 어머님은 관우가 이것을 모를 것이라고는 상상도 하지 못했던 것입니다. 어머님은 혹시나 하는 마음에 관우에게 고개를 좌우로 흔들어 보이며 그 뜻이 무엇인지 물었지만 아이는 대답하지 못했습니다. 그날 어머님은 속상하고 절망스러운 마음에 몰래 눈물을 흘렸다고 합니다.

비언어적 의사소통 능력이 떨어지는
자폐 아이들

비언어적 의사소통은 언어가 아니라 표정, 손짓, 몸짓, 시선 처리,

자세 등 비언어적 언어를 사용해 자신의 의사나 감정을 표현하고 전달하는 방식을 말합니다. 쉽게 말해 언어 외에 모든 것을 사용해 소통하는 것을 비언어적 의사소통이라고 할 수 있습니다.

다른 사람과 소통을 잘하려면 말만 잘해서는 안 되고 비언어적 의사소통 능력이 뒷받침되어야 합니다. 원활한 소통을 위해서는 말보다 비언어적 의사소통 능력이 중요하다고 해도 과언이 아닙니다. 언어 발달은 양호해 말을 잘하는 자폐 아이들이 왠지 소통이 원활하지 않다는 느낌을 주는 것도 바로 이 비언어적 의사소통 능력의 결함과 밀접한 관련이 있죠.

따라서 사회성의 핵심 능력인 의사소통 능력을 끌어올리려면 비

비언어적 의사소통 능력이 떨어지는 아이들의 특징

- 다른 사람의 행동, 표정 등을 잘 읽지 못한다.
- 상황이나 분위기를 잘 파악하지 못해 눈치가 없다는 소리를 자주 듣는다.
- 사람들의 말이나 표정을 오해하는 경우가 많다.
- 다른 사람의 감정을 쉽게 파악하지 못한다.
- 연령에 비해 핑퐁 대화(상호 교환적 대화)가 잘 이루어지지 않는다.
- 대화할 때 맥락을 잘 짚지 못한다.
- 소꿉놀이, 병원 놀이, 소풍 놀이 같은 역할 놀이를 어려워한다.

언어적 의사소통 능력을 반드시 키워줘야 합니다. 그리고 아이의 행동을 파악해 비언어적 의사소통 능력이 부족하다고 판단되면 적극적으로 도움을 주어야 합니다.

비언어적 의사소통 능력을 키워주려면 우선 다른 아이들은 자연스럽게 터득하는 비언어를 우리 아이는 쉽게 습득하지 못한다는 점을 이해해야 합니다. 특히 자폐스펙트럼장애 아이들은 관우처럼 기본적인 비언어조차 스스로 습득하는 것이 어려운 만큼, 이런 한계를 받아들여야 좀 더 편안한 마음으로 아이의 비언어적 의사소통 능력을 키워줄 수 있습니다. 지금부터는 아이가 집에서 부모님과 함께 비언어적 의사소통 능력을 키울 수 있는 몇 가지 방법을 알려드리겠습니다.

아이와 함께하는
비언어적 소통 알아맞히기 게임

먼저 다양한 손짓, 몸짓, 표정 등을 묘사한 그림을 보여주고 각 비언어가 무엇을 의미하는지 알아맞히는 게임이 있습니다. 방법은 간단합니다. 다양한 비언어적 소통을 묘사한 그림을 보여주고 질문을 던지는 것입니다.

"저 표정은 어떤 걸까?"

비언어적 소통 알아맞히기 게임

"저 손 모양은 무슨 뜻일까?"
"저 행동은 무슨 뜻일까?"

이때 그림은 누가 봐도 쉽게 파악할 수 있도록 쉽고 명확하게 묘사되어 있어야 합니다. 가령 그림 속 표정이 화가 난 것인지 혹은 놀란 것인지 모호하면, 그렇지 않아도 표정을 읽지 못하는 아이가 적절한 답을 찾기 어렵습니다. 그러면 학습 효과도 떨어지겠죠.

여기서 또 하나 유념해야 할 점은 아이가 적절한 답을 하지 못하더라도 부정적 반응을 보이지 않아야 한다는 것입니다. 아이가 자신이 평가받는다는 느낌을 받으면 게임을 더 이상 하지 않으려고 할 수 있기 때문에 아이의 말을 있는 그대로 수용해주면서 적절한 답을 알려주세요. 여기에 아이와 함께 올바른 비언어적 소통을 재연해주면 학습 효과가 더욱 커질 수 있습니다.

몸짓을 보고 추리하는 '온몸으로 말해요' 게임

다른 사람의 몸짓을 보고 무엇을 나타내는지 알아맞히는 '온몸으로 말해요' 게임도 비언어적 의사소통 능력을 높이는 효과적인 방법입니다. 부모님 입장에서는 쑥스럽고 민망해서 망설여질 수 있지만, 아이의 흥미를 끌어내며 비언어에 대한 이해도를 높일 수 있는 좋은 방법이므로 꼭 시도해보시길 바랍니다. 방법은 간단합니다.

우선 게임을 할 때 필요한 제시어를 미리 준비하세요. 제시어는 아이가 일상에서 흔히 접할 수 있는 상황, 인물, 감정 등과 관련 있으

'온몸으로 말해요' 게임의 제시어 예시

〈인물〉
엄마, 아빠, 형제자매, 할머니, 할아버지, 선생님, 의사, 아기, 가게 주인 등

〈상황〉
등원/등교 준비를 하는 상황, 잠자는 상황, 요리하는 상황, 공부하는 상황, 청소하는 상황 등

〈감정〉
화남, 기쁨, 슬픔, 지루함, 두려움, 답답함, 놀람, 당황함 등

면서 비언어를 사용해 그 특징을 표현하기 쉬운 것이 좋습니다. 다음으로 부모님과 아이가 번갈아서 문제를 내는데, 아이가 답을 잘 알아맞히지 못한다면 알아맞힐 때까지 그냥 두지 말고 적절한 힌트를 줍니다. 더불어 아이가 부적절한 대답을 하더라도 그대로 수용하면서 부드러운 말로 올바른 답을 가르쳐주는 것이 좋습니다.

영화와 드라마로 감정과 상황 파악하기

다양한 인물의 표정, 몸짓, 손짓 등은 물론 상황과 생각, 감정까지 관찰할 수 있는 영화나 드라마를 활용하는 것도 아이의 비언어적 의사소통 능력을 키우기에 좋은 방법입니다. 이때 영화나 드라마는 아이의 시청 연령에 맞아야 하고, 비현실적인 스토리보다 일상을 그대로 보여주면서 인물 간 관계가 잘 드러나는 내용이 좋습니다.

"저 언니가 엄마한테 혼나고 표정이 바뀌었잖아. 표정이 어때 보여?"
"저 언니가 엄마한테 혼나고 있네. 그런데 언니가 팔짱을 끼고 있어. 저 행동은 무슨 뜻인 것 같아?"
"저 언니가 친한 친구한테 하는 저 손 모양(오케이)은 무슨 뜻인 것 같아?"

이때 단순하게 비언어적 소통에 대한 부분만 짚어주지 말고 드라마나 영화 속 상황이 어떻게 흘러가고, 그 속에서 드러나는 인물들의 생각과 감정이 무엇인지 함께 알려주세요. 비언어적 소통에 취약하다는 것은 사회성이 떨어진다는 뜻이고, 사회성이 떨어진다는 것은 상황이나 분위기, 생각, 감정 등을 파악하는 능력도 떨어진다는 의미입니다. 그러므로 드라마나 영화 속 상황, 등장인물들의 생각과 감정 등을 함께 알려주면 이를 이해하는 능력도 향상됩니다.

"저 언니가 친구가 거짓말을 해서 화가 났대. 화가 난 언니 표정 좀 봐. 어때 보여?"

"저 언니가 친구한테 사과의 편지를 받고 거짓말한 걸 용서해줬잖아. 그런 다음에 저 언니가 친구한테 손가락을 이렇게 해서 보여줬지? 엄마 손가락 봐. 이 손가락 모양(손가락 하트)은 무슨 뜻인 것 같아?"

이런 방식으로 상황과 감정, 생각 등을 함께 짚어주되 아이가 공감하기 쉬운 내용만 다뤄주세요. 이때 시간은 너무 길지 않아야 아이가 집중력을 유지하며 부모님 말에 귀를 기울일 수 있습니다. 만약 아이가 드라마나 영화에 흥미를 보이지 않는 경우 사람 캐릭터가 나오는 애니메이션을 활용해도 괜찮습니다. 다만 애니메이션은 영화나 드라마보다 과장된 표현이 많이 나오므로, 아이가 덜 과장되게 표현할 수 있도록 도와주어야 합니다.

사람들의 실제 행동
직접 관찰하기

그러나 **비언어적 의사소통 능력을 키우는 가장 효과적인 방법은 아이가 직접 사람들의 행동, 상황 등을 관찰하게 하는 것입니다.** 편의점, 마트, 공원, 병원, 대중교통, 카페 등에 가서 사람들이 다양한 상황에서 어떤 표정과 손짓, 몸짓, 자세 등을 보이는지 관찰하게 해주세요. 비언어적 표현에 대한 이해도를 높이는 데 상당한 도움이 됩니다.

이때 아이가 다른 사람들을 뚫어지게 쳐다보지 않도록 해야 합니다. 비언어적 의사소통 능력이 약한 아이들은 사회성이 떨어져 상황에 맞는 행동이 무엇인지 잘 모르는 만큼, 사전에 그 행동이 상대방에게 불쾌감을 줄 수 있음을 알려줘야 합니다.

아이가 다른 사람에게 사과하면서 팔짱을 끼고 웃는다고 생각해보세요. 다른 사람이 슬픈 표정을 짓고 있는데 이를 읽지 못하고 웃으며 농담을 한다면, 이 아이는 다른 사람들과 좋은 관계를 맺지 못하고 소외당할 가능성이 높습니다. 이처럼 비언어를 이해하지 못하면 단순한 의사소통 문제를 넘어 전반적인 사회적 관계에 문제가 생기므로 개선해야 합니다. 그래야 개인으로서든 사회 구성원으로서든 아이가 덜 어렵고, 덜 아프고, 덜 외롭게 자신의 삶을 살아갈 수 있습니다.

말수가 줄어든 ADHD 아이, 어떻게 해야 할까요

느린 아이를 둔 부모님들이 진료실에 와서 가장 많이 호소하는 증상 중 하나가 언어 문제입니다. 언어는 단순한 소리의 조합이 아니라 사람과 사람, 사람과 세상을 연결하는 가장 기본적인 의사소통 수단인 만큼, 자녀의 언어 발달이 느리면 부모님 입장에서는 크게 염려할 수밖에 없죠. 그래서 어느 순간 말이 트여 문장을 구사할 수 있게 되면 부모님들은 언어 발달에 대한 짐을 내려놓습니다. 말을 잘하니 '이제는 됐다' 싶은 거죠.

몇 달 전 저를 찾아온 초등학교 6학년 혜원이 어머님도 그랬습니다. 어릴 때 말이 좀 늦게 트이기는 했지만 혜원이가 여느 아이들과 다름없이 말을 잘하게 되면서 이제 걱정할 일은 없겠다고 생각했다고 합니다. 초등학교 3학년까지만 해도 혜원이의 학교 성적도 그리 나쁘지 않았고요. 그런데 4학년이 되면서 문제가 생기기 시작했습니다. 성적이 떨어지고 말수가 점점 줄어들더니 급기야 학교에서 말을 거의 안 하는 아이가 되어버린 것입니다.

"혜원이가 예전보다 말수가 줄어들기는 했지만 집에서는 곧잘 말을 잘했어요. 제가 학부모 상담도 가고 다른 엄마들과 활발하게 소통했으면 더 빨리 눈치챌 수 있었을 텐데, 먹고사느라 바빠서 뒤늦게야 아이가 학교에서 말을 거의 하지 않는다는 것을 알게 되었어요."

어머님이 뒤늦게 상황을 알게 된 것은 담임선생님과의 통화 때문이었습니다. 어느 날 혜원이가 울면서 친구들에게 왕따당하고 있다고 털어놓았고, 그 문제로 담임선생님과 통화하는 과정에서 아이가 학교에서 말을 거의 하지 않는다는 사실을 알게 된 것이었습니다. 부랴부랴 아이를 데리고 소아정신과를 찾아 여러 차례 진료와 심층 검사를 마친 후 결과를 들은 부모님은 충격을 받았습니다. ADHD와 우울증이 동반되었다는 이야기를 들었기 때문입니다.

"조용하고 얌전한 아이가 ADHD에 우울증까지 있다니 믿을 수 없었어요. 그때까지 저는 ADHD는 아이가 한시도 가만히 있지 못하고 생각 없이 행동하고 산만한 병이라고 생각하고 있었거든요."

혜원이 부모님뿐 아니라 많은 부모님이 ADHD를 행동이 과하거나 충동적이고 산만한 증상을 보이는 질환이라고 알고 계십니다. 그러나 '주의력 결핍 과잉행동장애'라는 ADHD의 우리말 병명에서도 짐작할 수 있듯, **ADHD는 크게 두 가지 유형으로 나뉩니다.** 하나는 '과잉 행동형'이고 또 다른 하나는 '부주의형'입니다. 부주의형은 과잉 행동형과 달리 문제가 겉으로 잘 드러나지 않기 때문에 부모님들이 ADHD인지 모르고 지나치는 경우가 많고, 부주의형의 증상이 ADHD 진단을 내리는 근거가 될 수 있다는 사실 자체를 아예 모르는 경우도 적지 않습니다. 그래서 혜원이 어머님처럼 진단 결과를 듣고 충격받는 부모님이 많죠.

부주의형 ADHD는 두드러지는 문제 행동이 적어 조기에 발견하기 어렵습니다. 같은 이유로 과잉 행동형에 비해 심각하게 받아들여지지 않는 경향이 있고요. 하지만 주의력 부족으로 매사에 제대로 집중하지 못하고, 자주 실수하고, 물건을 잘 잃어버리고, 중요한 것을 잘 잊어버리고, 남의 이야기를 흘려듣거나 말실수를 자주 하는 등 여러 문제가 나타나기 때문에 과잉 행동형과 마찬가지로 조기 개입이 무엇보다 중요합니다. 이를 방치하면 어딘가 이상하다는 이유로 친구들에게 따돌림당해 대인 관계에 문제가 생길 수 있고, 또래와 잘 어울리지 못하는 만큼 사회적 기술 등을 습득할 기회가 줄어들어 사회성 발달에도 악영향을 미칠 수 있습니다.

뿐만 아니라 자신감과 자존감이 저하될 수 있고 그 때문에 긍정적 자아상을 갖는 데도 어려움이 따를 수 있습니다. 심한 경우 불안장애, 우울증, 선택적 함구증 등을 겪을 수 있기 때문에 적기에 치료가 이루어질 수 있도록 부모님의 세심한 관찰과 도움이 필요합니다.

혜원이의 경우 고학년이 되면서 성적이 떨어지고 학교에서 말을 거의 하지 않게 된 이유가 ADHD와 관련 있는 듯했습니다.

"친구들이 처음에는 안 그러는데 시간이 지날수록 저를 따돌리고 저에 대해 안 좋은 말을 해요. 학년이 바뀌어도 항상 똑같아요."

"우리 혜원이 정말 힘들었겠다. 선생님이 혜원이를 도와주고 싶은데 친구들이 혜원이에 대해 어떤 말을 했는지 말해줄 수 있어?"

"제가 눈치가 없고 상황에 안 맞는 엉뚱한 말을 한대요. 그리고 자기들이 말하고 있는데 갑자기 끼어든대요. 제가 하고 싶은 말만 하려고 해서 짜증이 난다고도 했어요. 친구들이 또 저를 나쁘게 생각할까 봐 말하기가 너무 싫고 무서워요."

부주의형 ADHD 아이들은 주의력 문제로 다른 사람의 말을 경청하는 것이 매우 어렵습니다. 상대방이 이야기할 때 사회적 단서나 중요한 정보, 감정 등을 놓치는 경우가 많죠. 그러다 보니 남의 이야기는 귀 기울여 듣지 않고 자기 말만 하려고 하거나, 상대방이 말하는 와중에 부적절하게 끼어듭니다. 상황이나 맥락에 맞지 않는 엉뚱한 이야기를 자주 하고요. 여기에 듣는 사람을 고려하지 않고 부적절한 표정을 짓거나 기분이 상할 수 있는 말을 아무렇지 않게 합니다. 알아들을 수 없는 말을 장황하게 늘어놓기도 하죠. 이러한 이유로 다른 사람에게 부정적인 인상을 주어 혜원이처럼 집단에서 좋지 않은 평가를 받고 소외당할 가능성이 높습니다.

말 때문에 계속 부정적 경험을 하다 보면 부적절하게 말하지 않았는데도 혹시 자신이 말실수를 하지 않았는지 걱정하게 됩니다. 여기에 작은 실수에도 친구들이 자신을 싫어할 것이라는 피해의식을 갖거나 자책하기도 합니다. 이런 경험이 쌓이면 결국 혜원이처럼 사람들 앞에서 말하는 것을 두려워해 말수가 점점 줄어들고, 친구들이 많은 학교나 학원에서는 거의 말을 하지 않거나 아예 입을 닫아버리죠. 이는 선행된 ADHD가 해결되지 않으면서 우울증이 함께 나타나는 과정입니다.

말에 대한 느린 아이의 자신감, 이렇게 높여주세요

아이가 다른 사람 앞에서 말하는 것을 꺼리고 두려워하는 것은 말로 인한 부정적 경험 때문에 자신감이 떨어졌기 때문입니다. 말에 관련해 아이의 자신감을 높이려면 무엇보다 집에서라도 아이가 자유롭게 말할 수 있는 환경을 만들어주어야 합니다. 말을 많이 해봐야 각 상황에 맞는 적절한 말이 무엇인지, 조리 있게 말하려면 어떻게 해야 하는지 등을 배울 수 있기 때문입니다.

그렇다고 아무 말이나 하도록 내버려두라는 것은 아닙니다. 자유롭게 말하는 환경을 만들어주되, 부적절하게 말할 때는 바람직한 표현을 할 수 있도록 가르쳐주어야 합니다. 이때 주의력이 부족한 아이들은 설명이 길어지면 집중하기 어려우니 가급적 짧고 분명하게 전달해주세요.

아이가 잘하는 것을 찾아 이에 대해 말할 수 있도록 도와주는 것도 말에 대한 자신감을 높이는 좋은 방법입니다. 누구나 자기가 잘하

부주의형 ADHD로 위축된
아이의 자신감 높이는 방법

- 가정에서 아이가 말을 자유롭게 충분히 할 수 있도록 지지하고 격려한다.
- 아이가 잘하는 것에 대해 이야기할 수 있도록 도와준다.
- 아이의 말을 비판하지 않고 경청한다.
- 매사에 느리고 답답하다고 핀잔을 주거나 압박하지 않는다.

는 것에 대해 이야기할 때는 남의 눈치를 보지 않고 자신 있게 말하죠. 아무리 사소하더라도 아이가 잘하는 것을 찾아 그것에 대해 이야기하도록 도와주세요. 더불어 적극적으로 호응해주고 아낌없이 칭찬해주세요. 그러면 아이가 말하는 횟수가 늘어나고 자존감이 높아져 말하기에 대한 자신감도 자연스럽게 높아집니다.

한편 아이의 말을 귀담아듣는 자세도 말하기에 대한 자신감을 높이는 효과적인 방법입니다. 특히 부주의형 ADHD 아이들은 매사에 느리고 엉뚱하며 주제에 벗어난 말을 많이 하다 보니, 많은 부모님이 답답하다며 핀잔을 주거나 '애가 또 이상한 소리를 하네'라며 흘려듣는 경향이 있습니다. 부모님이 아이의 말을 귀담아듣지 않으면 아이는 말하고 싶은 욕구를 잃고 부모님 말도 집중해서 듣지 않게 됩니다. 그러니 하루에 단 몇 분이라도 아이와 눈을 마주치고 집중해서 대화를 나누세요. 짧더라도 이러한 경험을 반복적으로 하면 아이는 부모님이 자신의 생각과 의견을 존중한다고 느껴 자신의 말에 확신을 갖게 됩니다.

더불어 조급한 마음에 말을 하지 않는다고 야단치거나 압박해서는 안 됩니다. 그러면 말에 대한 자신감이 떨어지면서 심리적으로 불안도와 긴장도가 높아져 다른 병적 문제가 발생할 수 있습니다. 단시간에 회복되지 않는 문제라는 점을 받아들이고 부모님이 함께 노력해보세요. 그러다 보면 어느새 자신이 하는 말에 대한 자신감을 갖고 또래 사이에서 용감하고 조리 있게 말할 수 있을 겁니다.

느린 아이의 뇌를 자극하는 '메타 인지 훈련법'과 '소리 내서 생각하기'

최근에 진료실에서 만난 초등학교 4학년 지성이 어머님은 아이가 두서없이 말을 쏟아내 스트레스가 극심하다고 했습니다. 진료실에서도 그런 모습을 어렵지 않게 볼 수 있었는데, 럭비공처럼 이 말 했다가 저 말 했다가 하는 바람에 지성이는 엄마한테 여러 번 핀잔을 들어야 했죠. 그런데 지성이의 이런 모습이 처음부터 엄마에게 스트레스를 준 것은 아니었습니다.

"초등학교 1학년 학부모 상담 때 담임선생님께 아이가 너무 말이 많아 걱정이라고 했더니, 아이가 호기심이 많아서 하고 싶은 말도 많은 것뿐이라며 걱정할 필요 없다고 하시더라고요. 제가 걱정했던 것과 달리 수업 시간에 발표도 잘하고 질문도 잘하는 학생이라고 하니까 기분이 좋았어요."

시간이 지날수록 지성이의 말은 더 많아졌습니다. 담임선생님께 긍정적인 피드백도 받은 터라 어머님은 원래 수다스러운 아이라고 생각하고 지나가려고 했습니다. 하지만 2학년에 올라가 담임선생님과 학부모 상담을 하고 나서 그 생각이 완전히 달라졌다고 합니다.

"2학년 담임선생님 말씀이, 지성이는 성격도 밝고 발표도 잘하는데 쉬는 시간뿐만 아니라 수업 시간에도 끊임없이 말을 한다고 하시는 거예요. 쉬는 시간에 말을 많이 하는 것은 괜찮지만 수업 시간에 말을 많이 하는 것은 문제가 되잖아요. 또 스스로 정리가 안 되는지 말에 두서가 없어요. 항상 무슨 말이든 끝맺지 못하고요. 왜 이러는지 너무 걱정이 되어 선생님을 찾아왔어요."

종합적으로 살펴본 결과 지성이는 ADHD 진단을 받았습니다. ADHD 아이들은 전두엽 문제로 반응 억제 능력, 자기 조절 능력, 작업 기억력 등이 떨어져 참을성이 부족하고 매사에 충동적이며 성급합니다. 그래서 머릿속에 할 말이 떠오르면 조용히 있어야 하는 상황에서도 이를 참지 못하고 내뱉어버리죠. 맥락에 맞지 않는 뜬금없는 말이나 말대꾸도 많이 하고요. 행동 역시 과하고 부산스러운 데다 충동적이어서 부모님을 포함한 주위 어른들에게 지적받는 일이 많고, 또래 아이들에게도 부정적인 인상을 주어 외면받는 원인이 되기도 합니다.

문제는 아이가 자랄수록 부정적 이미지가 더 강해진다는 것입니다. 다른 아이들은 전두엽이 점차 발달해가면서 상황에 맞게 적절한 말과 행동을 점점 잘하게 되는 반면, ADHD 아이들은 그러지 못하기 때문입니다. 그런 이유로 나이가 들어갈수록 문제 행동이 더욱 눈에 띄어 다른 사람에게 부정적인 평가를 받을 가능성이 점점 높아지죠. 지성이 역시 초등학교 1학년 때까지만 해도 성격도 쾌활하고 발표도 잘하니 친구들에게 인기가 많은 편이었습니다. 하지만 학년이 올라갈수록 문제 행동을 보이는 일이 잦고, 그 일이 다른 아이들의 이목을 끌면서 친구 관계에 어려움을 겪었습니다.

뇌에 브레이크를 거는 메타 인지 훈련법

이처럼 ADHD 아이들은 부적절한 말과 행동 때문에 또래 아이들과 잘 어울리지 못하는 경우가 많습니다. 그러다 보니 사회적 상호작용 능력, 의사소통 능력, 사회적 기술을 습득할 기회가 그만큼 줄어들어 사회성 발달에 문제가 생길 수 있죠. 결국 부적절한 말과 행동을 하지 않아야 하는데, 미성숙한 뇌 때문에 절제가 되지 않으니 아이 스스로 해결하기는 어렵습니다. 필요에 따라서는 전문적인 치료도 받아야 하고 무엇보다 부모님의 적극적인 도움이 필요합니다.

그렇다면 두서없이 말하는 ADHD 아이를 어떻게 도와줘야 할까요? ADHD 아이들은 전두엽 중 맨 앞부분인 전전두엽의 기능이 떨어져 생각나는 말이 떠오르면 이를 억제하지 못하고 그대로 내뱉는 것이므로 일종의 '브레이크'가 필요합니다. 제어 기능이 약한 전두엽을 대신해 부모님이 브레이크 역할을 해야 하는 것이죠.

그 역할을 가능하게 하는 가장 대표적인 방법이 '메타 인지metacognition 훈련법'입니다. 메타 인지란 '자신을 객관적으로 성찰하는 능력'을 의미하는 심리학 용어입니다. 메타 인지 훈련법은 바로 이 메타 인지를 자극해 아이 스스로 자신이 무엇을 하고 있는지 객관적으로 바라보게 합니다. 이를 통해 자신이 지금 어떤 노력을 기울여야 문제 행동을 멈추고 적절한 말과 행동을 할 수 있는지 빠르게 파악한 뒤 교정하도록 돕는 것이죠.

방법은 매우 간단합니다. 두서없이 말하는 습관이 있는 초등학교 2학년 ADHD 아이가 엄마와 한글 받아쓰기 연습을 매일 몇 번씩 할지 대화를 나누고 있다고 가정해보겠습니다.

"엄마는 ○○이가 매일 세 번씩 받아쓰기 연습을 하면 좋겠는데, ○○이는 몇 번이 좋아?"
"세 번은 너무 많은 것 같은데…. 아! 맞다! 엄마! 나 오늘 편의점에서 포켓몬스터 빵을 샀는데 냄새꼬 스티커가 나온 거야. 나는 파이리가 좋은데. 그런데 우리 반 ○○이 알지? 걔가 산 빵에 파이리가 들어 있었어. ○○이는 냄새꼬 스티커가 좋다고 해서 내가 서로 바꾸자고 해서…."

이런 경우 대부분의 부모님이 한글 받아쓰기 연습 이야기를 하다가 뜬금없이 포켓몬스터 스티커를 말하는 아이가 못마땅해서 핀잔을 줍니다. 아니면 아이 말에 공감을 해줘야 한다는 생각에 맞장구치며 맥락 없이 말하는 아이를 그대로 두죠. 그런데 두서없이 말하는 아이의 습관을 고치려면 이때 아이의 말에 수긍은 해주되, 엄마와 하던 대화를 깜빡한 채 불쑥 맥락에 맞지 않는 말을 하는 아이의 행동에 브레이크를 걸어야 합니다. 즉 메타 인지를 자극하는 것입니다. 다음과 같은 식으로 말이죠.

"오늘 그런 일이 있었구나. 그런데 ○○아, 지금 엄마랑 무슨 이야기를 하고 있었지?"
"받아쓰기 연습 몇 번 할지 정하고 있었어."
"그렇지. 그러니까 일단 받아쓰기 연습에 대해 먼저 이야기하고 그다음에 포켓몬 스티커에 대해 말해보자."

여기서 핵심은 아이에게 원래 엄마와 하고 있던 이야기를 마무리한 후 자기가 하고 싶었던 이야기를 할 수 있다는 것을 '예측하게 해주는 것'입니다. ADHD, 자폐스펙트럼장애 아이들은 자신의 욕구를 지연시키는 능력이 떨어지므로, 지금 당장 그 이야기를 하지 않으면 영영 다시 할 수 없다고 생각하고 큰 좌절감을 느낍니다.

따라서 아이에게 원래 하던 이야기를 마무리 한 후에 자기가 하고 싶었던 이야기를 할 수 있다는 사실을 미리 알려주어야 합니다. 그러면 아이는 원하는 것을 언제 할 수 있는지 예측하고 그 기대감에 지금 당장 해야 할 이야기가 지루하더라도 참을 수 있습니다. 다음은 메타 인지를 자극했을 때 아이 머릿속에서 일어나는 생각의 변화를 간략하게 도식화한 것입니다.

○○아, 엄마랑 지금 무슨 이야기를 하고 있었지?
(메타 인지 자극)

▼

참! 엄마랑 받아쓰기 연습에 대해 이야기하고 있었지?
(자신이 맥락 없는 이야기를 하고 있음을 인지)

▼

나는 지금 받아쓰기 연습에 대해 이야기해야 해. 다른 말을 하면 안 돼.
(지금 어떤 노력을 기울여야 하는지 파악)

▼

엄마랑 한글 받아쓰기 연습에 대해 이야기한 후에
포켓몬스터 스티커 이야기를 할 수 있으니 우선 포켓몬 이야기는 참자.
(지금 무엇을 해야 하는지 구체적인 방법 파악)

▼

그래, 지금 나는 엄마와 한글 받아쓰기 연습에 대해 이야기하고 있어.
(자신이 생각한 대로 잘하고 있는지 확인)

이처럼 아이가 갑자기 다른 말을 할 때마다 메타 인지를 자극해 도식처럼 생각하도록 지속적으로 도움을 주면 전두엽 기능이 향상되어 두서없이 말하는 횟수가 점점 줄어들 수 있습니다.

충동적으로 행동하는 느린 아이를 위한 '소리 내서 생각하기'

메타 인지 훈련법 중 하나인 '소리 내서 생각하기(think aloud)'도 제어 기능이 약한 아이의 전두엽 기능에 브레이크 역할을 해줄 수 있는 기법입니다. 특히 말보다 행동을 교정하는 데 효과적이죠. 방법은 아주 간단합니다.

우선 아이에게 다음의 세 가지 질문을 떠올리는 습관을 들여주세요. 이 질문들은 아이의 메타 인지를 비롯해 전반적인 인지능력을 자극하고 촉진합니다. 즉 아이의 실행 기능을 담당하는 전두엽에 불이 반짝 들어오게 하는 스위치 역할을 하는 것입니다.

- 내가 지금 뭘 해야 하지?
- 내가 그걸 하려면 어떻게 해야 할까?
- 내가 생각한 대로 잘하고 있나?

그런 다음 아이가 충동적인 행동이 나올 수 있는 상황에서 이 질문들을 자동적으로 떠올려 소리 내서 말하고, 이 질문에 대한 생각도 소리 내서 표현하도록 도와줍니다. 이 과정에서 메타 인지를 비롯한 전반적인 인지능력이 활성화되어 아이가 스스로 충동적인 행동을 억제하고 적절한 행동을 할 수 있게 됩니다.

예를 들어 평소 축구를 좋아하는 ADHD 아이가 있다고 가정해보겠습니다. 어느 날 국어 수업을 하던 중 운동장에서 다른 아이들이 축구하는 소리가 들립니다. 이때 충동을 억제하지 못하는 ADHD 아이들은 이 자극에 쉽게 압도되어 수업 시간인데도 창가로 달려가 밖을 내다봅니다. 이렇게 충동적인 행동을 할 만한 상황에서 아이가 스스로 '소리 내서 생각하기'를 활용할 수 있게끔 하는 것입니다. 이를 제대로 수행하면 일상생활에서 사소한 자극에 즉각 반응하지 않고 하던 일에 집중할 수 있습니다.

1. 내가 지금 뭘 해야 하지? ⇨ 지금 나는 국어 수업을 들어야 해. 딴짓하면 안 돼.
2. 내가 그걸 하려면 어떻게 해야 할까? ⇨ 창가로 가지 말고 자리에 앉아서 수업을 들어야 해.
3. 내가 생각한 대로 잘하고 있나? ⇨ 나는 선생님을 보면서 수업을 잘 듣고 있어.

'소리 내서 생각하기'는 생각을 소리 내서 표현하게 함으로써 아이가 문제 행동을 하지 않고 스스로 적절한 행동을 하도록 이끄는 기법인 만큼, 실제로 소리를 내야 한다는 전제가 매우 중요합니다. 그런데 다른 사람이 함께 있는 공간에서 큰 소리를 내는 것은 적절하지 않죠. 그러니 점점 소리를 줄이도록 도와주되, 최종적으로는 소리를 내지 않고 이 기법을 활용할 수 있도록 훈련해야 합니다.

자라나는 아이에게 있어 긍정적인 또래 관계와 우정을 경험하는 것은 매우 중요합니다. 그 속에서 다양한 행복감과 즐거움을 느끼고 자존감도 높아지며 긍정적인 자아상도 갖게 되기 때문입니다. 무엇보다 그런 과정에서 사회성이 자라기 때문에 아이가 또래 아이들과 어울릴 기회를 빼앗기지 않도록 적극적으로 도와주어야 합니다. 특히 ADHD를 비롯한 발달장애로 인해 느린 아이들은 상황에 맞지 않는 부적절한 말과 행동을 하는 일이 많아 또래 아이들에게 따돌림 당하거나 스스로 위축될 가능성이 높습니다. 그러므로 조기에 개입해 사회성을 끌어올릴 수 있도록 도와주는 것이 중요합니다. 그래야 다른 정서-사회성 문제를 겪지 않고 건강하게 자랄 수 있습니다.

PART
5

천근아의
느린 아이
부모 수업

공부가 즐거워지는
느린 아이
맞춤 학습법

느린 아이의 학습 목표는
달라야 합니다

최근 저를 찾아온 초등학교 2학년 자영이 어머님은 공부 욕심이 남다른 분이었습니다. 장난감을 사줄 때도 한글이나 숫자, 알파벳 등을 익히는 데 도움이 되는 것 위주로 구입하고, 아이가 만 세 살 때부터는 학습에 관련된 기관을 여러 군데 다니거나 영상 콘텐츠를 보며 공부하게 했다고 합니다. 그 노력은 지금까지 이어져 자영이는 초등학교 2학년 아이가 감당하기에 버거운 학습량을 소화하고 있었습니다.

어머님이 이토록 딸의 공부에 신경 쓰는 데는 몇 가지 복합적인 이유가 있었습니다. 어머님 자신이 어릴 때 가정 형편이 어려워 원하는 만큼 공부하지 못한 아쉬움과 함께, 이혼 가정에서도 얼마든지 아이를 잘 키울 수 있다는 것을 보여주고 싶은 마음이 섞여 있었죠. 그러나 어머님이 아무리 열심히 가르쳐도 자영이는 이해하지 못하거나 돌아서면 금세 잊어버리기 일쑤였습니다. 어머님은 자영이가 이렇게 학습에 지지부진한 모습을 보이는 이유를 불성실한 공부 태도에서 찾았습니다. 공부를 가르칠 때마다 답답해서 가슴이 터질 지경이라고 하소연하셨습니다.

"공부할 때 자주 멍하니 있고 제 말을 흘려듣는지 한 번에 알아들은 적이 없어요. 집중하는 시간이 워낙 짧은 데다 얼마나 행동이 굼뜨고 게으른지 뭐 하나를 시키면 제시간에 끝낸 적도 없고요. 학습지 겨우 두어 장 푸는 데 하세월이에요."

상황이 이렇다 보니 어머님은 자영이를 다그치고 혼낼 때가 많았습니다. 조금만 집중하면 얼마든 잘할 수 있을 것 같은데 불성실한 태도를 보이니 화가 나는 것이죠. 하지만 자영이의 입장은 달랐습니다.

"엄마는 내가 열심히 하는데도 혼을 내요. 시간도 많이 안 주면서 맨날 빨리 학습지 풀라고 잔소리하고, 어려운 문제인데 이렇게 쉬운 것도 못 푸냐면서 화를 내요. 일부러 까먹은 것도 아닌데 제가 공부에 집중도 안 하고 게을러서 그렇대요."

학습을 어렵게 만드는
경계선 지능

어머님은 자영이가 게으르고 열심히 하지 않아서 학습에 진전이 없다고 생각했지만 원인은 다른 곳에 있었습니다. 검사 결과 자영이는 '경계선 지능'이었습니다. ==경계선 지능인 사람을 '느린 학습자'라 부르기도 하는데 부모님들이 느린 자녀를 걱정할 때 흔히 의심하는 발달 문제 중 하나입니다.== 경계선 지능은 일반인보다 지능이 낮지만 지적장애라고 할 수 없는 지능으로, 표준화된 지능검사에서 지능지수가 70~84점(웩슬러 지능검사 기준)이 나오는 경우를 말합니다. 즉 지능지수가 70점 미만이면 지적장애, 85점 이상이면 정상 범위로 보는데 경계선 지능은 장애인이라고도 할 수 없고 일반인이라고도 할 수 없는 경계에 위치한 셈이죠.

경계선 지능은 웩슬러 지능검사 같은 표준화된 지능검사를 통해서만 진단을 내릴 수 있습니다. 아이가 특정 행동을 하는 것을 보고 경계선 지능인 것 같다고 할 수는 없습니다. 학습 상태나 평소 모습을 보고 의심이 되어 지능검사를 한 결과 웩슬러 검사에서 70~84점이 나와야 경계선 지능이라고 할 수 있죠. 다만 이때 아이의 연령을 주목해야 합니다.

부모님들이 가장 많이 하는 웩슬러 지능검사의 경우 만 3세가 넘으면 검사를 할 수 있습니다. 그러나 만 3~4세에 하는 웩슬러 지능검사는 매우 유동적입니다. 여러 원인 때문에 검사가 제대로 이루어지지 않기에 머리 좋은 아이들도 지능지수가 낮게 나오는 경우가 있습니다. 특히 이 시기 아이들은 문제 해결, 의사 결정, 추론, 충동 억제, 감정 조절, 인지의 유연성 등 인간의 고차원적 기능을 담당하는 전두엽이 미성숙하므로 참을성이 없고 주의 집중이 잘 안 돼 지능지수를 제대로 측정하기가 어렵습니다. 따라서 전두엽이 본격적으로 발달하기 시작하는 만 6세가 지나야 정확한 지능지수를 측정할 수 있으며, 경계선 지능 여부 역시 만 6세가 지나야 정확하게 진단할 수 있습니다.

경계선 지능의 원인은 한 가지로 특정할 수 없습니다. 전두엽 기능 문제, 염색체 이상, 태아 때 외부 바이러스에 의한 감염, 언어 지연, 사회성 저하, 부모의 무관심과 학대 등 원인은 다양합니다. 경계선 지능은 공식적으로 장애나 질병에 속하지 않지만 일반인보다 지능이 떨어지므로 정상적인 생활을 하기가 쉽지 않습니다. 그럼에도 지적장애로 분류되지 않아 장애인 혜택을 받지 못하기 때문에 경계선 지능 환자는 물론 가족까지 어려움을 겪는 경우가 많습니다. (121쪽 경계선 지능 자가 진단표 참조).

경계선 지능은 낮은 지능으로 인한 여러 특징을 보입니다. 우선 일반적인 사람에 비해 이해력이 많이 떨어집니다. 그러다 보니 말이나 단어에 숨은 의미를 잘 파악하지 못해 상대방의 말을 쉽게 알아듣지 못하거나 책 읽는 것을 힘들어하죠. 특히 긴 글이나 책을 읽는 데 많은 어려움을 겪습니다.

또 사회성도 떨어져 상황에 맞지 않는, 혹은 눈치 없는 말과 행동을 자주 합니다. 낮은 자존감과 의존적 성향으로 대인 관계에 상당히 민감한 반응을 보이기도 하죠. 공감 능력 역시 떨어져 다른 사람과 잘 어울리지 못하고, 대인 관계에 자주 실패하다 보니 공격적이고 충동적인 행동을 보이기도 합니다. 또 협응력 등이 부족해 집단생활에

경계선 지능과 지적장애 비교

	경계선 지능	지적장애
지능지수	70~84점	70점 미만
낮은 지능 자각 여부	자각함	경미한 지적장애는 자각할 수 있으나, 50 미만의 경우는 자각하기 어려움
장애 진단 가능 여부	불가능	가능
법적 보호 가능 여부	불가능	가능
자립 가능 여부	조기 개입 시 자립 가능성 높음	경미한 지적장애 외에는 자립 가능성 낮음

적응하는 것을 어려워합니다.

위기 대처 능력도 부족해 돌발 상황에 잘 대처하지 못하고, 새로운 것을 배우고 받아들이는 것도 힘들어합니다. 복잡한 일을 싫어해서 단순한 일만 하려 하고, 문제가 생겼을 때 적절한 해결책을 찾지 못해 충동적인 판단이나 행동을 하는 경우도 많죠. 언어 표현 능력이 부족해서 자기 의견을 말로 표현하는 것도 힘들어합니다.

무엇보다도 경계선 지능은 '느린 학습자'라는 별칭으로 불릴 만큼 공부하는 데 많은 어려움을 겪습니다. 학습에 필요한 이해력, 주의 집중력, 응용력, 기억력 등이 떨어지면서 자영이처럼 선생님이나 부모님이 가르쳐준 내용을 잘 이해하지 못합니다. 게다가 조금 전에 배운 내용인데도 바로 잊어버리고, 같은 내용을 반복적으로 가르쳐도 그 내용을 기억하지 못하는 경우가 많습니다.

경계선 지능 아이들은 학습 속도가 느리고 배우는 데 한계가 있는 데다, 어릴 때부터 자신이 이해력이 떨어진다는 것을 자각하기 때문에 열등감을 느낄 확률이 높으며 많은 스트레스에 시달립니다. 심한 경우 이 때문에 자존감이 떨어져 우울증, 대인공포증, 사회공포증(선택적 함묵증 포함) 등 정신적 문제가 생길 수도 있습니다.

따라서 조기 발견과 개입이 중요한데, 문제는 지적장애와 달리 겉으로 티가 잘 나지 않아 자신은 물론 주변 사람들조차 경계선 지능이라는 사실을 모르고 지나치는 경우가 많다는 것입니다. 특히 정상 지능에 가까운 경계선 지능인 경우 일상생활은 물론 학업과 업무 등을 수행하는 데 큰 지장이 없고, 사람들과도 곧잘 어울리기 때문에 더욱 눈치채기 어렵습니다.

그러나 식별하기 어렵고 주변에서 부정적 평가를 많이 듣지 않는다고 하더라도 정작 본인은 매사가 쉽지 않고 생활하는 데 어려움이 따르기 때문에 여타 질환과 마찬가지로 빨리 개입하는 것이 중요합니다. 그러므로 학습 과정에서 자녀의 경계선 지능이 의심된다면 가급적 빨리 전문가의 진단과 도움을 받으시길 바랍니다.

경계선 지능
아이들의 특징

- 가르치는 내용을 잘 알아듣지 못한다.
- 구체적이고 반복적으로 지시하지 않으면 엉뚱한 행동을 한다.
- 방금 알려주었는데도 돌아서면 잊어버린다.
- 여러 번 반복해서 가르쳐도 잘 기억하지 못한다.
- 과제를 할 때 집중하는 시간이 짧다.
- 긴 지문 읽는 것을 힘들어한다.
- 짧은 지문은 잘 읽지만 내용은 잘 이해하지 못한다.
- 비슷한 글자나 숫자를 읽을 때 자주 혼동한다.
- 자신의 생각이나 느낌을 한두 문장으로 표현하지 못한다.
- 또래 아이들보다 새로운 것을 배우는 속도가 느리다.
- 또래 수준의 학교 공부를 현저하게 따라가지 못한다.
- 복잡한 과제를 내줬을 때 쉽게 집중력을 잃거나 시도해보지도 않고 포기해버린다.
- 과제를 하는 데 오랜 시간이 걸려 정해진 시간에 과제를 끝내지 못할 때가 많다.
- 공부할 때 멍하니 앉아 있는 경우가 많다.
- 학년이 올라갈수록 학업에 실패하는 정도가 심각해진다.

'끝까지' 배우는 것부터 시도해보세요

경계선 지능 아이들은 배우는 속도가 느리고 학습에 한계가 있기 때문에 일반 아이들처럼 성적에 초점을 두고 공부를 지도하는 것은 바람직하지 않습니다. 또래들의 학습 속도를 잘 따라가지 못할뿐더러 그로 인해 상처받고 정서적으로 위축되며 더 불안함을 느끼기 때문입니다. 따라서 '느린 학습자'의 학습 목표는 조금은 달라야 합니다. 즉 좋은 성적이 아닌, 주눅이 들거나 불안감을 느끼지 않으면서 느리더라도 자신만의 속도로 끝까지 배워가는 것을 목표로 삼아야 하죠.

그러려면 ==경계선 지능 아이에게 공부가 두려움의 대상이 되지 않도록 해줘야 합니다.== 공부가 두려운 존재가 되어버리면 경계선 지능 아이들은 학습에 더 큰 어려움을 겪을 수 있으며 의욕을 잃어 학업 자체를 포기할 수도 있습니다. 자영이 어머님 말마따나 경계선 지능 아이들이 정말 게으르고 공부를 열심히 하지 않아 학습에 지지부진한 모습을 보일까요? 물론 그런 경우도 있습니다. 그러나 적어도 제가 만난 경계선 지능 아이들은 학습 내용이 빨리 이해되지 않고 잘 기억하지 못해 진전이 없을 뿐, 공부를 잘하고 싶은 마음과 공부하고자 하는 의욕은 여느 아이들과 똑같았습니다.

그러니 아이가 학습 내용을 잘 알아듣지 못하고 빨리 대답하지 못하더라도 다그치거나 혼내지 마세요. 그럴수록 아이가 학습 내용을 더 잘 이해하지 못할뿐더러 아는 것도 제대로 대답하지 못합니다. 느린 아이들은 자신의 의지나 의도와 상관없이 학습에 어려움을 겪을 수밖에 없는 특성을 지닌 만큼 이를 감안해야 합니다.

이와 함께 공부에 대한 개념도 다시 세우시길 권합니다. ==공부는 좋은 성적을 받기 위해, 성공하기 위해 하는 것이 아닙니다. 생각하는 힘, 문제 해결 능력, 끈기, 인내, 성실성, 책임감 등을 키우는 연습이자 훈련의 일환이죠.== 부모님이 공부를 사회적으로 성공하기 위해 하는 것이라고 생각한다면 기대만큼 성적을 받지 못한 아이를 다그칠 수밖에 없고, 결국 아이에게 공부는 두려움의 대상이 될 수밖에 없습니다. 부모님부터 공부의 의미와 가치에 대한 생각을 제대로 정립하고 아낌없이 격려해야 자녀가 느리더라도 자신만의 속도로 나아갈 수 있습니다.

많은 부모님이 아이가 공부를 할 때 자신의 생각대로 따라주지 않으면 "이게 뭐가 어렵다고 그래?", "네 친구들은 이런 문제를 쉽게 풀어", "넌 대체 왜 그러니?"라는 식으로 다른 아이들과 비교하고 다그칩니다. 그런데 그런 말을 듣고 '아, 내가 제대로 못하고 있구나. 문제를 더 빨리 풀어야지'라고 생각하는 아이는 거의 없습니다. 오히려 공부를 싫어하게 될 뿐이죠. 특히 경계선 지능 아이들은 정서적으로 더 위축되고 불안을 느끼기 때문에 아이가 포기하지 않고 학습하길 바란다면 공부가 두려운 존재가 되지 않도록 하는 것을 목표로 삼아야 합니다.

짧게, 재미있게, 반복적으로

그렇다면 경계선 지능 아이들은 어떤 식으로 공부해야 할까요? 우선 이해력과 주의 집중력이 떨어지므로 쉽고 재미있는 방식으로 알려줘야 합니다. 가령 아이에게 한글을 가르친다고 했을 때 학교 수업을 하듯 딱딱하고 지루하게 가르칠 것이 아니라 스티커, 카드, 블록 등을 이용해 놀이하듯 가르쳐보세요. 그러면 아이들이 배우는 내용을 훨씬 잘 이해하면서 집중합니다.

하지만 아무리 쉽고 재미있게 가르친다 해도 주의 집중력이 떨어지는 만큼, 너무 오랜 시간 공부하는 것은 효과가 없습니다. 또래 아이들이 공부에 집중할 수 있는 시간이 30분이라면 느린 아이들은 이보다 훨씬 짧은 10~15분 내외가 좋습니다. 한 번에 몰아서 긴 시간 동안 공부를 시키기보다 짧게 공부하고 쉬게 해준 다음 다시 시작하는 방식으로 진행하는 것이 좋습니다.

경계선 지능 아이들은 주의 집중력과 기억력이 부족해 한 번에 익히지 못합니다. 때로는 여러 번 가르쳐도 잘 기억하지 못하죠. 따라서 습득하고 기억할 때까지 반복하고 또 반복하는 것이 필요합니다. 경계선 지능 아이에게 반복은 학습 결과를 좌우하는 중요한 열쇠입니다.

아이가 공부 자체를 두려워하지 않게 하려면 성적에 연연하지 않는 부모님의 태도도 매우 중요합니다. 부모님이 문제를 하나 맞고 틀리고, 점수가 높고 낮은 것을 중시하면 아이들은 성적에 과도하게 신경 쓰면서 정서적으로 움츠러들고, 결국 공부를 두려워하게 됩니다. 학습을 하는 데 어려움이 많은 만큼 성적에 대한 기대감을 내려놓고 지금 아이가 최선을 다해 공부하고 있다는 것을 인정해주세요. 그래야 아이가 포기하지 않고 꾸준히 배우며 성취의 기쁨을 경험할 수 있습니다.

느린 아이의 학교 공부,
정서적 안정감이 좌우합니다

자녀가 초등학교에 입학할 나이가 되면 부모님의 걱정과 불안이 커집니다. 초등학교가 공교육의 시작점이기도 하지만 모든 교육 환경이 어린이집이나 유치원과 완전히 다르다 보니 아이가 학교생활에 잘 적응하고 교과과정을 문제없이 따라갈 수 있을지 염려하기 때문이죠. 일반적인 아이를 둔 부모도 이런데 느린 아이를 키우는 부모님의 심적 부담은 더욱 클 수밖에 없습니다.

간혹 느린 아이들 부모님 중에는 자녀가 학교 교과과정을 잘 따라갔으면 하는 마음에 선행 학습을 시키는 분도 있지만 별 도움이 되지 않습니다. 선행 학습 과정을 잘 따라가지 못할뿐더러 정서를 담당하는 뇌 영역에 과도한 부담을 주기 때문입니다. 오히려 학습 효과가 떨어지는 것은 물론, 오히려 공부를 싫어하고 두려워하게 만들 수 있죠. 재차 강조하지만 느린 아이의 학습에서 가장 중요한 것은 공부에 대한 두려움 없이 포기하지 않고 계속해나가게 하는 것입니다.

그러니 느린 아이라면 문제 하나 더 푸는 선행 학습보다 정서적 안정감을 키워주는 데 집중하는 것이 필요합니다. 대부분의 아이에게 처음 접한 학교생활은 그 자체로 새로운 경험입니다. 하물며 느린 아이들은 어떠할까요? 낯선 환경에 처했을 때 많은 어려움을 겪는 느린 아이들이라면 더더욱 어렵고 생소한 것이 학교생활입니다.

아이가 학교생활에 적응하며 많은 것을 배우고 성취해나가도록 하려면 무엇보다 '정서적 안정감'이 뒷받침되어야 합니다. 느린 아이에게 정서적 안정감보다 더 중요한 선행 학습은 없다는 것을 꼭 기억해주세요.

한글은 철저히 습득해야 합니다

과도한 선행 학습은 필요 없지만 '학교 수업을 들을 수 있는 정도'의 학습 능력은 아이가 정서적 안정감을 갖고 학교생활을 하는 데 큰 도움이 됩니다. 여기서 '학교 수업을 들을 수 있는 정도'란 수업을 하고 과제를 수행하는 것이 가능할 정도의 한글 습득, 숫자를 알고 단순한 셈을 할 수 있는 정도의 연산 능력 습득을 말합니다.

특히 또래와 어울리는 단체 생활에서는 무엇보다 언어능력이 중요합니다. 언어능력이 떨어지면 다른 사람의 말을 잘 알아들을 수 없고 자기 생각을 제대로 표현하지 못해 학교 수업을 따라가기 어렵습니다. 물론 친구들과 원만한 관계를 맺을 수도 없고요. 즉 언어능력 결함이 아이에게 큰 콤플렉스가 되어 매사에 주눅이 들고 자존감에 상처를 입을 우려도 높습니다. 이런 면에서 느린 아이라도 취학 전 한글 습득은 필수입니다. 한글은 모든 과목의 기초가 되는 만큼, 어느 정도 알고 있으면 초등학교 저학년까지는 크게 힘든 일 없이 학교생활을 해나갈 수 있습니다.

물론 중증도가 심한 발달장애 아이에게는 아주 기초적인 한글 습득도 매우 어려운 일일 수 있습니다. 그러나 상대적으로 경증인 아이들은 학습을 통해 얼마든지 한글 습득이 가능하니, 수업을 듣고 과제를 수행할 정도의 한글은 취학 전 미리 익힐 수 있도록 도와주세요.

느린 아이는 단시간에 무언가를 배우기 어렵고 배운 내용을 잘 잊어버리므로 답답하더라도 부모님이 인내심을 갖고 반복 학습을 하게 지도하는 것이 좋습니다. 이때 관건은 다양한 감각을 자극할 수 있는 학습 방법을 활용해 지루하지 않게 한글을 익히는 것입니다. 이를테면 한글 관련 스티커, 블록, 노래 등을 활용해 놀이하듯 가르치면 아이가 흥미를 유지하며 집중할 수 있습니다.

아이가 좋아하는 활동에 접목해 가르치는 것도 효과적입니다. 평소 아이가 책 읽기나 그림 그리기를 좋아한다면 이 활동을 하면서 자연스럽게 한글을 익히게 하는 것이죠. 더불어 한 가지 강조하고 싶은 점은 한글을 가르칠 때는 읽기뿐 아니라 쓰기도 훈련해야 한다는 것입니다. 부모님들 중 읽기부터 가르치고 쓰기는 나중에 해도 된다고 말씀하는 분이 있는데, 글자 모양을 익혔으면 읽어도 보고 써보기도 해야 합니다. 특히 느린 아이들은 소근육 발달이 저하되어 있기 때문에 쓰기를 어려워하는 경우도 많죠. 따라서 하루에 10분씩이라도 꾸준히 쓰기 연습을 통해 소근육 발달과 한글 습득을 도와주세요.

혼자 할 수 있는 일이 많아져야 합니다

많은 부모님이 인지능력이 뛰어나야 공부를 잘한다고 생각합니다. 물론 학습에서 인지능력의 영향력을 무시할 수 없습니다. 그런데 이때 반드시 고려해야 할 것이, 정서적 안정 없이는 인지능력이 제대로 발휘되지 않는다는 사실입니다. 이것은 우리 뇌가 그렇게 만들어져 있기 때문입니다. 뇌는 정서를 관장하는 영역이 인지능력 같은 이성을 관장하는 영역에 더 많은 영향을 미치도록 프로그래밍되어 있습니다. 따라서 고차원적 인지능력이 요구되는 학습을 잘하게 하려면 정서적 안정감을 키우는 노력을 게을리해서는 안 되는 것이죠.

학습뿐 아니라 아이가 학교생활 전반에 무리 없이 적응하기 위해서도 정시적 안정감을 키워주는 것은 무엇보다 중요합니다. 아이가 정서적으로 안정돼야 새로운 것을 지속적으로 배우며 크고 작은 좌절을 겪을 수밖에 없는 학교라는 공간에서 안정적으로 생활할 수 있습니다. 정서적으로 안정되려면 자신이 다른 사람에게 사랑과 관심을 받을 만한 가치가 있는 존재라는 생각과 주어진 일을 잘해낼 수 있다고 믿는 자신감을 길러야 합니다. 이것이 바로 자존감입니다. 자존감이 충만하면 설령 공부를 잘하지 못하더라도 학교생활에 적응할 수 있죠. 학교생활에서 자존감을 지키려면 무엇보다 아이가 혼자 힘으로 할 수 있는 일을 늘려야 합니다.

따라서 교과과정을 일일이 미리 학습시키기보다 스스로를 돌보는 능력을 길러주는 것이 중요합니다. 즉, 밥 잘 먹기, 화장실에서 스스로 뒤처리하기, 줄 잘 서기, 의자에 오랫동안 앉아 있기, 우산 펴고 접기, 우유갑 열기, 단추 잠그기, 신발 끈 묶기, 머리 묶기 같은 것들입니다. 비록 사소한 것같지만 학교생활에서 항상 마주하는 일을 혼자서 해낼 수 있도록 연습시켜주세요.

취학 전 반드시 필요한 '오래 앉아 있기' 훈련

오랫동안 앉아 있기는 초등학교에 입학하기 전에 반드시 훈련하도록 해야 합니다. 오래 앉아 있지 못하는 상태에서 초등학교에 입학했다가는 아이가 수업 시간에 교실 안을 돌아다니는 등 눈에 띄는 문제 행동을 하게 될 확률이 높습니다. 그러면 수업을 방해하는 것은 물론 반 친구들이나 담임선생님에게 부정적 평가를 받는 원인이 되어 아이의 자존감이 크게 떨어질 우려가 높기 때문입니다.

그런데 초등학교 1학년의 1교시 수업 시간은 40분입니다. 한자리에 앉아 40분을 얌전히 버텨야 한다는 뜻이죠. 사실 이 나이 무렵에는 일반적인 아이들도 40분 동안 가만히 앉아 있기 힘들어합니다. 그러니 인내심도 부족하고 충동적이고 산만한 느린 아이들은 한자리에 앉아 있는 것이 더더욱 어려울 수밖에 없을 겁니다.

느린 아이를 한자리에 오랫동안 앉아 있게 하는 방법은 오직 '연습'입니다. 이때 처음부터 오랫동안 앉아 있는 것은 아이에게 너무 힘든 일이므로 서서히 익숙해지도록 해주세요. 처음에는 10분으로 시작해 앉아 있는 시간을 점점 늘려가는 것이 좋습니다. 이 연습을 하면서 꼭 공부를 할 필요는 없습니다. 오랫동안 앉아 있는 것이 목적이기 때문에 책 읽기나 그림 그리기 등 아이가 좋아하는 활동을 하도록 해주는 것도 좋습니다.

사소한 특기라도 장려해주세요

아이에게 남다른 재능이나 특기가 있는 경우 이를 더 잘하게 만들어주는 것도 정서적 안정감을 키우는 데 좋은 방법입니다. 줄넘기가 됐든, 축구가 됐든, 그림이 됐든 무엇이든 괜찮습니다. 아이가 잘

하는 것이 하나라도 있으면 학업 성취도가 조금 낮아도 자신감 있게 학교생활을 해나갈 수 있습니다. 그러니 아이가 잘하는 것이 있다면 '그거 할 시간에 공부를 더 하지'라고 생각하지 말고 충분히 칭찬하고 격려해주세요.

강점이 약점을 견인할 때
공부도 잘할 수 있습니다

느린 아이들은 대부분 발달 문제로 지능지수가 일반 아이들에 비해 낮은 편입니다. 그러다 보니 느린 아이를 키우는 많은 부모님이 처음 지능검사 결과를 들었을 때 크게 실망하고 좌절합니다. 2년 전에 저를 찾아온 창민이 어머님도 그랬습니다.

창민이는 언어 발달 문제로 치료받던 중 초등학교 입학을 앞둔 만 6세 5개월(77개월) 무렵에 처음으로 지능검사를 받았습니다. 그 결과 전체 지능지수가 74였는데 큰 충격을 받은 어머님은 이 사실을 받아들이지 못했습니다. 검사를 다시 해서 이전 검사 결과가 잘못됐음을 증명하고 싶어 했죠. 하지만 1년 후(소아정신과에서 시행하는 웩슬러 지능검사는 최소 1년 간격으로 시행하는 것이 좋습니다) 다시 시행한 검사에서도 비슷한 결과를 보였습니다. 시간이 지나 창민이가 초등학교 6학년이 되었을 때 검사한 지능검사 결과에서 전체 지능이 78이 나오자, 그제야 어머님은 현실을 받아들이셨죠.

이는 비단 창민이 어머님만의 이야기는 아닙니다. 느린 아이를 둔 많은 부모님이 자녀의 지능지수가 낮게 나오면 결과를 부정하며 지능검사를 반복하고 싶어 합니다. 그날 아이가 긴장을 너무 많이 해서 지능이 낮게 나온 것이라며 컨디션이 좋은 날 재검사할 수 없는지 묻는 분도 있죠. 긴장을 많이 하면 자신의 잠재력을 제대로 발휘하지 못하는 것은 사실입니다. 그런데 지능검사는 단순히 인지능력만 측정하는 것이 아닙니다. 아이가 긴장된 상황 속에서도 자신의 능력을 얼마나 발휘하는가도 평가하죠. 따라서 아이가 평소보다 더 긴장해 지능지수가 낮게 나오더라도 그것이 지능지수의 본질일 수 있습니다.

물론 아이의 지능이 높기를 바라는 부모 입장에서는 지능지수의 본질이 어떻든 재검사 유혹을 뿌리치기 어렵습니다. '그날 아이의 컨디션이 좋았다면?'이라는 기대를 품고 지능지수를 궁금해하는 마음도 백번 이해합니다. 그러나 어떤 이유에서든 지능검사를 지나치게 자주 받는 것은 바람직하지 않습니다. 유소아기에 뇌가 급격하게 발달하는 것은 맞지만 인간의 지능은 단시간에 변하지 않기 때문에 빈번하게 하는 검사는 무의미합니다. 게다가 같은 검사를 너무 자주 받으면 아이가 그 내용에 익숙해져 실제보다 과대평가 또는 과소평가되는 등 정확한 지적 능력을 파악하기 어렵습니다. 따라서 검사는

1년에 1회 정도만 하되 초등학교에 입학한 이후부터는 2~3년 간격으로 하는 것이 적절합니다.

지능검사는 단순히 아이의 지능이 어느 정도 수준인지 파악하기 위한 검사가 아닙니다. 아이의 인지 수준을 제대로 파악하고 부족한 부분을 적절하게 지원하며 성장과 발달을 돕기 위한 검사죠. 따라서 지능검사를 반복적으로 시행하기보다 그 시간과 에너지를 인지능력이 부족한 아이의 발달에 쏟는 편이 훨씬 더 도움이 됩니다.

느린 아이를 키우는 많은 부모님이 지능을 비롯해 언어능력, 기억력, 신체 능력, 집중력, 사회성 등 아이가 부족한 부분이 있으면 약점을 어떻게 보완할 것인가에만 초점을 맞추곤 합니다. 약점을 빨리 제거해 일반 아이들처럼 자라도록 하고 싶은 거죠.

그러나 느린 아이들은 발달 문제를 겪는 만큼 뇌에서 특정 영역의 기능을 끌어올리는 데 한계가 있습니다. 부모님이 이 사실을 인정하지 않은 채 아이의 약점을 평균 이상으로 보완하는 데만 신경 쓰다 보면 아이는 '엄마, 아빠는 지금 내 모습이 못마땅하고 불만족스럽구나'라고 생각할 수 있습니다. 있는 그대로의 모습이 사랑받지 못한다고 느끼면서 우울이나 불안장애 같은 정서적 문제가 나타날 수도 있고요. 이러한 모습이 쌓이면 안타깝게도 아이가 본래 지니고 있던 강점조차 발휘되지 못하고 시들어버릴 수 있음을 기억해야 합니다.

작은 성공 경험부터
쌓아갈 수 있도록

'자아 효능감self-efficacy'이라는 심리학 용어가 있습니다. 캐나다의 심리학자 앨버트 밴듀라Albert Bandura가 소개한 개념으로, 어떤 일을 성공적으로 수행할 수 있다는 스스로에 대한 신념, 즉 '나의 능력을 믿는 힘'을 의미합니다. 자아 효능감이 높은 사람은 자신의 능력을 믿기 때문에 어려움에 맞닥뜨리더라도 쉽게 포기하지 않고 더 많은 노력을 기울입니다. 설령 실패하더라도 자신의 노력이나 능력이 부족했기 때문이라고 비관하지 않고, 객관적으로 원인을 찾으려고 하죠. 반면 자아 효능감이 낮은 사람은 자신의 능력을 믿지 못하기 때문에 어려운 과제가 주어지면 쉽게 포기하거나 아예 도전하지 않으려는 경향이 있습니다. 실패했을 때는 자신의 능력이나 노력이 부족했기 때문이라고 생각하며 자책하고요.

공부를 잘하려면 바로 이 자아 효능감이 높아야 합니다. 학습은 새로운 것을 배우고 어려운 문제를 해결하는 과정이니까요. 따라서 아이가 공부를 잘하길 바란다면 자아 효능감을 키워주어야 하며, 그러려면 무엇보다 아이의 강점에 주목해야 합니다. 자아 효능감은 작은 성공 경험이 모여서 커지며 성공 경험은 내가 잘하는 것, 즉 나의 강점을 활용할 때 쌓일 가능성이 높기 때문입니다. 약점은 수용하지 않은 채 못하는 것을 평균 이상으로 끌어올리려고 계속 압박하다 보면, 아이는 오히려 열등감과 좌절감만 느끼며 성공 경험도 쌓기 어렵습니다.

그러니 학습에 어려움을 겪는 느린 아이를 둔 부모님들은 아이가 지루해하고 어려워하는 과목보다 흥미로워하고 잘하는 과목을 더 잘할 수 있도록 도와주시길 바랍니다. 그 과목이 일반적으로 성적을 결정하는 국어, 영어, 수학이 아니어도 괜찮습니다. 학습을 포함한 전 영역에서 아이들의 성장을 꾀할 때 늘 언급되는 중요한 공식이 있습니다. 그것은 '아이가 못하는 것을 잘하게 만드는 것이 아니라, 잘하는 것을 더 잘하게 만들어 그 성공 경험으로 못하는 것을 잘하도록 동기부여해주는 것'입니다. 즉 강점이 약점을 견인하도록 해주는 것이죠.

따라서 아이가 흥미로워하고 잘하는 과목 위주로 공부를 도와주다 보면 아이는 그 과목을 더 잘하게 되어 긍정적인 피드백을 받는 횟수가 늘어나고, 이런 성공 경험이 공부에 대한 흥미와 자아 효능감을 높여 잘하지 못하는 과목에도 도전하게 만듭니다. 결과적으로 성적을 올리는 밑거름이 되는 것이죠.

아낌없는 칭찬이
자아 효능감을 높입니다

다만 느린 아이들은 아무리 좋아하고 잘하는 과목이더라도 한 가지에 오랫동안 집중하기 어렵기 때문에 목표를 구체적이면서도 작게 나눠 단계별로 달성할 수 있도록 도와주어야 합니다. 가령 아이가 수학을 좋아하고 잘해서 이 과목을 더 잘하게 만들어주고 싶다면 그냥 공부를 하게 하는 것이 아니라 '매일 20분씩 수학 문제 10개 풀기'처럼 목표를 작게 나눠 실천하게 하는 것입니다. 그러면 아이는 매일 성공을 하게 되어 자아 효능감도 높아지고 수학 실력도 늘어납니다.

학습과 관련이 없는 강점도 자아 효능감을 높이는 데 충분히 도움이 됩니다. 따라서 일상생활에서 꾸준히 아이의 강점을 찾는 노력이 필요합니다. 정리, 줄넘기, 춤, 노래, 동물 돌보기, 만들기 등 자신과 타인을 위험하게 하거나 피해를 주는 것이 아니라면 무엇이든 좋습니다. 강점을 더욱 잘 발휘할 수 있도록 도와주면 그 과정에서 아이가 경험하는 만족감, 성취감 등이 자아 효능감을 높여 학습에도 긍정적인 영향을 미칩니다.

아이가 강점을 발휘할 때는 반드시 아낌없는 칭찬과 격려가 필요합니다. 부모님을 비롯해 주변 사람들의 긍정적인 반응이 아이의 자아 효능감을 높이는 데 큰 도움이 되니까요. 아이가 잘하는 것을 더 잘하려고 할 때 칭찬과 격려를 넘치도록 해주면 학습뿐 아니라 다른 영역에서도 포기하지 않고 노력하는 모습을 보일 겁니다.

지난 수십 년간 저는 느린 아이를 둔 부모님을 수없이 만나왔습니다. 덕분에 발달 문제로 인한 취약점을 어떻게든 보완해주고 싶은 부모님의 조급하고 절박한 마음을 그 누구보다 잘 알고 있습니다. 느린 아이, 그중에서도 발달장애로 인해 느린 아이들은 약점을 보완할 수 있는 한계가 뚜렷합니다. 따라서 아이가 성장할 수 있도록 적절하게 지원해주되 한계 이상을 기대하는 욕심은 금물입니다. 그 약점을 없애야 한다는 생각에 매몰되어 아이의 능력치 이상을 바라는 것은 이제 막 걸음마를 시작한 아기가 뛰기를 원하는 것과 같습니다. 언젠가 진료실을 찾아온 24세 경계선 지능 환자가 이런 말을 한 적이 있습니다.

"선생님, 저는 엄마, 아빠가 제게 늘 바보 같고 한심하다고 말해서 스스로가 '바보'라고 생각해왔어요. 그래서 제가 잘할 수 있는 것이 무엇인지 몰랐고, 저는 아무것도 할 수 없는 사람이라고 생각했죠. 그런데 지금 보니까 잘할 수 있는 게 있더라고요."

이 이야기를 들으면서 이 환자의 부모님이 어릴 때 약점이 아니라 강점에 주목해 이를 키워주는 노력을 했으면 어땠을까 하는 안타까운 마음이 들었습니다. 부모님이 아이의 약점에만 집중하면 아이는 스스로를 약점투성이에 한심한 사람이라고 규정짓습니다. 그러면 본래 가지고 있는 능력도 발휘하지 못한 채 '아무것도 제대로 할 수 없는 사람'처럼 행동하게 되죠.

당장 눈앞에 있는 아이의 약점만 들여다보지 말고, 고개를 돌려 강점을 찾아보세요. 그리고 이를 키워주는 노력을 해주시길 권합니다. 부모가 아이의 약점을 있는 그대로 받아들이고 보조하며 강점을 지지해줄 때, 아이는 비로소 자신감있게 자기만의 길을 찾아갈 수 있습니다.

느린 아이일수록
꼭 필요한 기초 학습

환경적 자극이 부족했던
세나의 이야기

올해 초등학교 3학년이 된 세나는 어릴 때부터 잔병치레가 심해 부모님의 애를 태웠습니다. 그러다 보니 세나 어머님은 학교 입학이 코앞이어도 그저 아이가 건강하게만 자라면 좋겠다고 생각했습니다. 주변에 다른 엄마들이 자녀에게 학습지를 시키고 이런저런 학원에 보내도 크게 신경 쓰지 않았고, 아이가 건강하다는 사실 하나만으로도 안심했던 것이죠.

하지만 세나가 초등학교 입학을 앞둔 나이가 되자 조금씩 걱정이 되기 시작했습니다. 주변에서 '적어도 한글은 떼고 보내야 아이가 학교생활에 잘 적응할 수 있다'며 천하태평인 세나 어머님에게 염려 어린 시선을 보냈기 때문입니다. 아이를 너무 방치하는 것 아니냐는 우려 섞인 조언을 듣기도 했습니다.

"세나가 초등학교에 입학한 후 주변 학부모들 이야기를 듣고 부랴부랴 한글 학습지를 풀게 했어요. 그런데 애가 이해력이 부족한지 학습지 선생님이나 제가 같은 내용을 몇 번이나 가르쳐줘도 못 알아듣고 배운 것도 자꾸 잊어버리는 거예요. 학습지 선생님도 이상하다고 느꼈는지 어느 날 세나가 여느 아이들과 좀 다른 것 같다고 조심스럽게 말씀하시더라고요. 오랫동안 수많은 아이를 가르친 선생님이 그렇게 말씀하시니까 그제야 뭔가 잘못되었다는 생각이 들었죠."

어머님은 세나를 데리고 집 근처에 있는 소아정신과를 방문했고, 그곳에서 세나는 풀 배터리 검사를 받았습니다.

"세나 지능지수가 평균도 안 된다는 결과가 나왔어요. 어느 정도 예상은 했지만 생각보다 지능이 너무 낮아서 심장이 덜컥 내려앉는 것 같은 기분이었어요. 의사 선생님이 세나가 경계선 지능에 해당한다고 말씀하셨는데 항목별로 편차가 크다고 하더라고요."

이전 병원에서 시행했던 검사 결과지를 받아본 저는 흥미로운 검사 프로파일을 확인하고 어머님께 설명드렸습니다. 웩슬러 지능검사의 소항목 중 세나의 타고난 지능을 반영하는 영역은 평균 수준인 반면, 후천적으로 환경적 자극을 통해 습득했어야 할 지적 영역이 일관되게 저하되어 있었던 것입니다. 바로 경계선 지능 원인 중 가장 흔한 원인으로 꼽히는 '환경적 자극의 부족'이었습니다.

"세나가 어릴 때부터 몸이 약해서 건강하게 자라는 것만 생각하고 학습과 관련된 자극을 충분히 주지 않았던 것 같아요. 아픈 아이라고 과잉보호하기만 하고 타고난 잠재력을 제대로 발휘하지 못하게 만든 제 잘못이네요. 그래도 이제 이유를 알았으니 지금부터라도 자극을 열심히 주면 인지 기능이 좋아질 수 있겠죠?"

그날 이후 어머님은 세나의 든든한 학습 조력자가 되겠다는 마음으로 경계선 지능에 대해 공부했습니다. 진료실에 올 때마다 개입 방향에 대해 조언을 듣고 집에서 실천하려고 열심히 노력했죠. 어머님의 헌신 덕분에 세나는 6개월 만에 쉬운 글자로 이루어진 짧은 동화책을 혼자서 읽을 수 있을 정도로 한글 실력이 늘었습니다. 자음과 모음을 익히는 것도 어려워 과연 한글을 뗄 수 있을까 걱정했던 입학 초기와 비교하면 놀라운 성취였죠.

그런데 웬일인지 세나 어머님의 얼굴이 그리 밝아 보이지 않았습니다. 이유를 물었더니 어머님은 이렇게 말했습니다.

"사실 저는 학업 성취도만 제외하면 세나를 키우면서 크게 힘든 일이 없었어요. 그런데 세나에게 무언가를 배우고 익히게 해줘야 한다고 생각한 순간부터 제가 굉장히 큰 스트레스를 받나 봐요. 아이는 아이대로 자기 뜻대로 안 될 때는 짜증을 내는데 그럴 때마다 '몸도 약하고 느린 아이에게 학교 공부를 계속 따라가게끔 시키는 게 맞는 걸까' 하는 회의감이 들어요. 아이가 힘들어하는데 공부 말고 다른 것을 잘할 수 있도록 도와주면 되지 않을까요?"

이 말을 들으며 어머님의 과도한 불안이 세나가 작은 좌절을 견디지 못하게 만들고, 결국 아이의 역량을 과소평가하게 되면서 '그저 건강하게만 자라다오'라는 생각으로 이어진다는 것을 알 수 있었습니다.

느린 아이일수록 '기초'가 중요합니다

　학습을 힘들어하고 쉽게 좌절하는 아이를 기른다면 대부분 세나 어머님 같은 고민을 합니다. 초등학교에 들어가면 학습 성취도가 그대로 드러나기 때문에 부모의 스트레스가 만만치 않습니다. 느린 아이들이 일반적인 아이들과 발맞춰 학교 공부를 따라가는 것은 결코 쉬운 일이 아니기 때문입니다. 이런 상황에서 아이가 다소 힘들어하더라도 할 것은 하게 만들어야 하느냐, 아니면 공부에는 큰 욕심을 내지 않아야 하느냐를 두고 고민하게 되죠.

　그러나 자녀에게 힘든 일이라고 두 손을 놓고 있을 수만은 없습니다. 아이가 공부를 못하면 학교생활에 잘 적응하지 못할 것 같은 불안한 마음이 들기 때문입니다. 여기서 부모님이 한 가지 짚고 넘어가야 할 점은 그 불안이 '사실에 근거한 것인가'라는 점입니다.

　부모님이 생각하기에 아이가 공부를 못하면 학교생활에 제대로 적응하지 못할 것 같지만, 주위를 둘러보면 공부를 썩 잘하지 못해도 사회성이 좋고 별문제 없이 학교에 다니는 아이가 있습니다. 반대로 성적은 뛰어난데도 친구들과의 관계에 문제가 있거나 적응하지 못하는 아이도 있죠. 결국 학업 성취도는 학교생활에 크게 영향을 미치는 요소가 아닐 수 있습니다.

따라서 아이가 학교 진도를 잘 따라가지 못하거나 기대만큼 좋은 성취를 보이지 못하더라도 세나 어머님처럼 너무 연연하지 않았으면 합니다. 특히 초등학교 저학년의 학습 성취도는 향후 얼마든지 달라질 수 있습니다. 그러니 학교 공부를 따라가지 못하더라도 아이를 지나치게 다그치지 않는 것이 바람직합니다. 자꾸만 압박하면 부모님도 아이도 힘들어지며, 무엇보다 그 과정에서 아이는 공부를 더 싫어하고 두려워하게 될 뿐입니다.

다만 그렇다고 해서 학교 공부를 등한시하라는 것이 아닙니다. 아무리 **부모님이 아이의 공부를 지도하는 과정에서 스트레스를 받는다 해도, '해야 할' 학교 공부는 반드시 하게 해야 합니다.** 여기서 '해야 할' 학교 공부는 '기초 학습'을 의미합니다. 기초 학습은 기본적으로 필요한 학습 내용으로 읽기, 쓰기, 셈하기, 문해력 등이 해당됩니다. 기초 학습은 비단 공부를 잘하기 위해서가 아니라 앞으로 세상을 살아갈 때 반드시 필요한 능력이므로 만약 아이에게 부족한 부분이 있다면 철저히 익히도록 해야 합니다. 기초 학습은 생존 문제와도 연결되는 만큼 장애 중증도가 심해 현실적으로 습득하기 어려운 경우를 제외하면, 느리더라도 반드시 제대로 학습할 수 있도록 도와주어야 합니다.

많은 부모님이 아이가 공부를 못하면 공부를 싫어할 것이라고 생각합니다. 그런데 의외로 그렇지 않습니다. 제가 진료실에서 만난 느린 아이들만 보더라도 성적은 좋지 않은데 학교에서 배우는 것을 좋아하는 아이들이 적지 않죠. 물론 이런 아이들도 늘 공부를 즐거워하는 것은 아닙니다. 공부하는 것이 좋을 때도 있고 싫을 때도 있습니다.

그렇다면 학습 능력이 떨어지는 느린 아이들은 어떤 방식으로 학습을 할 때 공부하는 걸 좋아할까요? 느린 아이들은 이처럼 세 가지 경우에 공부하는 것을 좋아합니다.

- 내가 알고 있는 공부를 할 때
- 내가 잘할 수 있는 공부를 할 때
- 내가 좋아하는 공부를 할 때

이 점을 고려할 때 **학습 능력이 떨어지는 느린 아이들에게 효과적으로 기초 학습을 시키려면 학교 수업 내용을 예습하게끔 도와주는 것이 효과적입니다.** 느린 아이들은 다른 아이들에 비해 새로운 것을 배우는 속도가 느리기 때문에 예습 없이 수업을 들으면 내용을 잘 이해하지 못합니다. 이해가 안 되면 수업이 지루할 수밖에 없고, 재미가 없으면 집중력이 떨어져 수업을 더욱 따라갈 수 없겠죠.

그러니 학교에서 제공하는 주간 학습 계획표나 e알리미, 또는 국가에서 아이들의 기초학력을 향상시키기 위해 만든 웹사이트 등을 활용해 수업 진도를 나가기 전에 예습할 수 있도록 도와주세요. 단,

너무 앞서서 학습하면 아이가 그 내용을 기억하지 못하므로 수업 진도와 적절하게 맞추는 것이 필요합니다.

반복 학습도 기초 학습 내용을 습득하도록 하는 매우 효과적인 방법입니다. 배우기 어려워하고 여러 번 가르쳐도 잘 기억하지 못하는 느린 아이들에게 반복은 학습의 핵심이라고 해도 과언이 아닙니다. 따라서 다소 힘들더라도 아이가 완전히 이해하고 습득할 때까지 반복하고 또 반복해서 가르쳐주시길 바랍니다.

기초를 쌓을 때 가장 중요한 것은 부모님이 점수에 연연하지 않는 것입니다. 아이가 어느 정도 이해했는지를 점수로 판단하면 부모님의 마음만 불안하고 조급해져 아이를 압박하게 됩니다. 점수에 신경 쓰지 말고 아이가 배우는 과정에서 즐거움을 느끼게 하겠다는 마음으로 공부를 도와주세요. 이렇게 하면 그 어떤 느린 아이든 기초 학습을 정복할 수 있을 겁니다.

때로는 한 발짝
물러서야 합니다

　부모님이 아이에게 공부를 직접 가르치면 여러 장점이 있습니다. 우선 다른 사교육에 비해 돈이 많이 들지 않고, 여기저기 이동하지 않아도 되니 자녀의 시간과 체력을 아낄 수 있습니다. 또 아이에게만 온전하게 집중할 수 있어 아이의 학습 상황, 부족한 부분, 좋아하거나 싫어하는 과목, 학습 태도 등을 세세히 파악할 수 있죠. 이와 함께 아이의 컨디션이나 상황에 따라 학습 일정을 조절할 수 있고, 바른 학습 습관과 태도를 길러주어 자기 주도 학습을 훈련할 수 있습니다.

　그러나 이 모든 장점에도 많은 부모님이 엄마표 또는 아빠표 공부를 시도하기 어려워합니다. 맞벌이를 하느라 현실적으로 불가능한 경우도 있지만, 직접 자녀를 가르치는 것이 얼마나 힘든지 너무도 잘 알고 있기 때문이죠.

얼마 전 저를 찾아온 초등학교 4학년 은비 어머님은 오랫동안 엄마표 학습을 해온 분이었습니다. 주위의 우려에도 엄마표 공부를 시작한 것은 결혼하기 전까지 오랫동안 학원에서 아이들을 가르치는 일을 했기 때문입니다. 그 많은 아이를 가르쳤는데 내 자식 하나 못 가르칠까 싶은 마음에 은비를 가르치기 시작했다고 합니다.

그러나 생각과 달리 내 아이를 가르치는 일은 쉽지 않았습니다. 아이가 엄마가 원하는 대로 따라오지 못하니 늘 스트레스를 받고 끓어오르는 화를 참기 어려웠습니다.

"공부할 때 보면 애가 머리에 나사가 하나 빠진 사람처럼 집중하지 못하고 실수를 계속 반복해요. 아무리 주의를 줘도 문제집을 풀게 하면 아는 문제인데도 어이없는 실수로 자꾸 틀려요."

어머님 말을 들으면 은비가 공부를 못하는 것처럼 느껴지시지요? 그렇지 않습니다. 은비는 공부도 잘하고 친구 관계도 좋은 아이였습니다. 사실 은비 어머님이 저를 찾아온 이유도 학습 문제 때문이 아니라 건망증이 심하고 많이 덤벙대는 은비의 모습 때문이었습니다. 학교에 가져갈 준비물을 다 챙겨놓고도 그냥 두고 가거나 물건을 잃어버리는 일이 많아 어머님의 스트레스가 이만저만이 아니었거든요.

그런데도 어머님은 병원에 온 진짜 문제는 뒤로하고 계속 학습에 대한 고민을 털어놓았죠. 그 모습을 보면서 은비 어머님의 교육열이 얼마나 높은지 느낄 수 있었고, 은비와의 면담을 통해서도 그 사실을 확인할 수 있었습니다. 은비의 말에 따르면 초등학교 1학년 때부터 공부 시간표를 짜고 해야 할 공부를 다 끝내지 못하면 야단을 맞는 다고 했습니다.

"문제집을 4장 풀어야 하는데 그 시간 안에 못 풀면 엄마는 지금까지 뭐 했냐고 하면서 혼내요. 그런데 엄마가 주는 시간이 너무 짧아요. 그리고 계속 옆에서 지켜보고 참견하니까 문제 푸는 데 집중할 수 없어요. 엄마가 옆에 있으면 아무 생각도 안 나요."

또 은비는 엄마가 학교 숙제부터 학교 시험지, 문제집 등을 꼼꼼하게 검사하며 조금이라도 성에 안 차면 짜증을 내고 고함치며 험한 말까지 한다고 했습니다. 그런 엄마가 너무 무서워서 얼어붙는다는 은비는 엄마 말을 듣다가 울음을 터뜨리는 일이 많다고 했죠. 그럴 때마다 돌아오는 것은 "네가 뭘 잘했다고 울어?"라며 더욱 매섭게 혼내는 엄마의 목소리였습니다. 은비는 무엇보다 그런 엄마의 태도에 상처받는다고 털어놨습니다.

"제가 울면 엄마는 왜 이까짓 일로 우냐고 야단을 쳐요. 그렇게 울 시간에 문제 하나 더 풀라면서요."

이렇다 보니 컨디션이 좋지 않거나 공부를 너무 하기 싫은 날에도 은비는 "오늘은 공부 쉬면 안 돼?"라는 말을 꺼내지 못한다고 했습니다.

"엄마한테 공부하기 싫다고 딱 한 번 말한 적이 있는데, 엄마가 공부하기 싫으면 다 때려치우라면서 문제집을 바닥에 집어 던졌어요. 그리고 제가 잘못했다고 말할 때까지 계속 저를 못 본 척하고 말을 걸지도 않았어요. 그때가 자꾸 생각나서 엄마한테 공부하기 싫다는 말은 절대 못해요."

눈으로 직접 보지 않아도 은비에게 엄마와 함께 공부하는 시간이 얼마나 고통스럽고 두려운지 짐작이 갔습니다. 은비 이야기를 다 들은 후 저는 어머님에게 단호하게 엄마표 공부를 그만두라고 말씀드렸습니다. 감정이 앞서서 다그치고 화를 내는 혹독한 교육 방식은 학대와 다를 바 없었기 때문입니다.

아이가 공포감을 느낄 정도로 공부를 억지로 시키면 두려움과 공포를 담당하는 편도체, 기억을 담당하는 해마, 문제 해결과 의사 결정, 추론 등 고차원적 기능을 담당하는 전두엽이 손상됩니다. 오히려 학습 능력은 저하되고 임기응변식 거짓말, 반항 등의 문제 행동만 늘어나죠. 공부를 잘하게 만들려고 한 엄마의 태도가 아이의 학습 능력을 저하시킨다면 얼마나 안타까운 일인가요? 어릴 때는 은비처럼 순종적인 아이로 자라다가 자칫 사춘기 전후에 우울증이나 자해, 자살 시도 같은 문제를 보일 수 있는 만큼, 은비 어머님과 같은 교육 방식은 하루라도 빨리 멈추는 게 바람직합니다. 특히 은비와 같은 느린 아이들은 더더욱 말이죠.

조금은 느긋하게
접근해보세요

은비는 진료 결과 주의력이 부족해 잘 집중하지 못하는 부주의형 ADHD로 진단받았습니다. 주의 집중을 잘 못하는 부주의형 ADHD 아이들은 학습에 어려움을 겪지만, 은비처럼 인지능력이 좋은 아이들은 학습량이 적은 초등학교 때는 우수한 성적을 유지하는 경우가 많습니다. 그러다 중학교 이후 학습량이 급격하게 증가하는 시기에 학업에 어려움을 느끼면서 성적 문제로 고민하곤 하죠.

이런 이유로 은비처럼 머리가 좋은 부주의형 ADHD 아이들은 어린 시절에 ADHD인지 모르고 지나치는 경우가 많습니다. 과잉 행동-충동형 ADHD와 달리 두드러지는 문제 행동을 보이지 않아 주변에 피해를 주는 일도 없는 데다, 공부도 곧잘 하니 눈치채기 어렵죠. 은비도 어머님이 병원에 데리고 오지 않았다면 대부분의 부주의형 ADHD 아이들처럼 모르고 지나쳤을 겁니다. 아이의 이상 신호를 감지한 어머님 덕분에 은비는 다른 부주의형 ADHD 아이들보다 비교적 이른 시기에 병원을 찾을 수 있었던 것입니다.

진단을 들은 은비 어머님은 당혹해하는 기색을 감추지 못했습니다. 건망증이 심하고 많이 덤벙대기는 하지만 병적인 정도는 아니라고 생각했고, 게다가 ADHD일 거라고는 전혀 예상하지 못했기 때문입니다. 그러나 이내 마음을 다잡은 어머님은 아이가 ADHD라면 더더욱 자신이 공부를 봐줘야 하는 것 아닌지 제게 물었습니다. 물론

ADHD 아이들은 신경 발달 문제로 학습에 많은 어려움을 겪는 만큼 부모님의 세심한 관심과 적극적인 도움이 필요합니다. 가능하다면 부모님이 가르치는 편이 가장 좋고요.

하지만 은비처럼 엄마와의 공부 시간을 공포스럽게 느낀다면 이차적인 문제가 발생할 가능성이 높기 때문에 이런 경우는 어머님이 한 발짝 물러서는 것이 좋습니다. 특히 은비처럼 학습에 취약한 느린 아이들은 어머님의 분노를 자극할 가능성이 높습니다. 만약 자녀에게 공부를 가르칠 때 쉽게 감정적 동요를 보이는 어머님이라면 다른 사람에게 학습을 맡기고 손을 떼는 것이 바람직합니다.

이는 고액 과외를 시키거나 학원에 보내라는 의미가 아닙니다. 아빠가 더 차분하고 포용적으로 가르친다면 아빠에게 맡겨도 됩니다. 또 누구와 공부하든 가급적 일대일 환경에서 공부할 수 있도록 해주는 것이 좋습니다. 신경 발달 문제가 있다면 아이의 특성에 맞추는 개별화 맞춤 교육이 더욱 효과적이기 때문입니다. 학원에 보낼 경우 가능하면 대형 학원보다 원장님이 전체 학원생을 혼자 감당할 정도로 규모 작은 학원이 좋습니다. 그래야 아이가 선생님께 좀 더 많은 도움을 받을 수 있으며 집중적인 상호작용도 가능해 학습 능력과 사회성을 동시에 기를 수 있습니다.

이때 과외 수업을 받든 학원에 다니든 반드시 유념해야 할 점이 있습니다. ==아이가 발달 문제를 겪고 있다면 사전에 선생님에게 아이에 대한 정보를 투명하게 공개해야 한다는 것입니다.== 혹여 선생님이 색안경을 끼고 볼까 봐 아이의 발달 문제를 공유하지 않는 경우가 있는데, 많은 아이를 가르쳐본 선생님들은 아이가 일반적인 또래 아이들과 다르다는 것을 금세 알아챕니다.

그러니 아이의 상태를 숨기지 말고 "우리 아이는 이런 부분이 부족하니 너무 답답해하지 마시고 조금 더 포용해서 눈높이에 맞게 교육해주세요"라고 사전에 부탁드려보세요. 아이 상태를 배려하지 않는 선생님은 거의 없습니다. 대부분 어떻게 도와줘야 하는지 묻거나 경험이 많은 분은 어떻게 교육할지 부모님과 의논하기도 합니다. 이처럼 부모와 선생님이 서로 협력하는 교육 파트너가 될 때 아이에게 가장 좋은 결과를 기대할 수 있습니다.

일단 과외든 학원이든 제3자에게 아이 공부를 맡겼다면 특별한 경우가 아니면 개입하지 말고 세심하고 꾸준하게 관리만 해주세요. 아이에 대해 선생님과 수시로 상담하고, 아이가 학원에 다니기 싫어하면 과감하게 정리할 필요도 있습니다. 다만 아이가 자주 싫증을 내면서 학원을 바꾸려 한다면 좀 더 인내하게 만들고, 충동적으로 그만두지 않을 경우 보상이 주어질 것임을 예측하게 하는 것도 좋습니다. 이때 보상 자체가 아니라 '**인내하는 것이 중요한 가치**'라는 사실을 **인식하게 하는 것을 목적으로 삼아야 합니다.**

무엇보다 기대하는 만큼 아이의 학습에 진전이 없더라도 조급해하거나 다그치지 말아야 합니다. 부모가 다그친다고 아이의 학습 결과가 좋아지는 건 아니니까요. 오히려 아이를 정서적으로 위축되게 만들어 역효과를 불러올 수 있으니 그저 묵묵히 지켜보면서 지속적인 지지와 응원을 보내야 합니다.

부모의 감정 폭발,
아이에게 더 큰 흉터가 됩니다

발달 문제로 세심한 관심과 적극적인 도움이 필요한 느린 아이는 누가 뭐래도 아이를 가장 잘 아는 부모와 공부하는 것이 가장 좋습니다. 다만 부모가 자신의 불안과 감정을 잘 다스릴 수 있다는 전제가 필요합니다. 함께 공부할 때 아이를 감정적으로 대하는 경우가 많다고 느낀다면 학습에서 손을 떼는 것이 좋습니다. 더불어 순간적인 감정에 휩싸여 자제력을 잃고 아이에게 상처 주는 말이나 행동을 했다면 가급적 '빠른 시간 내'에 아이를 꼭 안아주면서 진심으로 사과하시길 바랍니다. 상처받은 아이의 마음을 신속하게 보듬어주지 않으면 정서를 담당하는 뇌에 영구적인 흉터가 남아 성장해가면서 두고두고 문제가 될 수 있으니까요.

부모님들께서는 억울하실 수 있겠지만, 아이들은 부모가 잘해준 일보다 잘해주지 못한 일을 더 잘 기억합니다. 우리 뇌가 부정적 감정에 휩싸일 때 더 오랫동안 저장하도록 작동하기 때문입니다. 부모가 아홉 번 잘 참고 격려해주다가 한 번 폭발해 다그치고 화를 내면, 아이는 그 한 번을 오래도록 기억하는 것이죠. 이 일은 오랫동안 아이의 뇌리에 강하게 남아 부모는 항상 화를 내고 자신을 한심하게 생각했다고 기억하게 됩니다.

화가 났을 때 인내심을 발휘해 잘 참는다 해도 결과는 마찬가지입니다. 아이들은 부모의 얼굴과 말투, 분위기만 봐도 엄마, 아빠가 자신 때문에 화가 나서 이를 삭이고 있고 자신에게 실망했다는 것을 단번에 알아차립니다. 아이들은 '언제나' 부모를 바라보고 있다는 사실을 반드시 기억해주세요.

PART 6

천근아의
느린 아이
부모 수업

느린 아이 키우기,
온 가족의 도움이
필요합니다

결코
부모님 잘못이 아닙니다

자녀가 다른 아이들과 조금 느리고 다르게 자라 병원을 찾아오는 부모님 중 자녀가 발달장애라는 사실을 알았을 때 평정심을 잃지 않는 분은 거의 없습니다. 이전까지 침착한 모습을 보이던 부모님도 진단 결과 앞에서 여지없이 무너지시죠. 눈에 넣어도 아프지 않은 자식에게 발달장애가 있다는데 감정적으로 흔들리지 않을 사람이 어디 있을까요.

30여 년 가까이 자녀의 진단 결과 앞에서 감정적으로 동요하는 부모님을 수없이 지켜보았음에도 그 모습을 볼 때마다 힘들고 괴롭습니다. 그 심정을 너무도 잘 알기에 좀처럼 익숙해지지 않습니다. 그러나 흔들리는 부모님이 중심을 잡고 아이의 치료에 전념할 수 있도록 돕는 것이 저의 일이기에, 최대한 냉정하고 이성적인 태도를 유지하려고 애쓰곤 합니다.

그런데 진단 결과를 듣고 아이의 현 상태를 모두 자신의 탓으로 여기며 죄책감에 시달리는 부모님들이 많습니다. 임신했을 때 태교에 신경 쓰지 못해서, 맞벌이하느라 아이를 세심하게 챙겨주지 못해서, 아이 앞에서 부부 싸움을 많이 해서, TV나 스마트폰을 너무 많이 보여줘서 아이에게 발달 문제가 생겼다고 자책하는 것이죠.

물론 임신 중 음주와 흡연, 약물 복용 등으로 인해, 혹은 학대나 방임 등 아이가 열악한 양육 환경에 처했기 때문에 발달 문제가 발생할 수 있습니다. 그러나 자폐스펙트럼장애나 ADHD의 경우 환경적, 후천적 원인보다 유전적 요인에서 비롯된 전두엽 기능과 사회성 뇌 기능의 이상이 유력한 원인입니다. 이 점을 기억하시고 부모가 양육을 제대로 하지 못해 생긴 장애라는 죄책감은 갖지 마시길 바랍니다.

'대물림'이 아닌 '변이' 때문입니다

자폐스펙트럼장애를 유발하는 원인은 명확하게 밝혀지지 않았지만 유전적 요인으로 인한 사회성 뇌 기능 이상이 가장 많이 거론되고 있습니다. 유전적 요인은 자폐를 연구하는 많은 사람들이 가장 유력한 원인으로 주목하는 것으로, 여기서 '유전적'이라는 말은 '특정 유전자가 대물림되는 유전'이 아니라 '유전자 변이'를 의미합니다. 즉 아이의 사회성을 관장하는 뇌 발달에 연관된 후보 유전자의 변이가 복합적으로 작용해 자폐스펙트럼장애를 유발하는 것으로 추정하는 것이죠.

물론 모든 병이 그렇듯 자폐스펙트럼장애도 가족력이 영향을 미칩니다. 유전자의 일치도가 높을수록 자폐스펙트럼장애가 발병할 확률이 높아집니다. 자폐는 징후가 아주 이른 시기부터 나타나지만

백일 무렵(생후 3개월 전후)에 사회성 발달 문제를 의심할 수 있는 신호

- 아이를 안고 있을 때 양육자의 눈을 거의 보지 않는다.
- 안아주면 품에 잘 안기지 않고 등을 활처럼 뒤로 구부린다.
- 다른 사람을 보고 미소 짓지 않는다.
- 다른 표정을 보여도 표정 변화가 거의 없다.
- 물체를 향해 팔을 뻗는 일이 드물다.
- 손을 꼼지락거리며 입으로 잘 가져가지 않는다.
- 움직이는 물체를 눈으로 좇는 일이 드물다.
- 옹알이를 잘 하지 않는다.
- 새로운 사람의 얼굴에 무관심하다.

미약하거나 헷갈리기 쉬워 쉽게 감지하지 못할 뿐입니다. 그래서 최근 들어 많은 연구가가 최대한 빠른 시기에 자폐의 신호를 발견할 수 있는 방법을 활발히 연구하고 있습니다. 생후 3개월 때부터 자폐 징후를 발견할 수 있다는 연구 보고도 있습니다.

351쪽의 표는 백일 무렵 사회성 발달 문제를 의심할 수 있는 신호를 정리한 것입니다. 그러나 일반 아이도 비슷한 모습을 보일 수 있으니 확정적인 진단 기준으로 받아들이지 말고, 사회성 발달 문제의 가능성을 살펴보는 참고 기준으로만 활용하시길 바랍니다.

부모의 자책은
아이에게 도움이 되지 않습니다

ADHD도 자폐스펙트럼장애와 마찬가지로 발병 원인이 정확하게 밝혀지지 않았습니다. 그러나 환경적, 후천적 원인보다 선천적인 신경생물학적 원인으로 발생한다는 의견이 지배적이죠. 가령 인간의 사고, 감정, 행동을 조절하는 뇌의 핵심 영역인 전두엽 발달이 늦어지면, 과하고 충동적이며 산만한 행동을 하거나 집중력이 현저히 떨어지는 등의 ADHD 증상이 나타납니다.

또 신경전달물질인 도파민이 제대로 분비되지 않아도 ADHD가 발병합니다. 도파민은 보상, 쾌감, 집중력, 동기부여, 학습, 기억, 감정 조절, 운동 조절, 신체의 균형과 조화 등 인체가 정상적으로 기능하는 데 지대한 영향을 미치는 신경전달물질입니다. 따라서 도파민이 과하거나 너무 적게 분비되면 정신적, 신체적으로 많은 문제가 발생하죠. 예를 들어 도파민이 제대로 분비되지 않으면 전두엽이 정상적으로 기능하지 못해 자극이 왔을 때 이를 조절하는 능력, 반응을 억제하는 능력, 충동을 참아내는 능력, 좌절을 감내하는 능력 등에 문제가 생기면서 ADHD 증상이 나타납니다. ADHD에 쓰는 약이 주로 도파민 분비를 촉진하는 역할을 하는 것도 바로 이러한 원인 가설 때문입니다.

발달 문제의 대부분은 미성숙하고 정상적으로 작동하지 못하는 뇌와 유전자, 신경전달물질 등의 원인에서 기인합니다. 그러니 아이의 발달장애가 부모님 탓이라고 자책하지 마세요. 부모가 과도하게 죄책감을 느끼며 우울해하면 그것이 아이에게 스트레스와 불안을 일으키는 요인이 되어 발달 문제에 정서적 합병증까지 나타날 수 있습니다.

따라서 자책하고 우울해하는 대신, 아이에게 어떻게 도움을 줄지 고민하고 아이가 자신의 잠재력을 최대한 발휘할 수 있도록 이끌어주시면 좋겠습니다. 부모가 아이의 발달장애에 대해 어떤 태도를 취하느냐에 따라 아이의 예후나 인생이 달라질 수 있음을 반드시 기억해주세요.

스스로를 돌보는 부모가 아이와 함께 성장합니다
: 느린 아이의 부모를 위한 마음 처방

만 5세 8개월(68개월)인 우주가 저를 찾아와 자폐스펙트럼장애 진단을 받은 것은 2년 전이었습니다. 우주 부모님은 아이가 어린이집에서 반강제적으로 퇴소당할 정도로 그동안 크고 작은 사건이 많았던 터라 마음을 단단히 먹고 병원을 방문했지만, 진단 결과를 듣고 감정적으로 동요되었죠. 특히 어머님은 눈이 퉁퉁 부을 정도로 많은 눈물을 흘리셨습니다. 그러나 이내 마음을 다잡고 아이의 치료를 위해 최선을 다하겠노라 다짐했습니다.

진단 이후 우주 어머님의 삶은 완전히 달라졌습니다. 어머님은 우주의 치료에 전념하기 위해 아쉬운 마음을 뒤로하고 10년 넘게 다니던 직장을 그만두었습니다. 그리고 책을 읽고 인터넷을 뒤지고 강연장을 쫓아다니며 자폐에 대해 공부했죠. 또 자폐에 도움이 되는 각종 프로그램을 검색해 우주가 최대한 많은 것을 경험하도록 이끌어주었습니다. 여기에 증상을 최대한 호전시키겠다는 마음으로 거의 모든 수입을 치료비에 쏟아부었고요.

우주의 치료가 가장 중요한 목표가 되면서 월요일부터 금요일까지 어머님은 온통 우주에게 초점을 맞추었습니다. 아침 6시에 일어나면 어머님은 출근하는 남편과 아이를 위해 아침밥을 준비합니다. 남편이 출근하면 서둘러 우주를 깨웁니다. 우주가 밥 먹는 것부터 시작해서 세수, 양치질, 옷 입기 등 어느 것 하나 혼자 할 수 있는 것이 없는 데다 행동이 굼뜨고 말을 잘 듣지 않다 보니, 어머님은 등원 준비 시간을 확보하기 위해 다른 집보다 아이를 일찍 깨우는 편입니다.

전쟁을 치르듯 겨우 준비해서 어린이집에 아이를 보낸 뒤에도 쉴 틈이 없습니다. 아이가 하원하는 2시까지 밀린 집안일을 처리하고 자폐에 대한 공부도 틈틈이 해야 하기 때문입니다. 그러다 하원 시간이 다가오면 대충 끼니를 때우고 어린이집으로 가서 우주를 차에 태운 뒤 치료 센터로 향합니다.

월요일 : 언어 치료, 특수 체육 치료

화요일 : 작업 치료, 미술 치료

수요일 : 음악 치료, 놀이 치료

목요일 : 언어 치료, 인지 치료

금요일 : 언어 치료, 인지 치료, 감각 통합 치료

많게는 하루에 세 종류의 치료를 받는데 치료 센터가 각기 다른 곳에 있다 보니, 치료 센터를 순례하고 나면 진이 빠질 수밖에 없습니다. 그나마 주말은 남편이 아이를 돌봐줘서 겨우 한숨 돌린다고는 하지만 우주 어머님은 몸과 마음이 지쳐 우울할 때가 많다고 했습니다. 특히 직장을 그만두면서까지 많은 시간과 에너지, 적지 않은 돈을 쏟아붓는데도 아이 상태가 제자리걸음이라고 느껴지면 절망감이 밀려와 주체하기 힘들다고 말했습니다. 때로는 극심한 심적 고통을 억누르지 못하고 이런 감정을 아이에게 표출할 때도 있다고 했습니다.

"어느 순간 아이에게 화가 나서 저도 처음 듣는 목소리로 아이에게 소리를 질러요. 소리를 지르고 화를 낸다고 아이가 좋아지는 것도 아닌데…. 그럴 때마다 아이한테 미안하고 죄책감이 들어서 너무 괴로워요."

부모님부터 건강해야
아이도 잘 돌볼 수 있습니다

자녀의 발달 상태가 심상치 않다는 것을 느끼고 있던 부모님일지라도 막상 아이가 자폐스펙트럼장애라는 진단을 받으면 엄청난 감정적 격변을 경험합니다. 죄책감과 슬픔, 자녀의 앞날에 대한 걱정과 불안 등 온갖 부정적이고 암울한 감정에 압도당하죠.

여기에 일상생활에서 자녀의 문제 행동으로 크고 작은 어려움을 경험하고, 그 때문에 사회적으로 고립되면서 겪는 심적 고통이 더해지면 아무리 긍정적인 부모님이라도 큰 스트레스를 경험하게 됩니다. 또 언제 끝날지 모르는 치료에 대한 재정적 부담과 치료를 해도 크게 호전되지 않는 아이의 모습은 부모님을 더욱 힘들게 만듭니다.

그러다 보니 느린 아이를 둔 부모님 중에는 심한 우울감과 불안, 스트레스를 겪는 분이 적지 않습니다. 2010년 미국의 한 연구 팀이 발표한 논문에 따르면 자폐 아이를 키우는 부모의 스트레스 강도는 '전쟁에 참전한 군인이나 제2차 세계대전 중 나치 독일이 자행한 유대인 대학살에서 살아남은 생존자에 버금간다'고 했습니다.

비단 자폐 아이를 키우는 부모님만 그럴까요? 종류가 무엇이 되었든 발달 문제를 겪는 아이를 키우는 부모님이 느끼는 스트레스는 일반 아이를 키우는 부모님이 상상할 수 없을 정도로 큽니다. 아무리 긍정적이고 인내심이 많은 부모님도 버티기 힘들 만큼 상당하죠. 그러다 보니 진료실을 찾아오는 느린 아이를 둔 부모님을 보면 지치고 우울해 보이는 경우가 적지 않습니다.

분명한 것은 부모님이 신체적, 정신적으로 건강해야 자녀를 잘 돌볼 수 있다는 사실입니다. 부모님 자신을 돌보는 것이 곧 아이를 돕는 것이기에 스스로의 정서적 어려움을 해소하고 극복하는 노력이 필요합니다. 여기서는 느린 아이를 키우는 부모님에게 도움이 될 만한 몇 가지 조언을 들려드리고자 합니다.

꾸준한 운동, 마음을 가다듬는 데 효과적입니다

운동은 부모님이 겪는 정신적 문제를 해소할 수 있는 좋은 방법 중 하나입니다. 운동은 신체 건강을 지키는 데 도움이 되지만 우울감과 불안, 스트레스 등을 감소시키는 데도 효과적이죠. 또 숙면을 취하는 데 도움이 되고, 아이를 키울 수 있는 에너지도 충전할 수 있기 때문에 어렵더라도 짬을 내서 규칙적으로 운동해보세요. 집에서 가볍게 스트레칭을 하거나 집 주변을 잠깐 산책하는 정도도 좋습니다.

같은 공감대를 지닌 사람들과 어울려보세요

느린 아이를 키우는 다른 부모님들과 시간을 보내는 것도 정신적 문제를 해소하는 좋은 방법입니다. 당사자가 아니면 이해하기 어려운 고민을 공감할 수 있는 사람들과 나누는 것만으로도 마음속에 쌓아두었던 스트레스가 풀리고 큰 위안이 되기 때문입니다. 또 자신보다 오랫동안 느린 아이를 키운 부모님들이 시행착오를 겪으며 쌓은 노하우와 각종 유익한 정보를 들을 수 있어 양육에도 큰 도움이 되고요. 그러니 느린 아이를 키우며 경험하는 스트레스를 혼자 오롯이 감당하지 말고, 상황을 잘 아는 다른 부모님들을 만나 대화를 나눠보세요. 그게 어렵다면 가까운 친구를 만나는 것도 좋은 방법입니다.

자신만의 스트레스 해소법을 찾아보세요

부모님 자신만의 스트레스 해소법을 찾는 것도 중요합니다. 저는 직장에서 일하는 즐거움이 큰 부모님에게는 일을 계속하라고 권하기도 합니다. 문화 예술이나 여가 활동도 중요합니다. 한 달에 한 번 영화나 공연을 관람한다든지, 서점에 간다든지, 친구를 만나 맛집에 간다든지 등 무엇이든 좋습니다. 주기적으로 스트레스를 적절하게 처리할 수 있는 창구를 마련해두면 부정적 감정이 크게 줄어드는 것은 물론, 삶에 대한 만족감도 높아져 아이를 더 잘 돌볼 수 있게 됩니다.

충분한 수면을 취하세요

잠을 잘 자는 것도 느린 아이를 키우는 부모님의 정신적 문제를 해결할 수 있는 좋은 방법입니다. 충분한 수면은 스트레스를 감소시키며 우울증, 불안 등 정신 건강 문제를 예방하고 개선하는 데 많은 효과가 있습니다. 우리 몸의 면역력과 기억력을 높이는 것은 물론 체중 조절, 피로 해소에도 도움이 되고요. 느린 아이는 손이 많이 가는 만큼 부모님이 충분한 수면과 휴식을 취하지 못할 가능성이 높은데, 어렵더라도 더더욱 숙면을 취할 수 있도록 노력해야 합니다.

어려울수록 주저하지 말고 도움을 청하세요

양육이 힘들 때 부부끼리 의지하고 가까운 가족에게 도움을 청하는 것도 느린 아이를 둔 부모님의 정신적 문제를 개선할 수 있는 매우 효과적인 방법입니다. 느린 아이를 키우며 긍정적인 마음을 유지하는 것은 정말 어려운 일입니다. 일상에서 수많은 어려움에 직면하고 아이의 미래를 예상할 수 없을 때는 스트레스가 극심해지죠. 그로 인해 불안, 우울 같은 정신적 문제에도 취약해지고요.

따라서 감정이 크게 동요된다면 양육에 대한 책임감을 잠시 내려놓고 가족이나 친구 등 주위 사람들에게 적극적으로 도움을 구하는 것을 추천합니다. 느린 아이를 키우며 다른 사람에게 도움을 청하는 것이 쉽지 않다는 것을 알지만, 부모님의 극심한 스트레스를 방치하면 정신적 문제가 악화될 수 있기 때문에 너무 힘들 때는 누군가의 도움을 받는 것이 좋습니다. 다른 사람에게 도움을 청하고 도움을 받는 것은 결코 창피한 일이 아닙니다.

아울러 다음과 같은 증상이 나타날 경우에는 우울증을 의심하고 가급적 빨리 정신과 전문의를 찾아가시길 바랍니다. 제가 부모님의 정신적 문제에 주목하는 것은 이를 방치할 경우 증상이 더 악화되기도 하고, 부모님의 문제가 아이의 치료를 방해하기 때문입니다. 부모님이 행복하지 않으면 아이의 성장도 그만큼 어려워집니다. 발달장애가 있는 아이들은 일반 아이들보다 양육하는 데 훨씬 많은 어려움이 따르는 만큼 부모님이 스트레스에 취약할 수밖에 없습니다. 그러

부모의 우울증을 의심할 수 있는 증상

- 쉽게 짜증이 나거나 초조하고 불안하다.
- 지속적으로 슬프거나 불안하거나 공허한 느낌이 든다.
- 죄책감, 무력감, 비관적인 느낌이 든다.
- 일상생활에서의 즐거움과 활력을 잃은 것 같은 느낌이 든다.
- 피로를 많이 느낀다.
- 잠을 잘 자지 못하거나 너무 많이 잔다.
- 집중력과 기억력이 떨어지고, 판단이나 결정을 내리기 어렵다.
- 입맛이 없거나 지나치게 많이 먹는다.
- 원인을 알 수 없는 소화불량, 두통, 통증에 시달린다.
- 자살을 생각하거나 실제로 시도한 적이 있다.

니 혼자 감당하고 극복하려 하지 말고 힘들면 도움을 구하세요. 스스로 자신의 삶을 돌보는 것을 소홀히 하지 않고 힘들 때 적극적으로 도움을 구해야 부모님은 물론 아이도 함께 좋아집니다.

세상에 혼자 자라는 아이는 없습니다
: 느린 아이의 형제자매를 위한 마음 처방

    1년 6개월 전 자폐스펙트럼장애 판정을 받은 만 5세 6개월(66개월) 주빈이에게는 1분 먼저 태어난 쌍둥이 누나 주희가 있습니다. 순하고 어른스러운 주희는 집에서도 어린이집에서도 주빈이를 잘 보살펴주었고, 부모님은 이런 딸이 너무나 대견하고 사랑스러웠습니다.

    그런데 어느 날 주희가 배가 아프다며 어린이집에 가기를 거부했습니다. 잔병치레 없이 건강하던 아이가 갑자기 어린이집에 가는 것을 거부할 정도로 배가 아프다고 하니 부모님은 크게 걱정했습니다. 다행히 진료 결과 이상이 없다는 이야기를 들었고 주희도 병원에 갔다 온 뒤로는 복통을 호소하지 않았는데 그날 이후 이런 일이 자주 반복되었습니다. 주희는 어떤 날은 배가, 어떤 날은 머리가 아프다면서 어린이집에 가지 않겠다고 고집을 부리곤 했죠.

워낙 순하고 말을 잘 듣던 아이라 부모님은 이런 모습이 너무 당황스러웠고 어떻게 해야 할지 몰라 고민이 깊어졌습니다. 결국 고심 끝에 부모님은 주빈이가 진료를 받으러 왔을 때 제게 조심스럽게 고민을 털어놓았습니다. 저는 부모님의 이야기를 듣고 이렇게 말씀드렸습니다.

"주희가 지금 마음이 너무 힘들다고 부모님께 신호를 보내는 거예요."

제 말에 부모님은 어리둥절한 표정을 지었습니다. 마음이 힘든데 왜 배가 아프다고 하는지 이해할 수 없었던 것이죠. 주희처럼 기질이 순하고 어른 말을 잘 듣는 아이는 부정적 감정과 고민을 솔직하게 표현하지 못합니다. 그러다 보니 신체적 증상을 동원해 지금 자신이 얼마나 스트레스를 받고 정신적으로 힘든지 신호를 보내죠.

이때 아이는 부모님의 반응에 따라 어떤 방식으로 부모님과 소통할지 결정합니다. 만약 주희 부모님처럼 아이가 어딘가가 아프다고 했을 때 평소와 다르게 살뜰히 챙겨주면 '우리 엄마, 아빠는 내가 아프다고 해야 관심을 보이는구나'라고 생각해 자신의 힘든 마음을 말로 솔직하게 표현하는 대신 신체적 증상을 동원해 드러냅니다. 주희가 자주 배나 머리가 아프다면서 어린이집에 가지 않겠다고 고집을 부린 것은 바로 이 때문입니다.

그러면 주희는 무엇이 그토록 힘들었기에 신체적 증상을 동원하면서까지 부모님에게 자신의 마음을 알리고 싶어 했을까요? 그날 진교실에서 부모님이 제게 하신 말씀을 통해 그 이유를 짐작할 수 있었습니다.

감정을 숨기는 느린 아이의
비장애 형제자매

주빈이가 자폐스펙트럼장애 진단을 받은 이후 주빈이네 가족은 큰 변화를 겪어야 했습니다. 온 가족의 삶이 주빈이를 중심으로 재편성되었죠. 주빈이가 하루라도 빨리 호전되었으면 좋겠다고 생각한 어머님은 회사까지 그만두고 모든 에너지와 시간을 주빈이에게 쏟아부었습니다. 아버님 역시 온 신경이 주빈이에게 향하다 보니 자연스럽게 주희는 부모님의 관심에서 멀어졌습니다.

부모님 입장에서 그나마 다행스러운 점은 주희가 워낙 어른스러워 어른들이 크게 신경 쓰지 않아도 뭐든 알아서 잘했다는 것입니다. 부모님은 그런 주희가 너무 고맙고 대견스러워 "우리 주희 참 착하다", "우리 주희 너무 의젓하네", "엄마가 너 때문에 웃는다"라는 칭찬을 아끼지 않았습니다.

주희는 집안일에 바쁜 엄마가 주빈이와 놀아달라고 하면 하던 일을 멈추고 놀아주었습니다. 주빈이가 자기가 아끼는 물건이나 가지고 놀던 장난감을 가져가면 짜증이 날 법한데도 싫은 내색 하나 없이 양보했죠. 그뿐 아니라 어린이집에서도 같은 반인 주빈이가 친구들과 갈등을 겪으면 나서서 도왔고, 다른 아이들과 놀고 싶은 마음이 간절할 텐데도 그 욕구를 누르고 반에서 자주 소외되는 주빈이를 챙겼습니다. 부모님은 이런 주희가 있어 주빈이에게 얼마나 다행인지 모르겠다고 말씀하셨습니다. 그런데 과연 주희에게도 다행스러운 일이었을까요?

느린 아이를 둔 많은 부모님이 주희 부모님처럼 생각하곤 합니다. 느린 아이를 잘 돌보는 형제자매는 부모님에게는 분명 큰 도움이 되는 존재죠. 하지만 부모님의 에너지 중 대부분이 느린 아이에게 향하면서 부모님의 관심에서 소외된 데 서운한 감정을 느끼거나, 느린 아이를 위해 많은 것을 포기하고 희생해야 하는 것을 억울해하는 형제자매도 많습니다. 그러다 보니 느린 아이를 잘 돌봐주다가도 어느 순간 돌변해 짜증과 화를 내고 부모님에게 그 감정을 드러내며 폭발하기도 하죠.

반면 그 감정을 잘 표현하지 않는 아이도 있습니다. 주희처럼 순종적이고 배려심 많은 아이가 대표적인 경우입니다. ==이런 아이들은 느린 아이의 형제자매로 살면서 느끼는 소외감, 억울함, 불만, 분노, 절망, 상실감 등을 솔직하게 표현하지 못합니다. 완곡하게 돌려서 드러내거나 힘들어도 괜찮다고 거짓말을 하기도 하고, 느린 아이를 돌보는 것이 즐겁다고 과장되게 표현하기도 합니다.==

이런 아이들이 자신의 부정적 감정과 고민을 솔직하게 표현하지 못하는 것은, 진짜 감정을 드러내면 부모님이 실망하고 자신을 더 이상 사랑하지 않을지도 모른다는 불안과 두려움 때문입니다. 부모님의 사랑을 잃을지도 모른다는 생각에 자신의 진짜 감정을 숨기는 것이죠. 주희가 신체적 증상을 동원할 정도로 마음이 힘든데도 이를 드러내지 않고 주빈이를 돌보는 데 집착한 이유도 자신이 부모님에게 사랑받고 인정받는 길은 주빈이를 돌보는 것밖에 없다고 생각했기 때문입니다. 이러한 상황에서 부모님이 주희를 대견해하고 칭찬하니, 그 생각은 점점 강화되고 부정적 감정은 더욱 표현하지 못하는 악순환이 반복되었던 것입니다.

주희는 주빈이를 진심으로 돌보고 싶어서 그런 것이 아니라 엄마와 아빠에게 인정받고 싶어 돌본 것이기 때문에 칭찬을 받아도 마음이 허할 수밖에 없습니다. 여기에 마음속에 해소되지 않은 스트레스와 부정적 감정이 계속 쌓여가다가 결국 신체적 증상을 가면 삼아 표현했던 것이죠. 속상한 마음을 솔직한 '말'로 표현하면 부모가 더 이상 자신을 인정하지 않고 사랑해주지 않을까 두려웠던 것입니다.

문제는 이러한 상태가 지속되는 경우입니다. 아이의 마음속에 해소되지 않은 부정적 감정이 쌓이고 쌓여 어느 시점에 이르러서는 자해나 자살 시도 같은 극단적 행동으로 표출되거나 선택적 함구증, 적대적 반항장애, 모발뽑기장애 같은 여러 정신적 문제로 이어질 수 있습니다. 이런 이유로 저는 주희 부모님께 주희가 분노와 소외감, 불안 등 부정적 감정을 언어로 자유롭게 표현할 수 있도록 '멍석을 잘 깔아줘야 한다'고 말씀드렸습니다. 특히 주희처럼 그 감정을 숨기고 신체적 증상으로 돌려서 표현하는 경우에는 더더욱 필요한 과정입니다.

"엄마, 아빠는
나를 계속 사랑해줄 거야"

부모님들은 아이가 부정적 감정을 드러내면 당황해하거나 어이없어합니다. 아이가 반항한다고 여기는 분도 있고요. 그런데 아이가 부정적인 감정까지도 자유롭게 표현하는 것은 고맙고 다행스러운 일입니다. 자신의 감정을 솔직하게 드러내는 것은 그만큼 건강하다는 뜻이기 때문입니다.

문제는 어떤 표현도 하지 않는 경우입니다. 만약 느린 아이를 형제자매로 둔 자녀가 주희처럼 힘들 법한 상황에서도 감정이나 고민을 좀처럼 표현하지 않고, 그저 부모님이 시키는 대로 잘 따른다면 마냥 대견해하기만 해서는 안 됩니다. 아이의 얼굴빛, 표정, 작은 몸짓, 분위기 등을 세심하게 살핀 후 진짜 감정을 억누르고 있다고 판단되면 부정적 감정까지 솔직하게 표현할 기회를 주세요.

하지만 지금까지 부정적 감정을 표현하지 않았던 아이가 갑자기 변하기는 쉽지 않겠죠. 아이가 부정적 감정까지 자유롭게 표현하려면 '내가 진짜 감정을 표현해도 엄마, 아빠는 여전히 나를 사랑할 거야'라는 믿음이 있어야 합니다. 아이들은 어떤 상황에서든 부모님과 자신의 관계가 굳건하고 안전하다는 믿음이 있으면 부정적 감정을 솔직하게 드러내는 것을 두려워하지 않습니다.

느린 아이의 형제자매에게 '부모님은 여전히 나를 사랑하며, 그 사랑은 변하지 않아'라는 믿음을 심어주려면 부모님과 함께 시간을 보내는 것이 필요합니다. 긴 시간을 보내면 더없이 좋겠지만 짧더라도 꾸준히 느린 아이의 형제자매인 자녀와 오롯이 시간을 보내보세요. 거창하고 대단한 것을 해야 하는 게 아닙니다. 함께 마트에 가거나 잠깐 산책을 나가도 좋고, 잠자리에 들기 전 짧게 시간을 보내는 것도 좋습니다. 중요한 것은 아이 말에 귀 기울이고 사랑을 듬뿍 표현하는 것입니다. 아이 말을 경청하고 사랑한다는 표현과 함께 스킨십을 넘치도록 해준다면, 아이는 부모님이 여전히 자신을 사랑하고 있다는 견고한 믿음을 갖고 지금까지 마음에만 쌓아두었던 속상하고 불만스러운 마음을 솔직하게 털어놓을 겁니다.

주희 역시 부모님이 따로 함께 시간을 보내면서 배가 아파 어린이집에 가지 않겠다는 말을 더 이상 하지 않게 되었습니다. 대신 지금까지 주빈이 때문에 얼마나 속상하고 힘들었는지, 엄마와 아빠가 주빈이만 사랑하는 것 같아서 얼마나 슬펐는지 말로 솔직하게 표현하기 시작했죠. 주희에게 자신이 무엇을 말하든 부모님은 항상 자신을 사랑한다는 믿음이 생기면서, 더 이상 신체적 증상을 동원해 감정을 표현할 필요가 없어진 것입니다.

요즘 주희 부모님에게는 새로운 고민이 생겼습니다. 주희가 자주 어리광을 부리고 떼를 쓰거나 화를 낸다는 것입니다. 사실 이는 매우 긍정적인 신호입니다. 지금까지 자신의 감정을 좀처럼 드러내지 못했던 아이가 건강하게 자신의 감정을 표현할 줄 아는 아이로 성장하고 있다는 뜻이기 때문입니다.

그러니 비장애 자녀에게 사랑을 표현하고 아이의 말을 경청하기 시작하면서 갑자기 아이가 다소 퇴행하는 모습을 보이더라도 너무 걱정하지 마세요. 이는 아이가 성숙해지는 과정에서 자연스럽게 거치는 건강한 과도기적 모습이기 때문입니다.

아이가 보내는 작은 손짓을 주목해주세요

형제자매가 발달이 느린 경우 비장애 자녀는 나름대로 고충이 있을 수밖에 없습니다. 느린 아이를 위해 자신이 하고 싶은 것을 포기해야 하고, 부모님 대신 보호자 역할을 해야 하고, 때로는 느린 아이의 분노와 공격성의 표적이 되어야 하죠. 또 느린 아이를 다른 사람들에게 어떻게 설명해야 할지 궁리해야 하고, 아이의 돌발적인 문제 행동을 제지해야 하며, 느린 아이의 미래를 걱정하는 등 티를 내지 않을 뿐 분명히 힘이 듭니다.

그러니 아이가 힘들다는 표현을 하지 않는다면 자기감정을 억누르고 있는 것은 아닌지 세심하게 살펴봐주세요. 그 감정을 어루만져주지 않으면 언젠가는 곪아 터집니다. 심지어 성인이 되어 문제가 되는 경우도 있습니다.

아이가 혼자 알아서 잘한다고 부모의 사랑과 손길이 필요 없는 것은 아닙니다. 느린 아이에게 부모의 사랑과 돌봄이 필요하듯, 느린 아이의 비장애 형제자매도 마찬가지입니다. 세상에 그 어떤 아이도 부모의 사랑과 돌봄 없이는 건강하고 행복하게 자랄 수 없습니다. 느린 아이 때문에 소외된 상태에서 어떻게든 부모님에게 사랑받고 싶어 아무렇지도 않은 척, 괜찮은 척하는 아이의 겉모습과 위장된 행동만 보지 말고 얼굴빛, 표정, 작은 몸짓, 분위기 등 아이가 보내는 작은 신호를 주의 깊게 살펴보세요. 그 신호를 놓치지 않을 때 부모님도, 느린 아이도, 느린 아이의 형제자매도 모두 건강하고 행복해집니다.

느린 아이에게는
아빠의 도움이 필요합니다

만 5세 3개월(63개월) 형진이 아버님이 처음 병원을 찾아온 것은 얼마 전이었습니다. 형진이가 자폐 진단을 받고 치료를 시작한 지 거의 1년 만의 일이었죠. 알고 보니 어머님이 형진이가 치료받으러 소아정신과에 다닌다는 사실을 아버님에게 숨겼다가 들통이 나서 동행한 것이었습니다.

형진이 아버님은 아이의 자폐를 의심하는 어머님을 늘 못마땅하게 생각했습니다. 형진이가 좀 남다른 아이일 뿐이라고 생각했기 때문입니다. 그러나 어머님의 생각은 달랐습니다. 백번을 다시 생각해 봐도 형진이가 보이는 모습은 전형적인 자폐 증상이었으니까요. 그래서 남편 몰래 병원을 예약해 진료를 받았고, 형진이가 자폐스펙트럼장애 진단을 받은 것이었습니다. 진단 이후 어머님은 언제까지 이 사실을 숨길 수 없다는 생각에 남편에게 말할 기회를 엿보고 있었습니다. 그러던 와중에 최근 그 사실을 들키고 만 것이었죠.

아이가 걱정되는 마음에 병원에서 진단을 받은 것은 잘못이 아니지만, 남편에게 이 사실을 숨겼다는 이유로 어머님은 진료 내내 죄인처럼 남편의 눈치를 봐야 했습니다. 진료실에 들어온 이후부터 계속 팔짱을 낀 채 무표정한 얼굴로 있던 아버님은 갑자기 제게 형진이가 왜 자폐냐며 따지듯 물었습니다. 오랫동안 진료 현장에 있으면 자폐 진단 자체를 부정하는 아버님을 드물지 않게 봐왔기 때문에 형진이가 발달 과정에서 보여온 모습과 진료실에서 보여준 말과 행동을 근거로 하나하나 설명해드렸습니다.

어머님은 바짝 긴장한 채 그 모습을 바라보셨습니다. 혹시라도 남편이 험한 말을 할까 봐 걱정하는 듯했죠. 어머님의 우려와 달리 아버님은 불편한 기색을 내비치기는 했지만 담담하게 저의 설명을 들으셨습니다. 그럼에도 끝내 형진이의 자폐를 받아들이지는 않았죠. 제가 그렇게 판단한 것일 뿐, 아버님 자신이 보기에 형진이는 크게 문제가 없는 아이라고 생각했기 때문입니다.

아버님 입장도 이해가 안 되는 것은 아니었습니다. 자폐스펙트럼장애는 특정 검사만으로 진단이 내려지는 게 아닙니다. 아이가 보이는 증상, 부모님과 아이의 면담 내용, 발달 과거력, 다양한 검사 등을 종합적으로 고려해 소아정신과 전문의가 자폐스펙트럼장애의 기준에 부합한다고 판단하면 진단을 내립니다. 이처럼 의사의 주관적 해석을 거쳐 진단을 내리기 때문에 형진이 아버님처럼 진단 결과에 의심을 품는 분이 종종 있습니다. 특히 형진이처럼 인지 기능과 언어능력이 우수한 고기능 자폐스펙트럼장애의 경우, 또래보다 조금 독특하고 산만할 뿐 보통의 남자아이들과 다르지 않다고 생각하는 아버님의 반응을 이해하지 못하는 것은 아니었습니다. 하지만 형진이는 저와 같은 소아정신과 전문의라면 누구나 자폐스펙트럼장애로 판단할 정도로 특징적인 모습을 뚜렷이 보이고 있었죠.

그날 아버님은 끝끝내 형진이의 진단을 받아들이지 못하고 집으로 돌아갔습니다. 그 모습을 보면서 의사로서 안타까운 마음을 지울 수 없었습니다. 치료 과정에 아빠가 적극적으로 참여하느냐 마느냐는 느린 아이의 예후를 좌우하는 중요한 요소이기 때문입니다.

아빠가 함께할수록 예후는 더 좋아집니다

자녀가 자폐스펙트럼장애 진단을 받으면 보통 주 양육자인 어머님은 하루라도 빨리 아이를 호전시키고 싶은 마음에 모든 걸 제쳐두고 치료에 전념합니다. 이와 달리 아버님은 반응이 제각각입니다. 어머님과 한 팀이 되어 자녀의 치료를 적극적으로 돕는 분이 있는가 하면, 진단 결과를 받아들이기는 하지만 참여에는 소극적인 분이 있습니다. 또 형진이 아버님처럼 아예 진단 자체를 부정하거나, 진단에

강한 거부감을 드러내며 치료를 막는 분도 있죠.

분명한 것은 예전보다 늘어나기는 했지만 느린 아이를 돌보는 데 적극적인 아버님이 많지 않다는 것입니다. 느린 아이를 전적으로 돌보는 주체도, 양육과 치료의 어려움을 호소하는 주체도 어머님이다 보니 스트레스나 불안, 우울 같은 정신적 문제에도 어머님이 더 취약한 모습을 보이곤 합니다.

부모님 두 분이 함께 병원을 찾아오면 어머님은 진료에 적극적인 반면 아버님은 뒤로 빠져 있는 경우가 많습니다. 그러면 저는 아버님이 진료에 적극적으로 참여할 수 있는 분위기를 유도합니다. 일단 자발적으로 병원에 함께 왔다는 것은 아이에게 도움을 주고 싶은 마음이 있다는 뜻이기 때문입니다. 물론 형진이 아버님처럼 다른 마음을 가지고 병원에 오는 분도 있습니다. 그러나 대부분 아이를 위해 무엇이든 하겠다는 마음을 갖고 있기 때문에 저는 아버님에게 어떤 방식으로 도와줘야 하는지 뇌도록 상세하게 설명해드립니다. 부부가 한 팀이 되어 느린 아이를 돌볼 때 그렇지 않은 경우보다 예후가 얼마나 좋은지 수없이 목격했기 때문입니다.

느린 아이를 지치지 않고 끝까지 잘 돌보기 위해서는 아버님들의 적극적인 참여가 반드시 필요합니다. 간혹 남편은 별 도움이 되지 않는다며 애초에 남편의 역할을 배제하거나 축소하는 어머님이 있는데, 그건 선입견일 뿐 아빠가 함께 양육하면 아이에게 실보다 득이 훨씬 많습니다. 특히 느린 아이를 키우는 경우에는 더욱 그렇죠. 몸을 쓰는 놀이나 자전거 타기 등 체육 활동은 아빠와 함께 할 때가 많은데 이런 활동을 통해 신체, 인지, 정서, 사회성 등 전반적인 영역에서 발달을 촉진할 수 있습니다. 그뿐 아니라 아이가 에너지를 발산하고 스트레스를 해소하는 데 도움이 되고요.

그러나 아이를 돌보는 데 무관심하거나 회피하는 남편을 아이 양육에 참여시키기는 쉽지 않죠. 특히 느린 아이를 둔 가정에서는 더욱 힘든 일입니다. 완치되기 어려운 장애에 매달려 언제 끝날지 모르는 지원을 계속해야 하는 상황, 즉 명확한 해결책이 없는 상황을 어머님보다 아버님이 더 힘들어하시거든요. 따라서 아버님을 느린 아이의 양육에 참여시키기 위해서는 치료와 지원을 계속해주면 아이의 증상이 분명 좋아지며, 아빠가 함께할 때 호전 속도가 더욱 빨라진다는 점을 알려주어야 합니다.

"여보, 내가 아무리 열심히 아이를 돌본다고 해도 한계가 있어. 당신의 도움이 필요해. 지난번에 당신이 놀이터에서 ○○이랑 놀아줬잖아? 그런데 ○○이가 그게 너무 재미있고 좋았나 봐. 그 이야기를 몇 번이나 했는지 몰라. ○○이가 아빠랑 노는 걸 좋아하니 나도 기분이 좋고 힘이 나."

이런 방식으로 아빠의 역할과 도움이 얼마나 중요한지 지속적으로 강조하면 남편의 도움을 좀 더 수월하게 이끌어낼 수 있습니다.

도움을 요청할 때 남편이 어떤 일을 도와주길 바라는지 구체적으로 언급하는 것도 양육 참여도를 높일 수 있는 좋은 방법입니다. 가령 아이와 함께 놀아주기를 바란다면 "여보, ○○이랑 좀 놀아줘"라고 하기보다 "여보, ○○이랑 할리갈리 보드게임 하면서 30분만 놀아줘"라고 부탁하는 겁니다.

　일단 남편이 양육에 참여하며 노력하는 모습을 보이면 흡족하지 않더라도 잊지 말고 고마운 마음을 표현하는 것이 좋습니다. "왜 그렇게 했어?", "그렇게 하지 말고 이렇게 하면 더 좋았을 텐데", "좀 더 해주지 그것밖에 못해줘?"라는 식으로 반응하면 기껏 도와주려는 남편의 의욕을 꺾어버릴 수 있습니다. 아버님 중에는 양육에 참여하고 싶어도 어떻게 해야 하는지 몰라 본의 아니게 방관자가 되는 경우가 의외로 많습니다. 이런 때는 육아에 전혀 관심이 없다며 타박만 하지 말고 남편이 무엇을 어떻게 도와주면 좋은지 구체적으로 알려주시는 것이 좋습니다.

　자폐스펙트럼장애 같은 신경발달장애는 완치되기 어렵고 단시간에 좋아지지 않습니다. 하지만 지속적으로 지원과 도움을 주면 분명 좋아지기도 합니다. 따라서 자녀가 좋은 예후를 보이길 바란다면 멀리 내다보고 오랜 시간 꾸준히 관리해줘야 합니다. 그런데 그 길고 힘든 여정을 어머님 혼자 헤쳐가기는 쉽지 않습니다. 부모님이 합심해서 최선을 다할 때 가능한 일입니다. 그러니 아이 양육이 어느 한쪽의 일이라는 생각은 접어두고 부모님 두 분이 주인공이 되어 아이를 도와주세요. 그래야 훗날 아이가 독립적으로 자신의 삶을 살아갈 가능성이 높아집니다.

자폐스펙트럼장애 자녀를 둔
아빠가 함께 하면 좋은 것들

안정적인 '몸으로 놀아주기'

- 가벼운 신체 놀이(공놀이·가벼운 달리기 등)는 아이가 촉감, 신체 움직임 등을 경험할 수 있습니다.
- 아빠와의 신체 놀이 경험은 아이에게 정서적 안정감을 주며 놀이 속에서 자연스럽게 규칙을 지키고 상호작용하는 방법을 익히도록 도와줍니다.

직접적인 사회성 모델링

- 아빠가 가족이나 주변 사람과 소통할 때 차분하고 일관된 태도를 보여주는 것은 아이에게 '사회적 행동'을 배울 수 있는 좋은 본보기가 됩니다.
- 가정 내에서 간단한 '역할 놀이'나 '규칙 있는 게임'을 아빠가 주도해 진행하면, 아이는 놀이를 통해 또래 관계에서 필요한 규칙과 대화 기술을 자연스럽게 습득하게 됩니다.

육아 분담과 가사 지원

- 자폐스펙트럼장애 자녀의 양육은 체력적으로나 정신적으로 많은 에너지를 요구합니다.
- 목욕, 식사 준비, 놀이 시간 관리 등 일정 부분을 아빠가 꾸준히 담당하면, 엄마는 그만큼 휴식 시간을 확보할 수 있으며 아이에게도 아빠의 일관성있는 모습을 보여줄 수 있습니다.

전문가 상담·교육에 함께 참석하기

- 치료나 재활 프로그램에 참여할 때 엄마가 혼자 가는 것보다 아빠가 함께 참석해 같은 내용을 듣고 숙지하면 좋습니다.
- 프로그램 진행 내용이나 가정 내에서 실천할 과제 등에 대해 서로 공유·협력함으로써 일관된 양육 방침을 유지할 수 있습니다.

엄마의 '자기 돌봄' 지원

- 아이 양육에 집중하느라 엄마가 자기 관리에 소홀해지지 않도록 아빠가 엄마가 좋아하는 활동(운동·취미 생활·모임 등)을 할 수 있는 시간을 만들어주거나 독려해 주세요.

긍정적 태도와 칭찬·격려

- 아빠와 엄마가 함께 아이를 키우는 과정에서 서로의 노력과 성과에 대해 "고마워", "너무 잘하고 있어" 같은 긍정적인 표현을 자주 전해주세요.
- 서로 인정하고 칭찬하는 분위기는 자녀에게도 '부모가 서로 신뢰하고 있다'는 메시지를 전달해 안정적인 환경을 조성합니다.

부록

천근아의
**느린 아이
부모 수업**

느린 아이,
이것이 더 알고
싶어요

> Q&A 진료실에서 자주 묻는 질문들

자녀가 다른 아이들보다 좀 느리고 다르게 발달하는 모습을 보면 부모님의 마음은 조급해집니다. 하루라도 빨리 아이가 왜 그런 모습을 보이는지 알아내 해결하고 싶기 때문입니다.

이런 이유로 많은 부모님이 소아정신과 진료를 받길 원하지만 소아정신과 전문의가 많지 않다 보니 당장 병원 진료를 받기 어려운 것이 현실입니다. 또 오랜 기다림 끝에 진료를 받더라도 시간이 턱없이 짧아 그동안 궁금했던 것을 제대로 물어볼 수 없죠. 하나라도 아이에게 도움이 되는 정보를 얻어 가리라 단단히 마음먹고 병원을 찾은 부모님 입장에서는 허무하고 아쉬울 수밖에 없습니다.

이런 분들에게 조금이나마 도움이 되고자 진료실을 찾아오는 느린 아이를 둔 부모님이 자주 하는 질문 중 몇 가지를 선별해 궁금증을 하나씩 풀어보겠습니다.

Q. 느린 아이의 훈육은 언제부터 시작하면 좋을까요?

정상적으로 발달 중인 유아의 경우 보통은 만 2세 전후, 즉 18~24개월부터 훈육을 시작하는 것이 좋습니다. 이 시기는 언어 이해 능력과 자기 조절 능력이 조금씩 생기면서 기본적인 규칙과 금지를 받아들일 수 있게 되기 때문입니다. 2세 무렵의 아이는 거울이나 사진 등을 통해 스스로를 '나'로 인식하고, 주변 사람과 자신을 구분할 수 있는 능력이 생깁니다. 또 다른 사람의 반응을 통해 자신의 행동을 조절히는 과정인 1차 사회화를 겪죠. 예를 들어 "여기는 위험하니 올라가서는 안 돼!"라는 지침을 듣고 아이가 '아, 내가 하고 싶은 게 있어도 참아야 할 때가 있구나'라고 인지하면서 기초적인 사회규범을 학습하는 과정이죠.

그러나 전반적인 발달이 느린 아이들에게는 현실적으로 이 기준을 적용하기 어렵습니다. 결국 연령이나 시기와 상관없이 아이의 발달 상태 또는 발달 수준에 맞게 훈육하는 것이 가장 바람직합니다. 중요한 것은 '언제 훈육을 시작하느냐'가 아니라 '얼마나 일관성 있게 훈육하느냐'입니다. 더불어 훈육에는 정답이 없지만 느린 아이든 일반 아이든 상관없이 다음 두 가지 경우에는 반드시 훈육을 해야 합니다.

첫 번째는 '아이가 자신 또는 타인을 위험하게 만들고 다치게 할 때'입니다. 아이가 주위에 차가 오는지 확인하지도 않고 도로로 갑자기 뛰어든다고 생각해보세요. 또 아이가 화가 난다고 친구의 마음을 아프게 하는 말을 하고 손으로 밀거나 때린다면 어떻게 될까요? 이러한 행동을 방치하면 다른 사람들과 긍정적인 관계를 맺기 어려울 뿐더러 자칫 큰 사고로 이어져 돌이킬 수 없는 결과를 불러올 수 있습니다. 따라서 스스로와 타인을 위험하게 하고 어떤 식으로든 다른 사람을 상처 주고 다치게 하는 행동은 반드시 단호하게 훈육해야 합니다.

두 번째 경우는 '아이가 다른 사람들에게 피해를 줄 때'입니다. 인간은 아주 특별한 경우가 아니면 누구나 사회에서 다양한 이와 관계를 맺으며 살아갑니다. 그 때문에 다른 사람과 원만하게 상호작용하며 긍정적인 관계를 맺고 유지하는 것이 매우 중요하죠. 이를 위해서는 사회적 규범과 규율, 예의 등을 지키며 남에게 피해를 끼치지 않고 살아가는 법을 가르쳐야 합니다. 만약 아이가 사회에서 요구하는 규칙, 예의 등을 어겨 다른 사람들에게 피해를 주는데도 그것이 잘못임을 알려주지 않는 것은 부모의 의무를 저버리는 것입니다.

간혹 부모님들 중에는 아이를 최대한 존중해줘야 자존감을 높일 수 있다는 생각에 아이가 마음대로 행동해도 이를 허용하는 분이 있습니다. 예를 들어 식당에서 소리를 지르면서 뛰어다니거나 유치원,

학교에서 친구들을 마음대로 만지고 뒤에서 끌어안아도 대수롭지 않게 여기고 묵인하는 식입니다. 남을 불편하게 하는데도 아이의 자존감을 높인다는 이유로 이런 문제 행동을 허용하는 것이 옳을까요? 잘못된 행동을 그대로 두는 것이 과연 아이의 자존감을 높이는 데 도움이 될까요?

부모가 아이의 말과 행동을 가급적 긍정적으로 해석하거나 적절히 반응하고 칭찬하는 것은 아이의 자존감을 높이는 데 효과적입니다. 그러나 아이의 자존감을 높이는 데만 급급해 다양한 공동체 생활에서 지켜야 할 규칙과 질서 등을 무시하고 타인에게 피해를 주는 아이를 그대로 두면 오히려 자존감 형성에 악영향을 미칠 수 있습니다. 남들에게 피해를 주는 아이는 남들에게 부정적 피드백을 받을 가능성이 높고, 그러면 자존감도 떨어질 수밖에 없으니까요.

무엇보다 어릴 때 이러한 문제 행동이 잘못되었다는 것을 배우지 못하면 성인이 되었을 때 사회 구성원으로 올바르게 행동할 수 없고, 다른 사람에게 호감과 존중을 받기도 어렵습니다. 따라서 진심으로 아이를 사랑한다면 사회에서 요구하는 규칙과 질서, 예의 등을 습득해 타인에게 피해를 주지 않도록 훈육해야 합니다.

하나 더 말씀드리면 훈육은 단순히 아이의 문제 행동을 혼내는 것이 아닙니다. 예를 들어 공공장소에서 크게 소리 지르는 자폐스펙트럼장애 아동을 부모가 훈육해야 하는 상황을 가정해볼까요? 이때 단순히 윽박지르거나 야단치는 대신 차분한 태도로 대응해야 합니다.

"여기서는 소리 지르면 안 되는 거야. 소리 지르는 것을 멈추면 ○○이가 좋아하는 트럭 스티커를 옷에 붙여줄게."

즉 바람직한 행동을 구체적으로 미리 제시하고, 그 행동을 할 때 즉시 칭찬과 보상으로 강화하는 전략이 중요합니다. 언어 발화가 거의 없는 아이에게는 그림 카드나 사진 같은 시각 자료를 활용해 아이가 기대되는 행동을 이해하기 쉽게 도와주고, 문제 행동 자체에는 과도한 주의를 주지 않되 안전을 우선 확보합니다. 작은 성취(소리 지르기를 잠시 멈추는 것)라도 즉시 칭찬하고, 일관성 있게 반복해 적용함으로써 아이가 공공장소에서 점차 바람직한 행동을 습득하도록 돕는 것이 가장 중요합니다.

Q. 학교 선생님께 느린 아이라는 사실을 밝혀야 할까요?

느린 아이가 학교에 들어가면 부모님의 머릿속은 복잡해집니다. 새롭고 낯선 학교생활에 적응할 수 있을지, 교과과정을 잘 따라갈 수 있을지, 친구들과 사이좋게 지낼지 걱정이 될 수밖에 없죠. 게다가 지금까지와 달리 아이의 일상을 마음대로 관리할 수 없다는 점은 부모님을 더 고민스럽게 만듭니다. 이런 부모님의 걱정과 불안을 덜고 아이가 학교생활에 잘 적응하게 하기 위해서는 학교에서 아이를 도와줄 수 있는 유일한 어른인 담임선생님께 아이에 대해 제대로 알리고 소통하는 것이 매우 중요합니다.

특히 언어 지연이 있거나 자폐스펙트럼장애처럼 사회성 발달에 문제가 있는 경우, 또는 지적장애가 있는 경우 등 아이에게 누군가의 도움이 필요하다면 무조건 담임선생님께 미리 말씀드려야 합니다. 이때 선생님이 아이를 파악하고 가르치는 데 도움이 될 만한 정보를 최대한 솔직하고 상세하게 전달하는 것이 좋습니다. 예를 들면 아이가 무엇에 흥미를 보이는지, 어떤 상황에서 스트레스를 받고 문제 행동을 보이는지, 아이가 학교에서 문제 행동을 보였을 때 어떻게 대처해야 하는지, 아이에게 어떻게 지시를 내리면 비교적 잘 수용하는지 등을 구체적으로 말씀드리는 것이죠.

더불어 아이에게 좋은 친구가 될 만한 반 아이를 짝꿍으로 정해달라고 부탁드리면 더욱 좋습니다. 학령기 아이들에게는 친구 관계가 매우 중요하기 때문에 사회성이 좋고 배려심이 많은 아이를 짝꿍으로 만들어주면 아이가 학교생활을 해나가는 데 많은 도움이 됩니다.

여기서 반드시 명심해야 할 점은 선생님께 무턱대고 배려를 부탁하거나 요구만 해서는 안 된다는 것입니다. 선생님이 아이를 더 많이 이해하고 도울 수 있도록 부모님도 지원을 아끼지 않아야 합니다. 또 선생님마다 느린 아이에 대한 경험과 지식이 다르고, 도와준다 하더라도 부모님의 기대에 못 미칠 수 있습니다. 만약 선생님의 도움이 만족스럽지 않더라도 불만을 품기보다 주어진 여건 속에서 최선을 다하는 선생님께 감사한 마음을 가지는 것이 아이에게 더 도움이 됩니다.

이 책을 읽으시는 분들 중 학교 선생님이 계시다면 사소한 것이라도 아이가 잘하는 부분을 찾아 칭찬과 격려를 아낌없이 해주시길 부탁드립니다. 별것 아닌 것 같지만 선생님의 말씀 한마디가 느린 아이와 부모님에게 큰 힘과 용기를 줍니다.

Q. 일반 학교 특수반 vs 특수학교, 어디에 보내야 할까요?

교육은 아이의 성장과 발달에 큰 영향을 미치는 중요한 요소입니다. 어떤 아이를 키우든 취학을 앞두고 부모님의 걱정이 깊어지는데, 발달 문제를 겪는 느린 아이의 부모님은 더욱 그럴 수밖에 없습니다. 일반 아이를 키웠다면 하지 않아도 될 고민을 해야 하기 때문입니다. 특히 아이를 일반 학교에 보낼지, 아니면 특수학교에 보낼지에 대한 문제는 느린 아이를 둔 부모님이 가장 많이 하는 고민 중 하나입니다.

저는 말을 전혀 하지 못하는 무발화 상태면서 문제 행동이 심한 최중증 발달장애를 제외하고는 가급적 특수반이 있는 일반 학교에 보낼 것을 권합니다. 간혹 발달 문제가 있는 자녀가 학교생활에 잘 적응하지 못해 극심한 스트레스에 시달릴까 봐, 친구들로부터 소외당해 상처를 입을까 봐, 교사를 힘들게 해서 문제가 생길까 봐 걱정되는 마음에 무조건 특수학교에 보내려는 부모님이 있습니다. 물론 일반 학교 특수반에서 부분 통합 교육(일반반과 특수반에서 반씩 수업을 듣는 형태) 또는 완전 통합 교육(특수반 대상자지만 일반반에서 함께 수업을 듣는 형태)보다 특수학교에서 체계적인 특수교육을 받는 것이 더 나은 경우도 있습니다. 바로 다음과 같은 경우입니다.

- 신체적으로 크게 불편하거나 자해, 타해 등의 심각한 문제 행동이 많은 자폐 및 발달장애
- 말을 전혀 하지 못하는 무발화 상태이며 지능지수 34 이하 또는 산출 불가인 최중증 자폐 및 발달장애
- 충동성이나 폭력성이 큰 자폐 및 발달장애
- 어떤 이유로든 24시간 집중적 보호(개호)가 필요한 자폐 및 발달장애

이러한 경우는 발달장애에 대한 전문 지식을 갖춘 선생님들이 지도하고, 아이의 특성 및 강점과 약점 등을 고려한 개별 맞춤 교육이 체계적으로 이루어지는 특수학교가 적합합니다. 그러나 발달이 좀 느리기는 해도 의사소통이 되고 증상이 경미한 아이들에게는 특수학교가 오히려 득보다 실이 많을 수 있습니다. 특히 사회성 발달 면에서 많은 손해를 볼 수 있습니다. 이는 전문 지식을 갖춘 특수교사의 지도 아래 따로 사회성을 향상시키는 훈련을 한다고 해도, 최중증 발달장해 아이들 사이에서 사회성을 모방하고 학습하기는 쉽지 않기 때문입니다.

느린 아이의 사회성 발달에 가장 효과적인 방법은 일반 아이들과

어울리며 폭넓은 사회적 경험과 지식, 기술 등을 습득하는 것입니다. 물론 느린 아이가 일반반에 있다고 해서 저절로 사회성 기술이 습득되는 것은 아닙니다. 함께 어울리는 과정에서 크고 작은 난관에 부딪히지만 일반 아이들과의 관계에서 어떤 갈등이 생기는지, 어떤 상황에 대처할 때 느린 아이가 어떤 차이를 보이는지 인식할 기회를 얻게 되죠.

또 학습 면에서도 일반 학교에 다니는 것이 유리하며 급식, 교실 이동, 도서실 다니기 등 아이가 스스로 할 수 있는 것이 많아지면서 자신감과 자존감이 향상될 수 있습니다. 이밖에 사회적 규범과 규칙, 예절 등을 익히는 데도 도움이 되어 훗날 아이가 사회에 적응하며 독립적으로 살아갈 수 있는 기초가 됩니다.

따라서 부모님의 걱정은 충분히 이해하지만 문제 행동이 심각하지 않고 학교생활이 어느 정도 가능하다면 일반 학교에 보내 아이가 많은 것을 배울 기회를 주세요. 어려운 과목은 특수반에서 개별적으로 배우고 나머지 과목은 일반 교실에서 또래 아이들과 함께 수업을 듣는다면, 느린 아이라도 그 속에서 다방면으로 많은 것을 습득할 수 있습니다.

물론 일반 학교에 진학했는데 학년이 올라갈수록 아이가 힘들어할 수 있습니다. 그러면 그때 특수학교 전학을 고려해도 됩니다. 충분히 일반 학교의 통합 교육 환경에 적응할 수 있는 아이인데 부모가 불안하고 두려운 마음에 특수학교에 입학시킨 안타까운 사례가 적지 않습니다. 아이가 힘들어하더라도 다양한 사람들을 만나고 여러 상황에 도전할 수 있게 도와줘야 자신의 잠재력을 최대한 발휘하면서 사회에 적응할 수 있습니다. 부모님이 한계를 설정하고 거기에 맞춰 양육하면 아이는 딱 그만큼만 성장합니다. 아이의 잠재력을 믿고 더 많은 기회와 도움을 줄 때 아이는 더 크게 성장하고 발달한다는 것을 반드시 기억해주세요.

Q. 느린 아이가 약물을 복용할 때 어떤 점을 주의해야 할까요?

소아정신과에서는 느린 아이에게 동반된 정신과적 증상에 따라 처방하기 때문에 다양한 종류의 약물을 복용하게 됩니다. 따라서 전문의의 처방에 따라 신중하게 약물을 사용해야 합니다. 임의로 복용 약물을 줄이거나 늘리면 부작용, 의존성, 중독성 등의 위험이 높아지므로 어떤 경우에도 주치의와 상의 없이 조정하면 안 됩니다.

마찬가지로 임의로 약 복용을 중단해서도 안 됩니다. 부모님들 중에는 약을 먹인 후 아이에게 식욕 감소, 체중 증가, 졸림, 수면장애, 불안감 증가, 두통, 복통, 메스꺼움 등의 부작용이 나타나는 것을 걱정해 임의대로 약을 먹이지 않는 분이 있습니다. 만약 아이가 약을 먹고 겪는 부작용의 정도가 크거나 지속될 경우 반드시 주치의와 상의하시길 바랍니다. 요즘은 대학병원도 평일에 전화 문의를 통해 24~48시간 내에 답변을 받을 수 있습니다.

아이가 감기, 독감, 코로나 등에 걸렸을 때도 마찬가지입니다. 감기약과 소아정신과에서 처방한 약을 함께 복용해도 대부분 별다른 문제가 없지만, 간혹 부작용이 나타날 수 있기 때문에 전문의와 상의하는 것이 좋습니다. 참고로 비염이나 콧물 약에 많이 처방하는 항히스타민제의 부작용이 졸음입니다. 소아정신과 약 중 부작용으로 졸리게 하는 약이 있다면 감기약 때문에 더 많이 졸릴 수 있다는 점을 인지하면 좋습니다.

아이가 약을 거부하는 경우에도 전문의의 도움을 구하는 것이 좋습니다. 아이가 약을 먹지 않으려고 하면 빨리 증상이 완화되기를 바라는 부모님 입장에서는 감정적으로 대응할 수밖에 없죠. 약 먹으라고 소리 지르거나 야단치다 진이 빠진다는 부모님도 있고요.

하지만 이때 절대로 다그치거나 혼을 내면 안 됩니다. 아이가 약 먹기를 거부하는 이유를 파악하는 것이 먼저입니다. 일단 대화가 되는 아이라면 약이 먹기 싫은 이유를 물어보세요. 만약 알약 삼키는 것을 두려워한다면 가루약이나 입안에 닿으면 빠르게 녹는 알약을 처방받는 것도 도움이 됩니다. 다른 이유가 있다면 강압적으로 약을 먹이기보다 주치의에게 도움을 구하시길 바랍니다.

Q. 당사자나 형제자매에게 느린 아이에 대해 어떻게 설명해야 할까요?

느린 아이에게 진단명과 병원에 다니는 이유를 뭐라고 설명해줘야 할지 고민하는 부모님이 많습니다. 결론부터 말씀드리면 숨기지 말고 사실 그대로 알려주는 것이 좋습니다. 다만 너무 어린 나이에는 설명해줘도 이해하기 어렵습니다. 적어도 초등학교에 입학한 이후에 아이의 발달 상태와 상황에 맞춰 이해할 수 있는 방식으로 솔직하게 말해주는 것이 좋습니다.

느린 아이의 비장애 형제자매에게도 마찬가지입니다. 자녀들의 수준에 맞춰 솔직하게 느린 형제자매에 대해 알려주어야 합니다. 그렇지 않으면 비장애 자녀의 고립감과 혼란이 커질 수 있습니다. 이때 한 번 설명한 것으로 충분하다고 생각하지 말고, 자녀들이 성장하는 과정에 맞춰 지속적으로 이야기해주는 것을 권합니다. 비장애 자녀가 너무 어린 경우에는 느린 아이에 대해 이해하기 어려울 수 있으므로 느린 아이가 등장하는 책이나 드라마 등을 활용해 이해를 돕는 것도 좋은 방법입니다.

더불어 비장애 자녀가 느린 아이와 상호작용할 수 있는 방법이나 구체적 기술도 가르쳐주면 좋습니다. 그러면 느린 아이도 비장애 자녀와 사회적 소통을 활발하게 하게 되어 사회적 기술 등을 더 많이 습득할 수 있게 됩니다.

그러나 ==비장애 자녀가 느린 형제자매를 보호하거나 돌봐야 한다는 부담을 주어서는 안 됩니다.== 특히 비장애 자녀만의 학습 성취, 취미 활동, 또래 관계 형성이 잘 이루어질 수 있도록 부모님이 각별히 관심을 기울여주세요. 비장애 형제자매를 어떻게 돌볼 것인지에 대해서는 6장에서 자세히 다루었으니 참고하세요.

Q. 고기능 자폐스펙트럼장애 아이, 일반 아이처럼 될 수 있을까요?

인지 기능이 좋은 고기능 자폐스펙트럼장애 아이는 일상생활은 물론 학습도 무난하게 해낼 수 있습니다. 그러나 바탕에 사회성 발달 문제가 있기에 초등학교 저학년까지는 무리 없이 학교생활에 적응하는 것처럼 보이더라도, 고난도의 사회적 기술이 요구되는 초등학교 고학년부터는 또래와 관계를 맺고 생활하는 데 점차 어려움이 따를 수 있습니다.

예를 들어 언어의 맥락이나 추상적 의미, 농담 같은 은유적이고 관습적인 표현, 비언어적 소통 등을 이해하는 능력이 떨어져 대화를 끝까지 이어나가기 어렵습니다. 예를 들어 특정 주제나 대상에 대한 관심이 지나치게 강해 자신의 이익이나 관심사, 흥미에 국한된 이야기만 고집할 수 있습니다. 또 다른 사람의 입장이나 상황을 잘 헤아리지 못해 엉뚱하거나 상대방에게 상처가 되는 말과 행동을 아무렇지 않게 하고, 사고의 유연성이 떨어져 예외가 있다는 것을 이해하지 못해 자신의 생각이나 행동에 강박적으로 집착할 수 있죠.

그러나 인지능력이 양호하므로 사회적 상호작용과 의사소통 능력을 향상시킬 수 있는 사회성 집단 훈련 및 치료를 꾸준히 해주면 증상이 많이 완화됩니다. 또 사회적으로 바람직한 행동, 사회적 기술 등을 스스로 학습하고 부족한 부분을 보완하면서 취약점을 개선해 나가기도 하고요. 하지만 사회성 결함 문제는 여전히 남아 있기 때문에 성인이 되어 친밀한 대상과 깊이 있는 대화를 나누거나, 직장에서 타인과 협력하는 일을 할 때 조금 독특하거나 어색하다는 평가를 받을 수 있습니다.

Q. ADHD 치료를 적극적으로 하고 있는데 왜 지능지수가 떨어질까요?

ADHD는 현재로선 약물 치료가 가장 확실한 치료법입니다. 특히 뇌에서 도파민 농도를 직간접적으로 늘리는 약물을 통해 70% 이상의 치료 효과를 기대할 수 있죠. 그래서 약물 치료를 시작하면 증상이 크게 완화되고 아이의 지능지수가 상승하는 경우도 적지 않습니다. 이는 약물 치료가 지능지수 상승에 직접적으로 영향을 미친 것이 아니라, 약물 치료를 통해 산만하고 주의 집중력이 떨어지는 ADHD 증상이 호전되면서 잠재력이 드러난 결과라고 볼 수 있습니다. 낯선 환경에서 쉽게 산만해지고 오랜 시간 집중이 필요한 일을 잘 못하는 ADHD 아이들은 지능검사 때도 질환적 특성으로 원래 지능보다 현저히 낮게 나오는 사례가 드물지 않거든요. 만약 ADHD 아이가 약물 치료 후 지능지수가 크게 상승했다면 타고난 지적 잠재력이 좋을 가능성이 높습니다.

그런데 간혹 ADHD 치료 약물을 복용한 뒤 오히려 지능지수가 저하되는 아이들이 있습니다. 심지어 정상 범위 지능에서 경계선 지능으로 떨어지는 경우도 있죠. 이때 많은 부모님이 원인을 ADHD에서만 찾는데, 이 경우 ADHD 때문에 지능이 저하된 것이 아니라 아이의 잠재력이 발휘되지 못하는 다른 요인이 있기 때문이라고 봐야 합니다.

예를 들어 ADHD 아이들은 연령이 높아짐에 따라 주변과 많이 부딪히고 기대하는 만큼 학습 성취도가 좋지 않아 공부를 점점 더 두려워합니다. 그 때문에 자신감은 물론 자기 조절 능력도 떨어지고 심적으로도 우울감을 느끼죠. 이런 상황에서 학습 난도가 점점 높아지니 자신감이 더욱 저하되어 해낼 수 있는 것도 회피하는 악순환이 나타납니다. 이러한 심리 상태는 지능검사를 할 때도 영향을 미쳐 충분히 수행할 수 있는 과제도 제대로 하지 못하게 만드는 요인이 됩니다.

따라서 적극적으로 ADHD 치료에 임하는데도 지능지수가 만족스럽지 않거나 오히려 계속 떨어진다면, 지능지수에 너무 매몰되지 말고 아이의 정서적인 면을 들여다보시길 권합니다. 만약 아이가 자신감이 크게 떨어진 상태에서 불안, 우울, 좌절 등 정서적 문제를 겪는다면 공부를 조금 쉽게 가르쳐보세요. 학습 외에 잘하는 것을 찾아 더 잘할 수 있도록 도움을 주는 것도 좋습니다.

또 사소하더라도 아이가 잘하는 것이 있다면 아낌없이 칭찬과 격려를 해주세요. 그러면 학습 성취도가 낮더라도 자신감이 떨어지지 않으며, 자신이 해낼 수 있는 것은 피하지 않아 지능지수가 유지됩니다.

아이의 지능지수가 처음에 100점이었는데 현재 84점으로 떨어졌다고 하더라도 잠재력은 100이라는 의미입니다. 그러니 지금의 지능지수에 일희일비하지 말고 동반된 정서적 문제가 없는지 살펴 이를 해결하는 노력을 기울여주세요.

Q. 경계선 지능과 ADHD는 어떻게 구분할 수 있나요?

경계선 지능은 전체 지능 지수가 70~84 범위에 속한 사람으로 지적장애보다 지능이 높지만 평균 지능보다는 낮습니다. 따라서 이해력과 집중력이 떨어지고, 정신적 노력이 필요한 복잡한 일을 회피합니다. 자주 잊어버리거나 감정 조절이 어려운 것 등 ADHD와 비슷한 증상을 보이기도 하죠. 특히 인지 학습을 할 때 아주 유사한 문제 행동을 보이기 때문에 많은 부모님이 ADHD와 혼동하는 경우가 많습니다.

그러나 경계선 지능과 ADHD는 분명하게 구별되는 특징이 있습니다. 표준화된 지능검사에서 ADHD도 경계선 범위의 지능을 보일 수 있습니다. 하지만 지능검사를 할 때 집중하지 못해 지적 능력을 충분히 발휘하지 못하는 바람에 지능지수가 낮게 나오는 경우가 많습니다. 이러한 이유로 ADHD는 경계선 지능과 달리 지능검사 결과 하나만 보고 진단을 내리지 않습니다.

ADHD 진단에서 가장 중요한 것 두 가지를 꼽는다면 하나는 아이를 자주 보고 잘 아는 다양한 정보 제공자, 예를 들어 부모, 교사, 학원 선생님, 가까운 친척 등의 의견입니다. 또 하나는 다양한 환경(집·학교·학원 등)에서 아이가 공통된 문제 행동을 보이는지 여부죠. 지능검사를 비롯해 주의 집중력을 테스트하는 다양한 심리검사는 진단에 보조적인 도구일 뿐이니 이 결과를 맹신해서는 안 됩니다. 소아정신과 전문의가 다각적 병력 청취와 아동 면담, 종합 심리 평가 결과 등을 함께 분석하고 평가해 최종 진단을 내리는 것입니다.

또 학습에서만 집중하지 못하는 경계선 지능과 달리 ADHD는 생활 전반에서 부주의한 모습을 보입니다. 잠자는 시간을 빼고 한시도 가만히 있지 못하거나, 부산스럽고 주변을 잘 살피지 못해 자주 다치거나 크고 작은 문제를 일으키죠. 이러한 모습을 보이는 이유는 미성숙한 전두엽 기능과 도파민 같은 신경전달물질의 불균형에 의한 것이기 때문에 아이 스스로 조절하기는 사실 어렵습니다. 부모님이 매사에 주의를 주고 혼내도 잘 개선되지 않습니다. 적절한 치료와 도움이 반드시 필요하죠.

경계선 지능도 마찬가지입니다. 학습 능력이 떨어지는 아이를 도우려면 그저 다그치고 혼낼 것이 아니라 적절한 지원이 필요합니다. 따라서 자녀가 인지적으로 혹은 학습적으로 어려움이 있다고 생각되면 인근에 있는 병원이나 발달 센터를 찾아가서 지능검사를 포함한 종합 심리 평가를 받아보시길 바랍니다. 검사를 통해 아이가 구체적으로 어떤 어려움을 겪고, 부모님이 어떤 도움을 줄 수 있는지 파악한 뒤 의료진이 적절하게 개입하면 아이의 증상을 완화하는 데 큰 도움이 될 겁니다.

Q. 이른둥이는 느린 아이일 가능성이 더 높나요?

세계보건기구 WHO에서는 임신 37주 이전 또는 최종 월경일로부터 259일 이전에 태어난 아이를 '조산아' 또는 '미숙아'라고 부릅니다. 조산아는 뇌나 장기가 덜 성장한 채 태어나기 때문에 여러 영역에서 발달 문제를 겪을 수 있으며, 만삭아에 비해 느린 아이가 될 위험성이 높은 것이 사실입니다. 무엇보다 조산이 신경 발달에 부정적 영향을 미쳐 신경발달장애가 발생할 가능성이 큽니다. 특히 ADHD는 조산아가 향후 가장 흔하게 겪는 신경발달장애로, 연구 보고에 따르면 임신 29주 미만에 태어나거나 1kg 미만 저체중으로 태어난 아이의 경우 만삭아보다 ADHD 발병 위험이 무려 4배나 더 높다고 합니다.

조산아 중에는 겉으로 티가 잘 나지 않는 부주의형 ADHD인 경우가 많기에 진단이 늦어지지 않도록 부모님의 세심한 관찰과 도움이 필요합니다. 그러나 과도하게 걱정해 필요 이상으로 개입하면 여러 부작용이 발생할 수 있으니 주의해야 합니다. 다음은 부모님이 조산아의 발달을 위해 어떤 지원을 해주어야 하고, 과도하게 개입했을 때 어떤 문제가 생기는지 정리한 표입니다. 이를 참고해 조금 빨리 세상에 나온 아이에게 적절한 도움을 주시길 바랍니다.

조산아에게 필요한 부모의 지원과 과도하게 개입했을 때 발생할 수 있는 문제

	신체 발달	정서-사회성 발달	인지 발달
지원해야 할 점	건강 상태를 주의 깊게 관찰하고 정기적인 건강검진이 필요함.	출생 후 중환자실의 인큐베이터에 있는 기간이 길어질 경우 초기 애착 형성이 지연될 수 있으므로 퇴원 후 주 양육자와의 애착 관계 형성에 집중해야 함. 이때 아이의 반응에 민감하면서도 일관되게 반응해야 함.	언어, 인지 등의 발달이 지연될 수 있으나 **다양한 자극을 주고 폭넓게 탐색할 기회를 제공하면 정상 발달 궤도에 진입할 수 있음.**
부모의 과잉보호 및 개입의 문제점	부모가 아이의 신체 발달에 대해 지나치게 걱정하고 과잉보호할 경우 자립성이 저해되고 신체적 의존도가 높아지며 자신감이 떨어질 수 있음.	부모가 과잉보호하거나 과민하게 반응할 경우 아이가 정서적으로 불안해하고 사회적 적응 능력이 떨어질 수 있음. 그 결과 **지나치게 의존적이고 좌절을 감내하기 어려워하거나 작은 실수에도 쉽게 포기하고 도전하지 않으려고 할 수 있음.**	부모가 인지 발달 지연을 과도하게 걱정해 필요 이상으로 개입 및 통제하면 **아이가 자기 주도적으로 학습하는 능력이 떨어지고, 학습 동기와 자신감이 저하됨.** 이는 스스로 할 수 있는 것이 없다고 생각하는 자기 비하로 이어질 수 있음.

Q. 기질적으로 까다로운 아이, 괜찮은 걸까요?

진료실에 오신 어머님들이 자주 언급하시는 표현 중 하나가 아이의 '기질'입니다. 타고난 기질이 발달 과정에 영향을 주거나, 기질에 따라 육아 난이도가 좌우된다고 생각하는 분들이 많다 보니 나오는 말일 겁니다. 그런데 중요한 것은 아이가 까다로운 기질인 것처럼 보인다고 해도 걱정할 필요가 없다는 것입니다. 아이들은 두 돌이 될 때까지 천천히 변할 가능성이 높기 때문이죠. 그러니 조급해하거나 아이의 기질을 억지로 바꾸려고 하지 마세요. 어느새 아이도 다양한 환경에 적응하며 스스로를 조절하는 힘을 배워나갈 겁니다.

우리 아이의 기질을 가늠하는 체크리스트

- ☐ 젖(분유)을 잘 먹는다.
- ☐ 젖(분유)을 먹는 시간 간격이 일정하다.
- ☐ 수면 시간이 규칙적이다.
- ☐ 배변 활동이 규칙적이다.
- ☐ 목욕을 거부하지 않고 즐긴다.
- ☐ 대체로 기분이 늘 좋은 편이다.
- ☐ 싫거나 좋은 감정을 얌전하게 표현한다.
- ☐ 새로운 장난감이나 음식을 거부감 없이 탐색한다.
- ☐ 낯선 장소에 가도 심하게 울지 않으며 쉽게 적응한다.
- ☐ 어르고 달래주었을 때 금세 웃으며 반응한다.
- ☐ 소리나 움직임 등의 주변 자극이 생겨도 하던 일에 계속 집중한다.
- ☐ 한 가지 놀잇감을 가지고 노는 시간이 길다.

· 8개 이상에 해당 : **순한 기질** · 4~7개 해당 : **천천히 적응하는 기질** · 0~3개 해당 : **까다로운 기질**

특별 자료

언어 지연 심각도에 따른 원인과 치료 방향

아이의 언어 발달은 개별적인 속도를 가지고 있으며, 다양한 요인에 영향을 받을 수 있습니다. 특히, 자녀가 말이 늦을 경우 언어 지연의 정도에 따라 치료 방법과 부모의 역할은 확연히 달라집니다.

심각도 수준	언어 지연의 원인	언어 치료 방향
경미 · 언어는 약간 느리지만 운동 사회성 영역은 정상 범위 · 문장 단위 수가 적거나 구성이 또래보다 단순 · 새로운 단어 습득 속도가 느림	환경적 요인	· 부모-자녀 상호작용 증진 · 어휘 및 표현 유도
	양육 태도 및 방식	· 긍정적인 언어 환경 조성
	일시적 발달 지연 또는 표현성 언어장애	· 언어 발달 상황 점검 및 추가 자극 제공 · 아이의 언어 수준과 언어 환경 확인

언어 지연의 정도를 '경미', '중등도', '심각'으로 나누어, 각각의 언어 지연 정도 원인과 이에 맞는 치료 방향, 그리고 가정에서 부모님이 실천할 수 있는 방법 등을 다음의 표로 정리했습니다. 자녀의 언어 지연 심각도 수준과 원인을 다각적인 평가로 확인하신 후, 그에 따른 개별 맞춤식 치료와 부모 개입을 진행하시기 바랍니다.

가정에서 부모가 해줄 수 있는 것들	전망
· 관심사를 따라가며 아이의 말과 행동을 모방하고 주고받는 놀이로 이어가기	조기 개입과 충분한 언어 자극으로 대부분 정상적인 발달 궤도에 들어설 가능성이 높음.
· 아이가 이해하기 쉬운 단어와 표현 사용하기 · 긍정적이고 수용적인 언어 사용하기	
· 느린 말 속도의 언어 환경 제공하기 · 서두르지 말고 천천히 말할 수 있는 환경 만들기 · 질문은 적게 사용하고, 질문에 생각하고 대답할 수 있는 시간을 충분히 주기	

중등도 언어 지연

심각도 수준	언어 지연의 원인	언어 치료 방향
중등도 · 언어 표현뿐만 아니라 이해 능력도 또래보다 현저히 부족 · 문장을 거의 사용하지 않거나 어휘 수가 매우 제한적임 · 다른 사람과의 상호작용에서 의사소통의 어려움이 두드러짐	청력 손실	· 청력 평가 후 보조 기기 사용 또는 청능 훈련
	이중 언어 환경	· 주 언어(모국어) 중심으로 의사소통 환경 설정
	사회적 상호작용 부족	· 사회적 상호작용 기회 제공 및 기본적인 대화 기술 학습
	경미한 인지 발달 지연 또는 수용성-혼합형 언어장애	· 시각 자료 등을 활용해 수용 및 언어능력 증진 · 다양한 상황과 맥락에서의 의사소통 기능에 적절한 어휘와 문장 표현 학습 · 아이의 표현에 의미적, 문법적 확장으로 표현 능력 향상 · 스크립트 문맥을 이용해 상황 문맥, 상황 지식, 상황 언어 학습 제공

가정에서 부모가 해줄 수 있는 것들	전망
· 소리 나는 장난감 활용 · 짧고 명확한 문장으로 대화	· 조기 치료를 통해 개선 가능하지만, 지속적인 언어 치료가 필요할 수 있음. · 치료가 늦어질 경우 학업 및 사회성 발달에 영향을 미칠 가능성이 있음.
· 주요 언어를 반복적으로 사용, 단어와 문장 노출 늘리기	
· 또래와의 놀이 시간을 늘리고 가족 모임 참여 유도	
· 질문이나 지시를 반복하기보다는 아이가 자발적으로 의사소통을 시작할 수 있는 기회 제공하기 · 말과 행동을 주고받을 수 있는 놀이에서 반복적인 언어 사용하기 · 그림책을 보며 질문에 대답하기, 사물이나 동작의 이름 말하기, 아이의 말을 확장해 표현해주기 · 관심사를 따라가며 아이의 의도를 상황에 적절한 언어로 모델링하고, 모델링한 표현을 충분히 모방할 수 있는 기회 제공하기	

심각한 언어 지연

심각도 수준	언어 지연의 원인	언어 치료 방향
심각 · 언어 표현과 이해 능력 모두 심각하게 제한됨 · 아예 말을 하지 못하는 경우도 있음 · 언어를 통한 의사소통이 거의 불가능해 신체적 또는 비언어적 방법(손짓·표정)으로 의사소통하려함 · 사회적 상호작용에서 큰 어려움이 있음	자폐스펙트럼장애 (ASD)	· 개인 맞춤형 언어치료 프로그램 (ABA*·PECS*·ESDM* 등) · 효과적인 의사소통을 위해 개별적 특성에 맞는 다양한 전략과 의사소통 도구 모색 · 개별화된 구조화와 시각 자료 활용 · 전반적인 언어 학습에 명확한 강화 전략 사용 · 기능적인 의사소통 중심의 치료
	중등도 및 중증 지적장애 · 유전적 요인 및 뇌 손상 · 신경학적 문제 (뇌성마비 등) · 최중증 지적장애	· 기능적인 의사소통 중심의 치료 · 의사소통 의도가 자주 나타나는 맥락을 분석해 이에 적합한 발성 또는 단어를 반복 연습 · 말과 함께 보완 대체 의사소통 도구를 적극 사용 · 평가를 통해 개별화된 보완 대체 의사소통 도구 제공

* ABA Applied Behavior Analysis, 응용 행동 분석
* PECS Picture Exchange Communication System, 그림 교환 의사소통 체계
* ESDM Early Start Denver Model, 조기 개입 덴버 모델
* AAC Augmentative and Alternative Communication, 보완 대체 의사소통

가정에서 부모가 해줄 수 있는 것들	전망
· 작은 몸짓, 발성, 행동을 민감하게 관찰하고 즉각적으로 반응하며 긍정적 피드백 제공하기 · 구체적이고 명시적인 언어 사용하기 · 상황을 시각 자료로 제시해 안정적 환경 제공하기 · 시각적 구조로 지시, 순서, 시간을 명확하게 제시하기 · 물리적 구조화로 어디에서 어떤 활동을 해야 하는지 알려주기	· 전문적이고 지속적인 언어 치료 및 다학제적 접근이 필요함 · 언어 발달이 매우 제한적일 수 있으며, AAC*나 PECS 같은 의사소통 도구가 지속적으로 필요할 가능성이 높음
· 명료하고 간단한 지시 언어 사용하기 · 반복적이고 예측 가능한 놀이로 언어 자극 하기 · 인내심을 가지고 기다려주기 · 보완 대체 의사소통 도구를 치료실 이외의 환경에서 사용할 수 있도록 지속적인 부모 교육과 피드백 받기 · 언어적 칭찬 자주 하기, 작은 성취도 크게 격려하기 · 특수 교구 활용, 치료사와 협력해 가정에서도 지속적인 자극 제공하기	

화용 언어 문제

심각도 수준	언어 지연의 원인	언어 치료 방향
화용 언어 문제 (대화 순서 · 맥락 이해 어려움 · 특이한 억양 · 어색한 음조)	**고기능 자폐스펙트럼장애** (구) 아스퍼거증후군· 경증 ASD	· 사회적 의사소통 중심 치료 · 담화 능력 향상 · 사회적 상황 이해와 의사소통 기술 훈련 · 그림, 역할 놀이, 또래 활동, 책을 이용한 활동을 통해 상황 이해, 사회적 상호작용, 감정 추론 능력 학습 · 개별 기능에 따라 시각적 지원 활용 · 억양 및 리듬 조정을 위한 말하기 훈련 (프로소디 치료)

가정에서 부모가 해줄 수 있는 것들	전망
· 경험한 사회적 상황을 글과 그림으로 시각화해 사회적 상황과 대화의 흐름, 상대방의 의도를 이해시키고 적절한 사회적 언행 알려주기 · 대화의 흐름과 차례를 이해하고, 사회적 상호작용 능력을 자연스럽게 학습할 수 있는 놀이 함께 하기 · 대화 장면을 촬영한 후 아이와 영상을 보며 긍정적인 점을 칭찬하고 개선이 필요한 부분을 구체적으로 피드백하며 대화 기술 향상시키기	· 조기에 특히 유아기에 치료를 시작하면 개선 가능성이 높음 · 지적 능력이 보존되어 있어 치료에서 가르치는 내용을 배우고 적용할 능력이 있음 · 가정, 학교, 치료 환경에서 지속적인 반복과 격려가 이루어진다면, 사회적 기술과 언어 능력은 더욱 향상될 수 있음

같이 보면 좋은 자료들

문헌

1. 천근아, 『자폐스펙트럼장애』, 학지사, 2024.
2. 천근아, 『아이 마음을 다 안다는 착각』, 위즈덤하우스, 2022.
3. 천근아, 『아이는 언제나 옳다(개정판)』, 위즈덤하우스, 2022.
4. 천근아, 『엄마, 나는 똑똑해지고 있어요』, 위즈덤하우스, 2016.

방송

1. **세브란스병원 공식 유튜브**
   - 자폐 스펙트럼 장애, 진실 혹은 거짓(2022.07.01. 방송)
   - 자폐, 조기 진단보다 더 중요한 것(2023.04.02. 방송)
   - 인터넷 속 자폐 정보, 너무 믿지 마세요(2023.04.02. 방송)

2. **대한소아청소년정신의학회 공식 유튜브 '우리 아이 마음 해결사, 우아해/천근아 교수 편**
   - 명의 시리즈: 느린 학습자 1~5편(2022.07.01. 방송)

3. **EBS 부모/천근아 교수 출연 방송**
   - 느린 아이, 그냥 기다리면 될까요?(2021.07.09. 방송)
   - 유치원에 적응하지 못하는 아이(2021.10.02. 방송)
   - 무엇이든 줄 세워야 마음 편한 아이(2021.10.29. 방송)
   - 특집 부모교육 시리즈 3편-우리 아이 사회성, 자폐스펙트럼을 체크하라(2021.11.12. 방송)

- 산만한 아이, ADHD일까요?(2021.12.24. 방송)
- 똑똑한 우리 아이, 또래 관계가 힘들어요(2021.12.31. 방송)
- 말이 느린 아이, 미디어 때문일까(2022.03.01. 방송)

4. MBC
- 대한민국 자폐 가족 표류기(2024.4.20.~2024.4.27. 방송)

강연 및 기사

1. 세브란스병원 어린이 병원 주최 '마음까지 건강한 아기와 부모를 위한 특별 강연회'/천근아 교수 편

2. 온라인 교육 플랫폼 '꾸그' 강연/천근아 교수 편

3. 《중앙 선데이》 심층기획 기사 '아이 마음 다이어리'/천근아 교수 편
    - 언어·지능 정상인데, 남 이해 못해 '틀린 믿음 과제' 실패(2020.11.21.)
    - 정상 지능의 자폐아는 '교실 내 순경', 사회성 훈련해야(2021.08.21.)

4. 《중앙 선데이》 심층기획 기사 '천근아의 세상 속 아이들'
    - 자폐아 부모 스트레스 참전 군인에 버금, 사회적 대책 절실(2022.06.04.)
    - 우영우 같은 서번트 증후군 극소수, 보편적 자폐증 다뤄야(2022.07.30.)

천근아의
느린 아이 부모 수업

초판 1쇄 발행 2025년 3월 30일
초판 4쇄 발행 2025년 4월 28일

지은이 천근아

발행인 윤승현 **단행본사업본부장** 신동해
편집장 김예원 **책임편집** 김보람 **편집** 조승현
정리 김현숙 **교정교열** 이정현
디자인 어나더페이퍼 **일러스트** 김해
마케팅 최혜진 이인국 **홍보** 송임선
제작 정석훈

브랜드 웅진지식하우스 **주소** 경기도 파주시 회동길 20
문의전화 031-956-7352(편집) 031-956-7089(마케팅)
인스타그램 www.instagram.com/woongjin_readers
페이스북 www.facebook.com/woongjinreaders
블로그 blog.naver.com/wj_booking

발행처 ㈜웅진씽크빅
출판신고 1980년 3월 29일 제406-2007-000046호

ⓒ천근아, 2025

ISBN 978-89-01-29371-4 (03590)

웅진지식하우스는 ㈜웅진씽크빅 단행본사업본부의 브랜드입니다.
저작권법에 의해 한국 내에서 보호를 받는 저작물이므로 무단 전재와 무단 복제를 금합니다.
책 내용의 전부 또는 일부를 이용하려면 반드시 저작권자와 ㈜웅진씽크빅의 서면 동의를 받아야 합니다.

※ 책값은 뒤표지에 있습니다.
※ 잘못된 책은 구입하신 곳에서 바꾸어드립니다.